上海文化发展系列蓝皮书
THE BLUE BOOK SERIES ON
SHANGHAI CULTURAL DEVELOPMENT

上海文学发展报告
（2019）

ANNUAL REPORT ON LITERATURE DEVELOPMENT OF SHANGHAI
(2019)

时代精神与文学发展

主编／荣跃明

执行主编／王光东　陈占彪

上海人民出版社

上海书店出版社

摘　要

　　经过改革开放四十年的发展,中国社会、政治、经济、文化进入一个"新时代",置身其中的文学亦不例外。当下的文学应直面当代中国社会无比丰富、新鲜、生动的"新现实",积极建构我们的"新时代文学"。

　　《上海文学发展报告(2019)》的主题是"时代精神与文学发展",我们邀请陈思和、丁帆、张炜、李云雷、张光芒等人共同探讨了"当下文学"的理论问题和实践问题,这包括全球化背景下中国文学的本土性、主体性,现实主义理论的反思和"新现实主义"写作的收获,重建作家、文学与生活的密切关系,探讨当代写作的"流俗化"倾向、乡土文学写作的新动向和城市文学写作的深化、网络文学的成熟和海外传播等问题,期望通过对这些问题的探讨,更好地促进"新时代文学"的发展。

Abstract

After 40 years of reform and opening-up, China's society, politics and culture have come into a new era. So have Chinese literature. Contemporary Chinese literature should have direct responses to new reality, which is diversified, fresh and energetic, of recent Chinese society so as to actively build literature in new era.

Annual Report on Literature Development of Shanghai (2019) centers on Time Spirit and Literature Development. Critics as Chen Sihe, Ding Fan, Zhang Wei, Li Yunlei, Zhang Guangmang and other scholars are invited to discuss theoretical and pragmatic points of current literature. Their discussions are relevant to locality and subjectivity of Chinese literature on the occasion of globalization, rethinking realism, achievements of new realism writing, reconstruction the close relation between writers, literature and life, vulgar trends of contemporary writing, new tendency of rural literature writing, further development of urban literature writing, promotion of internet literature and overseas influences and so on. We anticipate improving the development of literature in new era through the discussion around the points.

目　录

CONTENTS

General Report

Literary Thoughts and Practice in New Era

Literary Writing of Realism

Study on Internet Literature

Contemporary Writers, Writings and Literary Phenomena

Literary Shanghai and City Writing

总 报 告

关于新时代文学的思考

荣跃明　王光东　曹晓华

新时代的中国当代文坛气象万千,作家们用不同的方式贴近生活,感受时代的脉搏,建构起各具特色的文学时空。习近平总书记在党的十九大报告中指出,实现中华民族的伟大复兴是近代以来中华民族最伟大的梦想,一个民族的复兴需要强大的物质力量,也需要强大的精神力量。文学创作是对现实生活的风格化的把握,优秀的文学作品能够提升我国的文化自信,实现文化的繁荣兴盛。中国文学在社会转型中经历着文学生产方式的转变,在新时代文艺思想的指导下,面对新旧交融的创作环境,如何更好地把握现实、回应现实,是摆在关注义学文化发展的各界学人面前的一道考题。

一、新时代文学的指导思想

习近平总书记曾先后在三个重要的场合发表过对于文艺问题的看法和阐述,分别是 2014 年 10 月 15 日在文艺工作座谈会上的讲话,2016 年 11 月 30 日在中国文联十大、中国作协九大开幕式上的讲话,2017 年 10 月 18 日党的十九大报告中关于"繁荣社会主义文艺"部分的重要论述。习近平文艺思想充分认识到文艺对新时代社会主义建设的推动作用,不能任由市场对文艺进行商业化的操控,必须主动进行社会主义文艺体系的构建。

中国特色社会主义进入新时代,我国社会主要矛盾已经转化为人民日益增长的美好生活需要和不平衡不充分的发展之间的矛盾。文学领域与人民的精神世界紧密相关,文学世界是对现实生活的折射与回应。十九大报告指出,中国特色社会主义文化,源自中华民族五千多年文明历史所孕育的中华优秀传统文化,熔铸于党领导人民在革命、建设、改革中创造的革命文化和社会主义先进文化,植根于中国特色社会主义伟大实践。新时代不仅是一个时间概念,更是一个关涉政治、经济、文化等各个社会层面的历史概念。已经有学人指出:"现在不少学者谈论'新时代文学',大多是在宽泛意义上使用这一概念。和曾被广泛使用的'新世纪文学'一样,只是在自然时间意义而不是在'质的规定性'意义上谈论'新时代'。'新时代文学'是中国文学发展到新阶段产生的文学,其内涵、外延、功能、使命,都在发生新变化,需要我们调整思维习惯、知识结构与判断标准,从'新时代'视角重新思考文学,思考文学与现实、与世界的关系,以促进文学发展。"①新时代文学的基本立场,是"以人民为中心"的文学创作。习近平同志在文艺工作座谈会上的讲话,一方面强调"以人民为中心的创作导向",另一方面又指出,"文艺工作者应该牢记,创作是自己的中心任务,作品是自己的立身之本,要静下心来、精益求精搞创作,把最好的精神食粮奉献给人民"。这意味着,既坚持"人民文学"价值取向,又将"人民"从群体概念落实到"一个一个具体的人",充分尊重艺术规律,尊重作家艺术家,才能迎来文艺真正繁荣。在这个意义上,"新时代文学"要借鉴新中国前30年文学价值取向、美学风格与评价体系,结合新时代条件进行新的探索与创造。刘子杰认为,习近平文艺思想中的"以人民为中心的社会主义文艺体系",包含了多个相互联系且辩证统一的层次:以人民利益为基本立场的文学创作,以文学陶冶养育民心民德,描写、刻画、塑造人物的同时揭示展现人的精神

---

① 李云雷:《新时代文学"新"在哪里》,《人民日报》2018年2月6日。

价值。文学的本质就是人心之间的共情,优秀的新时代文学能够引起更多读者的共鸣,延续中华文明的古老文脉,特别继承和发扬五四新文学以来体验现实、把握现实、反思现实的现实主义精神。"人民对美好生活的向往就是我们的奋斗目标",这其中还包含着源自现实、高于现实的艺术理想。生活在社会加速转型的时代,更需要文学创作者对现实的关怀和追问,这样才能扎根人民,创作出震撼人心、有温度、有担当的作品。

1. 文学生产方式的改变

以人民为中心的创作,需要关注文学生产领域的新变,才能更好地描绘生活现实。文学生产方式,根据詹姆逊的说法,指把文学作品中不同因素统一成一个有机的整体。习近平总书记在十九大报告中对我国社会主要矛盾的判断,也反映了文学文化领域的变化。新的文学生产力因素,使文学生产机制和生产关系发生转变,这样的变化特别体现在网络文学创作中。网络文学创作作为近年来备受瞩目的文学现象,海量的作品和激增的阅读量,是中国粉丝经济最为显著的表征之一。一方面,文学领域的生产力决定了生产关系。文学创作与影视、游戏、动漫等跨领域 IP 的联动,极大地激发了文学生产力。新时代需要欣欣向荣的文学市场,需要更多的作者、读者加入到文学创作和阅读的过程中,丰富个人的精神世界,满足大众的审美需求。另一方面,文学作为上层建筑,是人类把握现实的手段之一。文学在反映现实的过程中,也会对人的精神世界产生巨大的影响。在文化体制改革的影响下,文学生产中有了技术、资本等要素,对新型文学生产要素的把握和分析,需要与时俱进的文学评论加以及时关注和引导。

2. 如何讲好"中国故事"

讲好"中国故事",不仅是我国对外宣传的长期任务,更事关中华民族在世界格局中的自我体认。在互联网技术突飞猛进的今天,"讲好中国故事"有了全新的使命担当。中国网络文学海外传播已经初具规模,标志着中国文化软实力的提升。中国文学借助网络文学以及网络载体,呈现给世界一个更加生动鲜明的文化主体形象。新华社曾经发文五论学习贯彻习近平总书记在全国宣传思想工作会议重要讲话,指出面对新形势、新任务,唯有把握大势、区分对象、精准施策,才能讲好中国故事,让世界深入了解中国,为我国发展营造良好国际环境。① 讲好中国故事,也是中国文学走出去的重要一环,对于充分挖掘中国传统文化资源,把握新时代中国社会的基本矛盾,生动展现和平发展、多姿多彩、文明进步的中国形象具有重要意义。

3. "中国故事"的三个面向:"文学与传统""文学与现实""文学与世界"

以中国人民的奋斗历程为基本点,讲好中国故事,将"文学"与"传统"、"现实"和"世界"相连。民族的就是世界的,中国传统文化中蕴含着无尽的宝藏,是历代中国人民面对不同的时代难题给出的中国方案。世界大同、自强不息、仁者爱人,这些中国传统文化中的中国智慧,一直在为不同时代的人解决时代难题提供灵感和启示。改革开放以来,中国文学的创作环境也发生了巨大变化,文明交流互鉴极大丰富了中国人的精神世界,也给文学创作者们提供了丰富的素材。文学作品中源于生活、高于生活的现实把握,通过不同的风格路径呈现在不同国家、不同文化背景的读者眼前,共同构建起一个新时代的中国。十九大对中国社会主要矛盾的概括,是根植于当代中国社会和经济结构转型的基本判断,也是新时代文艺思想建构的重要基础。新时代的文学创作,从立场上看,以人民为中心;从文学内容和形式的二重把握上看,与中国当下的现实紧密相关,在讲好中国故事的过程中体现出具有中国特色的审美风格,呈现出中国人最为鲜活的精神样态。以人民为中心,讲好中国故事,就必须从我国传统文化中汲取资源,将中国精神贯穿在当代文本之中,而不是对西方模式的简单移植。

二、当代文学中的"现实主义"问题

当代文学中的现实主义主要源自五四新文学的精神传统和文本实践。1915 年,陈独秀首次提出"写实文学",成为此后"为人生而文学"的滥觞。中

---

① 新华社评论员:《讲好中国故事,展现中国形象——五论学习贯彻习近平总书记在全国宣传思想工作会议重要讲话》,http://www.xinhuanet.com/2018-08/26/c_1123330490.htm,新华网,2018 年 8 月 26 日。

国现代文学对批判现实主义的引进和大规模效仿,是作家在动荡年代拥抱现实、敢于担当的重要体现。现实主义经过一次次蜕变,经历了高潮和低谷,在当代"伤痕文学"、"改革文学"中再次迸发出生机和活力,直至出现毁誉参半的新写实主义创作。可以说,现实主义精神一直与中国近代以来的社会历史变革息息相关,一直活跃在中国社会变革的最前沿。到了泛娱乐时代,网络文学的异军突起,给传统的现实主义创作带来了挑战,95 后、00 后,乃至 10 后这样年轻的网络原住民,对文学的态度、对现实的理解和认知都被裹挟进了网络的滚滚洪流中。在这样的情况下,回溯现实主义传统、重审现实主义标准,再创作出体现现实主义的人文关怀,一系列与现实主义创作有关的问题都需要重新梳理和讨论。

1. 在当下文学中强调现实主义

在当下文学中强调现实主义,与中国知识分子的家国情怀、中国近代以来文学的创作实践密切相关,也是对当下社会变革的一种回应。儒家经世致用的思想影响了一代又一代的中国学人,近代中国命运多舛,文人志士通过笔墨抒发自己对民族国家的思考。现代文学吸收借鉴了繁多的外国文艺思潮,除了现实主义,也有浪漫主义、现代主义等各种思潮,但只有现实主义经过五四新文学的淬炼和沉淀,成了中国文学延续百年的主潮。这既是作家评论家个人的选择,也是时代的选择。

现实主义面临的一大危机,在于娱乐化、大众化的社会致使人不再追求历史意义,对物质的功利追求直接进入了现实的审美层面。文学理想弱化的同时,文学的功利性增强。而此时的文学功利性,与现代文学中的"为人生"不同,与五四精英的启蒙工具不同,更多的是对文学市场的迎合——这构成了现实主义面临的另一重危机。文学作品作为商品在市场流通,大众的审美更能带来收益,这使一部分希望借助文字进行精神探索和形而上追问的创作者陷入了两难。现实主义曾经推动中国社会进步,直到今天,即便面临网络文学的崛起,草根创作者们还在用一种自下而上的现实主义表达着自己对世界的态度。网络作家来自社会的各个阶层,深入生活的各个角落,他们的经历和见闻为现实主义创作提供了丰厚的土壤,这使网络文学创作带着一种先天的草根现实主义基因。然而现实主义不仅仅是对现实的模仿,生活在某一种现实中并不意味着有能力洞察社会机制运行的规律,现实主义立足现实,回溯过去,更需要指向理想的未来彼岸。洞察、批判、升华的经典化路径的缺失,直指草根现实主义的困境,也是当代现实主义创作的困境。

2. 把握"现实"的方式

文学艺术把握世界的方式,不仅仅是模仿现实,而且还要提升人的精神世界,因此当代文学中的现实主义应该面对社会巨大转型和变化中的"精神"问题,建构新的精神世界。即便是玄幻、武侠、仙侠等标签的网络文学,也是创作者心理的投射,是创作者想象文学的方式。由于现代人类对时间空间的认知已经有了大幅的改变,人类对于真实性的思考已经部分超出了现实主义的表现范畴。网络文学体现出的多元化价值取向,其背后大众文化的繁兴正是其活力的源泉。解构权威话语,对权威的挑战姿态,伴随着亦正亦邪的戏谑和嘲讽,逐渐成了自我放逐、"不问世事"型的"娱乐至死"。网络文学枝蔓芜杂,但是硬性的话语修剪已经不能抑制其生长。现实主义创作可以作为一种正能量的引导方式加入到网络文学的发展中,借以重建其新媒体语境下的价值意义,但多元共生的文学形态已经不可能转变为一元发展的文学场景。因为网络文本的生成场域、生成机制、评价机制都发生了变化,文本价值的赋予靠的是粉丝群体和背后的文化资本运作,而不是传统文学编辑和文学评论。现实主义要加强生命力,与其使网络文学的生长"避开"主流的文学评论,或者将其放置到现实主义的评价体系中加以规约,不如从粉丝身边的现实基础入手,用文本中与时俱进的"客观真实"打动读者。一度大热的《蜗居》《裸婚时代》《欢乐颂》等作品都是现实主义题材网络文学改编成热门电视剧的典型例子。由此可见,网络文学的拥趸有着自己的判断能力,即便不是网络文学读者的电视观众也喜爱这种类型的电视剧。现实主义的题材同样可以在网络文学中引起共鸣,虚拟现实虽然无处不在,但是实体存在的客观现实也无边无际。罗杰·加罗蒂曾在《论无边的现实主义》中探讨现实主义的当代处境,将毕加索的立体主义画作视为对世界稳定结构的抛弃,"用一个臆造的世界来取代视觉的真实,这是画家用他的回忆、想象、知识重新创造的、具有本质意义的世界"。① 同样,对于网络文学写手和粉丝而言,他们也在用"臆造"的世界创造"无边的现实",但这"臆造的世界"归根结底来自他们自身客观真实的体验。知识的储备、个人经验的挖掘、想象力的张扬,构成文本价值的基石。

3. 创作主体面对的挑战

新世纪以来的新媒体语境,对文学创作主体提出了新的要求。一大批出入虚拟现实和生活现实的消费者,他们既是文学读者,也是文学作者,见证参与了网络文学的创作。数字时代的"大众",已然不是五四时期亟待启蒙的"庸众",不是革命现实主义需要的"工农兵",也不是改革开放社会转型期的迷茫一代。根据约翰·费斯克的理论,他们是理性与盲目兼具的"产消者",创建了一种"影子文化经济"(shadow culture economy)。② 网络文学的文本意义一部分由网络大众赋予,"贴近现实"、"走近大众"的现实主义创作态度对他们来说几乎无效,大批的网络文学产销者认为自己的生活就是"现实",自己就代表了"大众",自己就是文学文本价值的立法者。张光芒以土地现代化为例,尖锐地指出,"土地现代化取得了历史性成就,偌大的新中国乡土与乡民构成了无数的新风景,也带来了无数的新问题,然而他们在现代化路途中的风貌、品格、气质、心路历程等远未得到应有的文学艺术表现……(除了)消费主义意识形态、大众文化流行的影响,造成这一现象的一个直接原因就是作家缺乏深入生活深层与真实矛盾的意志,艺术触角未能抵达生活旋涡中的急流暗礁"。在市场经济的漩涡中,坚持把握、提炼、升华现实主义人文精神,避免"通俗化"变"流俗化",是每一个创作者需要直面的精神拷问。对于网络文学作家而言,逐步被体制认可接纳,在生活得到一定保障的情况,如何沉淀消费时代的"狂欢"式文字,创作出直达现实和人性深处的优秀作品,还任重道远。

---

① [法]罗杰·加罗蒂:《论无边的现实主义》,吴岳添译,上海文艺出版社 1986 年版,第 19 页。

② John Fiske: The Cultural Economy of Fandom // The Adoring Audience: Fan Culture and Popular Media. Lisa A. Lewis, eds. London: Routledge, 1992: 30.

4. 重建文学批评的价值规范

中国网络文学的蓬勃发展，是影响当前经济、社会和文化发展最重要的精神文化现象。首先，网络文学提供了数量惊人、规模庞大的文学作品；其便捷轻松的阅读体验吸引了无数读者，尤其是青少年读者；文学网站以类型标签和点击排名方式为读者在海量作品中选择阅读提供方便；受到读者热捧的网络文学作品经由 IP，被不断改编成戏剧、电影、电视剧、游戏等各种文艺样式，网络文学成就了我国当代文艺创作的繁荣，是当前我国文化产业快速发展的重要源泉和不竭动力。其次，网络文学重塑了文学创作、传播和阅读过程，但也给"当代文学理论和批评"带来危机；网络文学以巨大传播力和影响力，不仅挤压传统纸媒文学发展空间，还与其形成对立竞争关系，并在整体上削弱了当代文学在建构社会主流价值和引领时代精神风尚中的积极作用。第三，实现民族复兴中国梦，不仅是国富民强，更应是中国人的精神灿烂于世界文明之巅。伟大的时代，不仅要有文学繁荣，更应有一大批呼喊社会主流价值、引领时代精神风尚的当代优秀作家和文学经典。网络文学有如此巨大的传播力和影响力，不应甘于扮演社会泛娱乐的工具角色，而理当在这伟大时代的精神建构中发挥更大作用。由此可见，重建文学批评的价值规范，特别是加快网络文学评价体系构建，引导网络文学健康发展，其社会意义毋庸置疑。

三、建构网络文学的评价体系

中国网络文学从兴起到繁荣发展，至今不过二十多年，而中国网络文学研究也几乎同时起步。网络文学研究本质上也是对网络文学的评价，但它只是网络文学全部评价的一部分，本身并不构成完整体系。构建网络文学评价体系，先要从了解和把握中国网络文学研究入手。网络文学作为当代中国文学中的新生力量，与其浩繁的作品相比，文学评论还处在初步介入的阶段。网络文学兴起之初，主要是网民及文学爱好者如笨狸、吴过、元辰、似水流年、俞白眉等人，通过发表评论来关注网络文学，主要集中于对网络写手身份、创作经验的介绍和文本阅读的感想。国内网络文学研究可分为三个阶段。第一阶段

（网络文学研究兴起—2000 年）；第二阶段（2000 年—2010 年）；第三阶段（2010 年—）。虽然中国网络文学研究可分为三个阶段，但这三个阶段只是在时间上先后开启了学术研究对于网络文学重点问题的聚焦。第一个阶段，网络文学研究聚焦的重点是"如何定义网络文学"；第二阶段的重点问题是传统文学与网络文学的相互关系；第三个阶段的研究聚焦于如何评价网络文学。事实上，网络文学研究不同阶段的关注重点，并没有涵盖网络文学研究的全部问题。而有关网络文学的社会影响，作为生产过程的网络文学创作、传播和阅读，网络文学与网络科技的关系，网络文学生产背后的资本介入，以及由 IP 推动的网络文学文本向其他艺术样式的转换，等等问题的研究文献，呈现出完全不同于前述三个问题研究的价值取向和观念立场。建构网络文学的评价体系，就要从网络文学的四大特征入手，搭建起一个稳定的四边形结构，这个结构的四个端点分别是——网络性、世界性、民族性、技术性。

1. 网络文学的媒介特征——网络性

"网络"这种媒介属性使"网络文学"与其他媒介文学分别开来，网络文学不是泛指一切在网络上传播的文学，而是专指在网络上生产的文学。邵燕君认为，网络文学已形成自成一体的生产-分享-评论机制，也形成了有别于"五四""新文学"精英传统的大众文学传统。因而不但对传统精英文学的主流地位构成挑战，也对"新文学"以来的文学评价体系构成挑战。"由于网络文学发展速度过快，且对以往的评价体系有着根本性的颠覆"，为跳出精英文学本位的思维定势，她主张从"网络性"角度来评价网络文学的经典性。所谓"网络性"，即网络的媒介特征，这一概念强调网络文学概念的中心不在文学而在于网络，不是"文学"不重要，而是网络时代的"文学性"需从"网络性"中重新生长出来；通过引进"网络性"与"类型性"概念，她对"经典性"进行了重新定义。网络文学缘起于互联网信息传播技术的迅猛发展和广泛应用。不同于依赖传统纸媒介质的文学，从兴起之日起网络文学就天生具有网络新媒体特征，网络文学的"网络性"特征改变了文学生产方式，即在文学创作、传播和阅读过程中重构了作者、编辑、评论家、读者等文学参与主体之间的相互关系；但无论网络文学作为文学新形态，其生产方式发生怎样变化，网络文学具有"文学性",是其作为文学新形态的本质。一方面,由于文学生产结构发生变化,原来内嵌于文学生产传统结构中的评价机制发生了脱嵌现象。我国四大文学奖获奖作品中少有网络文学作品,表明网络文学难以进入文学评价传统体系,文学批评也因无法完全覆盖当代文学全部创作而日渐式微;文学网站用点击排名取代作品评论,解决读者在海量作品面前的注意力分配和作品选择问题,加速了传统文学批评的边缘化。这意味着文学评价失去了引导或规制文学创作实践的应有影响力。另一方面,以成熟商业模式运行的网络文学创作、传播和阅读,有效地推动了文学创作的高度繁荣,极大地扩展了网络文学的影响力,其高点击率作品已经成为我国文化艺术发展内容之源,并经由 IP 不断被改编成游戏、动漫、影视、戏剧、音乐等各种文艺样式。而缺失评价机制的规制和引导,网络文学发展有可能完全受制于资本和技术,导致作品内容价值的日益稀薄,日趋娱乐化和平庸化,进而缺席伟大时代的精神构建,直至文学社会功能的弱化甚至丧失。

2. 网络文学的认知定位——世界性

中国网络文学从兴起之日起就具有全球性,不仅创造了独特的商业模式,而且具有鲜明中国文学审美特征,已具有世界影响,是网络信息时代"世界文学"的一部分;构建网络文学评价体系,"世界性"理应成为评价标准的价值维度之一。价值-意义的世界性维度既是全球化背景下中国网络文学的新特征之一,也是网络文学在世界文学中的地位与影响的体现。互联网是最具有世界性的媒介载体,中国网络文学从开始兴起就身处跨地域、跨国境的网络空间,因此,中国网络文学文本应体现民族性、地域性和中国特色;并在传承中国文学传统的同时,具有世界普适性的文学价值。总体看,全球范围网络文学呈现多样化特征,不同国家网络文学各有自身特色:巴西、阿根廷等拉美国家网络文学也很发达,强调多媒体特色;波兰等中欧国家网络文学则注重艺术性;美国网络文学是先锋文学,有小众化、精英性特点。事实上,欧美网络文学既有先锋性和实验性的一面,同时也有通俗化、大众化、类型化的网络同人文学。与此相应,网络文学研究在各国也呈现出差异性。尽管如此,网络技术给各国文学实践创造了互联互通、相互影响的新机遇,网络空间中的世界文学正在形成。从这样的视角来看国内外网络文学研究的新趋势,可以发现,中国网络文学发展所产生的影响正在全球范围不断扩大,同时也正在成为学术研究关注的重点。

3. 网络文学的创作立场——民族性

歌德在与爱克曼的谈话中提出了"世界文学"(Weltliteratur)的概念,他说:"民族文学在现代算不了很大的一回事,世界文学的时代已快来临了,现在每个人都应该出力促使它早日来临。"①在歌德的语境中,世界文学符合世界主义理想,能够推动各民族文学由割裂而融合;世界文学也是对话、流通和展示的平台,能够通过帮助各民族彰显并提升自身价值,并与其他民族文学交流、互补。②而网络文学完全符合世界文学的这两个要点。1847年,马克思与恩格斯在《共产党宣言》中指出:"民族的片面性和狭隘性越来越不可能了,于是从许多民族和地方文学中,出现了一种世界文学。"③马克思和恩格斯阐述了世界文学的发展与资本与市场的必然联系,而在网络文学的发展中,资本与市场也是关键的因素。中国网络文学不仅是中国的,也是世界的。在全球化的背景下,技术性、资本、传播方式等是网络文学的共同点;中国网络文学是世界文学的有机组成部分,而在世界的网络文学中,中国网络文学在作家、作品、读者数量,社会关注度,经济价值等方面,都处于数一数二的地位,可能是影响力最大的网络文学。中国网络文学已经具备了世界性的诸多要素。"世界性"往往与"民族性"相对应,如《中国特色社会主义政治经济学的民族性与世界性》、《文化的民族性与世界性》等。网络文学的世界性也是如此。各国的网络文学都有自己的独特性,与民族性、地方性息息相关。这里的民族性并不是要与世界性相对立,而是指网络文学作品应该在世界性与民族性之间找到一种平衡。中国网络文学具有鲜明的中国特色,一方面需要在比较传统纸媒文学的基础

---

① [德]爱克曼:《歌德谈话录》,朱光潜译,人民文学出版社2008年版,第104页。

② 《歌德论世界文学》,范大灿译,见达姆罗什、刘洪涛、尹星主编:《世界文学理论读本》,北京大学出版社2013年版,第3—5页。

③ 马克思、恩格斯:《共产党宣言》,见《马克思恩格斯文集》第2卷,人民出版社2009年版,第35页。

上,准确概括网络文学所具有的文学审美新特征;同时也有必要在世界文学视野中对网络文学审美新特征进行进一步的概括和归纳,并使之成为网络文学评价的要素之一。因此,网络文学的评价在对中外网络文学包括欧美日韩的网络文学进行比较研究的基础上,应重点分析概括不同国家网络文学发展形态、美学特征以及文本生产特征,研究各国网络文学与本国文学传统的历史联系和创新突破,将网络文学与传统文学的内在联系及演变学理化,以期建立世界文学的关照视野,呈现更具本土性的中国网络文学发展特征和世界影响,为提出具有世界性的网络文学评价标准提供参照。

4. 网络文学的技术表征——技术性

网络文学诞生于网络,技术发展对网络文学的发展起到了决定性的作用。学者广泛认识到,网络赋予了网络文学基本的传播特征,即它是在网民群体中流传的,具有一定匿名性、开放性的文学形式,推动“共时”的作者-读者对话。技术层面的变化历程同时也已经表明,网络文学的本质并不能等同于技术的本质,其价值会受到新技术的挑战而发生改变;但另一方面,网络文学的发展又离不开技术的支持。实践领域由技术发展而带来的对网络文学价值的挑战已经进入研究者的视野,但对技术层面的进展尚需要从网络文学价值论的层面作出回应和预估,处理技术及其所关联的各方面——资本、作者、读者、技术人员和营销者——之间的相互关系,以及他们在总体上对网络文学的构建性作用。当前,大量的网络文学作品改编成电影、电视剧、游戏,受到观众和玩家的欢迎。现有研究已指出,网络文学是原生于网络的、适应于技术发展和“网络原住民”趣味偏好的一种艺术形式,和其他多种同样依托网络技术、面向网民群体的艺术门类和文化产业之间具有高度的重合性,可以为这些艺术门类和文化产业提供丰富的内容资源。然而在这一被称为“媒介融合”的发展过程中,网络文学主要是以其广泛的受众面而吸引到资本力量进入,从而催生出大量改编的影视剧作品,而非技术上的亲缘性。事实上,诸如影视剧和游戏的制作毕竟是一种相当高技术含量的工作,这和网络文学创作本身所需要的那些“计算机技术”不可同日而语;网络作家所提供的“IP”(知识产权)主要也是在人物设计、台词情节等内容方面,并不直接参与到影视剧、游戏的技术性制作过程中。对比之下,日本的"通过网络传播的文学作品",虽然发达而且呈现出和中国网络文学相似的大众化特点,它的最终目标仍然指向传统的印刷出版。一部网络小说的印刷往往被视为作者取得的一大成就,而通过传统的出版社特别是以纸质书籍形式产生的销量和再版数,往往是小说作者得到社会所普遍认可的重要指标。在这里,网络文学和传统的纸媒文学之间没有十分明确的界限,甚至可以说网络文学是为传统文学所做的一项准备工作,它时刻准备着向纸质媒介转化。从中可见,网络文学的"媒介融合"不仅有向更"高技术"形态转化的方向,也有向传统媒介转化的方向。

马克思在生产劳动理论中提出人类社会生产的两种基本形式:物质生产和精神生产。精神生产是人特有的生命活动和存在方式。精神生产包括两个层次,第一个层次是指思想、观念和意识的生产,主要是从精神生产劳动的非物质特征和它的内容而着眼;第二个层次即政治、法律、道德、宗教、形而上学等的社会意识形式,强调其社会形式。马克思的"精神生产"与当代文化中的"文化生产"有关联,"精神生产"涵盖了"文化生产"。现代文化生产主要包括大众传媒、艺术和流行文化的生产、传播和消费,它的组织结构呈现为产业形态,即文化产业。网络文学的意义-价值系统的生成正是在文化生产的理论背景下提出的。它与大众传媒、流行文化的生产、传播和消费紧密相联。它是一种符号生产,也与媒介生产密不可分。网络文学与资本的密切联系使得它具备文化生产的两重性,自非生产劳动向生产劳动转换。网络文学的意义和价值体现在它与消费文化时代的联系上,它也直接参与到了社会阶层的重构之中。以马克思精神生产理论为依据,学界亟须构建一个基于文学生产视角、解决如何建构网络文学评价体系问题的理论分析框架,这一框架的有效性,会在"当代文学"批评何以不适应网络文学的文本实践、网络文学文本生产过程具有什么样的机理、网络文学作品的价值-意义空间有何特征、作为网络文学文本生产基础的文学网站具有什么样的运行机制等一系列与网络文学评价相关的重点问题分析阐释中得到验证。

网络文学是当代文学最重要、最具影响力的文学实践形式,其迅猛发展严重冲击了传统文学,并使文学史意义上的"当代文学理论及其批评"深陷危机;

而网络文学评价体系的缺失，正是"当代文学理论及其批评"与当代文学丰富多样实践发生"脱嵌"现象所致。网络文学以巨大传播力和影响力，不仅挤压传统纸媒文学发展空间，还与其形成对立竞争关系，并在整体上削弱了当代文学在建构社会主流价值和引领时代精神风尚中的积极作用。网络文学评价体系的建立，对应的是整个当代文学格局的调整。新时代的文学应坚持以人民为中心的基本立场，继承发扬现实主义的创作精神，努力讲好中国故事。这不仅意味着当代文学要反映当下人民生活的深刻变化，也意味着中国在全球化进程中深化自我认知，以更为积极开放的姿态拥抱世界，同时以更生动鲜明的文学形式不断加强与世界文学的交流与对话，建立新时代文学的新标杆。伟大的时代，不仅要有文学繁荣，更应有一大批呼喊社会主流价值、引领时代精神风尚的当代优秀作家和文学经典。民族复兴中国梦，不仅是国富民强，更应是中国人的精神灿烂于世界文明之巅。

习近平《在文艺工作座谈会上的讲话》与"新时代"文学的使命

周展安①

摘 要 习近平《在文艺工作座谈会上的讲话》系统阐述了文学的重要性和发展方向,体现了文学新的历史使命。这种新的历史使命需要在"新时代"这一历史条件下来认识。"新时代"的定位具有深远的文明史意义,处于"新时代"的文学应该紧紧把握"新时代"的特点,凸显"中国"主题和"中国"理念的文明意涵。本文认为,这是"新时代"文学最重要的使命。从 20 世纪中国文学的发展历史来看,"新时代"条件下的文学表现出鲜明的转折意义。"中国"主题和"文明"主题是对于以往的文学主题的综合性发展。这种新的文学使命也启发我们对于 20 世纪文学史的重新理解。将习近平的《在文艺工作座谈会上的讲话》和 1942 年毛泽东的《在延安文艺座谈会上的讲话》进行比较解读,更能凸显出"新时代"文学和 20 世纪文学的辩证性关联以及它在

---

① 周展安,博士,讲师,现任教于上海大学中文系,主要从事 20 世纪中国文学史和思想史研究。

　　"新时代"中的特点。

关键词　文学的使命　"新时代"　《在文艺工作座谈会上的讲话》

　　2014 年 10 月 15 日,习近平总书记在北京主持召开文艺工作座谈会,发表了题为《在文艺工作座谈会上的讲话》的报告。这个《讲话》高屋建瓴,从"实现中华民族伟大复兴需要中华文化繁荣兴盛"、"创作无愧于时代的优秀作品"、"坚持以人民为中心的创作导向"、"中国精神是社会主义文艺的灵魂"、"加强和改进党对文艺工作的领导"等五个方面,系统阐述了文艺尤其是文学的重要性、文艺创作的方向、文艺创作的灵魂以及文艺创作和时代之间的关系等多个方面的问题。习近平的《讲话》是在"新时代"的历史条件下做出的,因此又体现了"新时代"的历史特点,提出了文学新的历史使命。
　　1942 年 5 月 2 日至 23 日,毛泽东在延安主持召开了文艺座谈会,并作了著名的题为《在延安文艺座谈会上的讲话》的报告。毛泽东的《讲话》总结了"五四"以来新文学的发展历程,从理论上奠定了"人民文艺"的传统。从一种历史的视野来看,习近平的《讲话》正是对毛泽东的《讲话》的继承性发展,是对于"人民文艺"这个优秀传统的继承和推进。这两个《讲话》虽然发表的历史时期不同,在具体的论述上各有侧重,但是在一些根本性的问题上,如文艺和人民的关系、文艺和现实的关系、文艺的普及与提高等问题的论述上,具有清晰的历史连续性。两个《讲话》创造又延续了"人民文艺"的传统,值得认真学习领会。从"人民文艺"的视野出发,对两个《讲话》的连续性进行论述,将深化我们对"新时代"文学使命的认识。

一、"新时代"文学与"中国"主题的凸显

　　十九大报告将当下中国所处的历史方位命名为"新时代"。"新时代"是中国飞速发展的时代,是"中国"这个主题在经济、政治、文化等各个领域更加

凸显的时代。在文学领域,"中国"也同步地成为一个新的主题。习近平的《讲话》明确提出"中国精神是社会主义文艺的灵魂",正是对以上发展状况的总结和新的历史定位。接下来,我们将结合 20 世纪中国的整体发展状况来探讨这个历史定位的意义。

"中国精神是社会主义文艺的灵魂"这个命题明确提出了"中国精神",我认为这是对以往文学史论述的一个提升。"文学与中国"是一个具有鲜明时代特色的论题,在我看来也相当精准地抓住了当下文学发展的核心关切。自近代以来,在中国白话文学发展的一个多世纪当中,我们曾在民众启蒙的意义上触及过"文学与国民性"的论题、在民族救亡的意义上触及过"文学与中华民族"的论题、在文化普及的意义上触及过"文学和大众"的论题、在革命的意义上触及过"文学和阶级"的论题、在文明接轨的意义上触及过"文学与世界"的论题。所有这些论题在它们各自的阶段都有真实的历史内容和深刻的历史意义,但是在今天,可以说到了一个能够将过去的这些论题都加以对象化思考的、崭新的历史时刻,立足"中国"、深刻理解"中国性",正是这一时刻的最大特征。

近代以来的中国历史,是中国人奋起抵抗、争取独立自主的历史。但是也应该看到,在这段历史的很多时刻,我们抵抗的对象也往往同时就是我们试图模仿和接轨的对象,这导致奋力抗争的同时又带来了对于中国自身价值的压抑和否定,我们努力变得更像别人而非更像自己。在哲学上,可以说是从一个外在的普遍性出发来审视中国,在思想的深处视中国为一个停留在特殊性阶段的客体。这种自我贬抑的思维惯性在很大程度上是由近代以来的中国积贫积弱的物质性现实所决定的,而新世纪以来,特别是全球性金融危机以来世界格局的巨大变动使我们获得了一个前所未有的契机,那就是正面地、以我为主地来看待"中国"这个概念所包含的深厚的实践内容和理论表达,不只是回答别人给我们所导致的难题,而是要自己设置议题。

在这种新的历史条件下,提出"文学与中国"的论题恰逢其时。论述文学和中国的关系,首先就意味着要在文学中来讲好"中国故事",很多评论家很早就论述过这一点。如李云雷说过的:"讲述'中国故事',就是以文学的形式凝聚中国人丰富而独特的经验与情感,描述出中华民族在一个新时代最深刻的记忆,并想象与创造一个新的世界与未来。"以此为出发点,我们还可以说,"文学与中国"不仅意味着将文学的对象瞄准在人口、疆域、民族构成等意义上的实体化的"中国",而且也需要作家和文学研究者在主体意识上立足"中国",以"中国意识"和"中国视野"来展开文学写作和文学研究工作。

主体性地以"中国意识"来写作和研究,意味着将"中国"化成一个包含崭新价值维度的理论概念。鲁迅1927年在评论陶元庆画作的时候指出文艺作品中应当有"中国向来的魂灵",毛泽东1938年强调文艺作品应该有"中国作风和中国气派",都是在一个新价值的维度上来理论性地把握"中国"。要理论性地把握"中国",不能只是停留在对于"中国"的同义反复之上,而要深入阐发"中国"的价值内涵。在20世纪的思想和文化史上,很多思想家都力图从"中国"历史的内部去发掘"中国"的价值内涵,比如章太炎从魏晋宋齐梁五朝的法律中总结的"重生命、恤无告、平吏民、抑富人"的传统,吕思勉、蒙文通从前秦和汉代的历史中所总结出的"大同"传统,都是明证。在文学上,鲁迅对于魏晋文章的推重、周作人从明末小品文的角度对于新文化源流的阐发,也都可以看作是对"中国"内部所包含的新价值的发掘。

在欧风美雨长期的侵蚀之下,要正面但又不是复古性地阐发"中国"的价值内涵是一件艰苦的工作,而尤其不是一劳永逸的工作。对于文学创作来说,上述先行者的努力自然应该予以自觉地继承,但更重要的恐怕还是接续中国文学特别是中国现代文学伟大的现实主义传统,置身于变动的中国现实内部,忠于现实,以惊异的眼神去体察我们的国家和社会每一细微的变化。这要求作家要有一种彻底的反形而上学的自觉意识,打破所有外在的既定的教条性话语,紧贴在中国的地面上,去写出中国大地的每一次律动。

也就是说,我们目前所处的阶段是一个需要"中国"焕发出新的价值内涵,但这一价值内涵还未定型的历史阶段。旧的由外部所赋予的普遍性还没有完全退场,以"中国"为表征的新的价值也同时是新的普遍性还没有完全建立起来,新旧价值观正处在一种冲突、缠斗的状态之中。在文学写作上,个体性视角、启蒙视角、阶级动员视角、革命视角、文明论视角等都显示出其在把握新的现实变动上的局限性。在这新的历史阶段,内部性地体察中国的现实脉动就成为首当其冲的要之务。从现实内部来体察现实,就意味着要把所有原来既定的视角都相对化、语境化。

除了主体性地彰显"中国"的价值内涵,在"中国"这一宏大领域中来书写作为整体的"中国"的现实之外,"文学与中国"这一课题在今天还意味着一种以"中国"为单位在世界范围内的参与意识。梁启超1901年在《中国史叙论》中曾提出"中国之中国"、"亚洲之中国"、"世界之中国"的说法,他以乾隆末期以来的中国为"世界之中国"。我想说,中国作为"世界之中国"的特征在今天正以前所未有的姿态显示出来,"一带一路"和"人类文明共同体"的提法正表达了这一点。和梁启超时代的中西交涉竞争相比较,今天的中国在世界上的参与更广泛深入,也更从容主动,作家们对于这种参与的感受和由主动参与而带来的世界视野的拓展也应有相当的敏感和书写意识。正是在于其他国家其他文明相互交流的过程中,在"人类文明"这个更大的平台上,"中国"独特的价值内涵才能更充分也更直接被意识到。实际上,晚近以来,正有不少作家致力于此。这是中国当下文学发展中值得注意的新现象。

二、"新时代"的文明史意义与文学的使命

"新时代"的命名不仅构成我们国家政治、经济、社会、文化、生态等各方面具体建设的基本历史条件,也具有深远的文明史意义。而作为创造新文明之主体的"中国"将越来越鲜明地成为一个意蕴深远的理论概念,成为我们向远方眺望的基本视野,由这种视野出发的新时代文学,也将具有越来越鲜明的纵深感,并最终在客观上将自身发展成为表现新时代之本质性和整体性的史诗。

作为一个发展中国家,中国是在长期承受了西方殖民国家所惯性依赖的资本扩张、军事侵略而导致的历史重负的情况下来谋求自己的发展道路的,在现时代,更以构建人类命运共同体的意识深刻反思了西方现代性的限度。新时代中国的发展需要以广阔的历史哲学的眼光来加以透视,从世界文明进程的角度进行总结,以把握新时代所包含的创造新文明的努力。黑格尔曾写出

属于他自己时代的《历史哲学》,置身于新时代的我们,也应该写出属于我们这个时代的新的历史哲学。

关于"新时代"的文明史意义,可以从推进"一带一路"建设等实践中加以总结,也可以从构建人类命运共同体思想和十九大报告等理论创造中进行阐释。关于"新时代",十九大报告指出:"中国特色社会主义进入新时代,意味着近代以来久经磨难的中华民族迎来了从站起来、富起来到强起来的伟大飞跃,迎来了实现中华民族伟大复兴的光明前景;意味着科学社会主义在21世纪的中国焕发出强大生机活力,在世界上高高举起了中国特色社会主义伟大旗帜;意味着中国特色社会主义道路、理论、制度、文化不断发展,拓展了发展中国家走向现代化的途径,给世界上那些既希望加快发展又希望保持自身独立性的国家和民族提供了全新选择,为解决人类问题贡献了中国智慧和中国方案。"

对这一表述,我们可以从两个层面来认识"新时代"的文明史意义。第一,从实现中华民族伟大复兴的角度来认识"新时代",这包含了一种从内部将自身构建为一个文明体的努力。在时间的逻辑上,意味着新时代的中国是自觉将"过去"、"现在"、"未来"包含在一个连续体当中,或者说,是弥合了"过去"、"现在"、"未来"之间的裂痕与对立;在价值的逻辑上,则意味着新时代的中国将"传统"、"启蒙"、"革命"统摄在一体之中,跳出"传统"、"启蒙"、"革命"相互辩难、论争、否定的层面,结束在过去一个多世纪中中国人的精神内战,而以更高的理论视野将其统合。而能完成这两方面统合的,只能是在"文明"这更高层面上。晚清时鲁迅曾以"人国"的崇高目标而期待于未来的新中国,这种"人国"乃是"外之既不后于世界之思潮,内之仍弗失固有之血脉,取今复古,别立新宗"的结果,将"今"、"古"、"新"加以统合,在逻辑上正通向以科学社会主义通达中华民族伟大复兴之光明前景的征途。第二,从中国智慧和中国方案对于其他民族和国家、对于人类之贡献的角度来认识"新时代",是从外部即从世界范围内来把握了中国发展道路之新颖性。新时代中国特色社会主义为世界上那些希望独立发展的国家提供了新的选择,意味着新时代中国的发展道路是对于过去几百年以来由西方资本主义国家主导的文明发展道路的根本性校正,是站在后发展中国家或者弱势国家的角度对于西方主导的霸权体系的抵抗,这不是单一的经济或者政治发展道路的选择问题,而是整体性的新文明的创造。

"新时代"具有深远的文明史意义,但是,这并不是说当中国进入新时代之后,就化解了所有的矛盾和问题,就以一种文明的完成时态而存在了。新时代对于新文明的创造是一个正在展开的过程,这个未有穷期的动态过程包含着一种内在的张力,即它一方面在本质上表现为纠正乃至超克既有文明进程的创造性和超越性,另一方面又在具体的现实问题上表现出一系列的矛盾。对后者的宏观概括,就是十九大报告中关于我国社会主要矛盾已经转化为人民日益增长的美好生活需要和不平衡不充分的发展之间的矛盾的表述。

立足于现实中的各种矛盾和问题来展开文学世界,这是 20 世纪中国文学的传统,也是当下文学的基本特点。置身于社会矛盾的漩涡中,将自己的笔投向现实问题的更深处,揭示社会存在的黑暗,揭示人心的丰富和丰富的痛苦,这应该是作家的底线,也是作家良知的根本体现。直面矛盾,直面残缺的现实,从文学内部思考同时代的重大问题,也正是 20 世纪中国文学的基本传统。在新时代,社会主要矛盾虽然发生了变化,但矛盾本身依然存在。矛盾内容的转化会带来文学题材和美学形态的变化,比如从乡土文学到都市文学的转变、生态文学和科幻文学的涌现等,但是,"真诚的深入的大胆的看取人生"、"写出国人的灵魂"这些由鲁迅所开辟的伟大的现实主义精神仍将是新时代作家须臾不可忘记的创作指南。而且,随着人民智慧的提高、人民在物质和精神生活上更普遍更深入的要求的提出,也由于生产力不充分尤其是不平衡的状况的存在,社会矛盾在客观上而尤其在主观上会更加突出,给人的内心所刻下的印痕更为深隐也是可能的。这就更要求新时代的作家继续"真诚的深入的大胆的看取人生"。

"新时代"对于当下文学所带来的挑战主要不在于社会矛盾的转化,而是表现在作家如何在自己的作品中,去触及乃至包含"新时代"所具有的文明史意义这一议题。而当我们意识到作为一种整体性的新文明的担纲者只能是"中国"这一综合性的主体的时候,则问题又转化为新时代的作家如何在自己的作品中理解和阐释"中国",抑或,是如何以"中国",更准确地说,如何以"文明中国"为基本视野来展开自己的作品世界。

回顾过去一个多世纪的现代文学,我们会发现,作为一个文明体的"中国",或者说"文明中国"并没有成为文学界和思想界自觉的思考课题。就文学创作和批评的传统而言,我们思考过个人、阶级、性别、地域、民族、城乡,但是我们基本没有思考过"中国"。这样断言,势必引起异议。的确,20世纪中国作家和批评家在思考和书写个人、阶级等议题的时候,可以说从来没有忘记过"中国",或者说他们思考的终点往往都是"中国"。但是,这里的"中国"更多情况下并不是作为一个文明体的"中国",不是具有自身的文明内涵的理念。当作家们在书写个体的时候,是在内心深处把个体的价值、个体的自由作为书写的出发点的,当作家们在书写阶级的时候,是把受苦的阶级,把无产阶级当作一个价值自足的共同体来看待的,同样,当作家们在书写乡土的时候,往往是立足于乡土的价值而对之产生深深的眷恋。但是,在大多数时候,"中国"并不具有这样的内在价值,这里的"中国"往往可以被置换成"中国人"、"作为民族国家的中国"、"疆域的中国"、"多民族的中国"、"作为生活世界的中国"等实证性的对象。再换个角度说,20世纪的中国文学,基本是在作为一个框架或者说容器的"中国"内部展开的文学,是对这个框架内部的个人或者群体的书写,而此框架本身却并没有成为作家们自觉描写的对象。"中国"可以表现为"人",也可以表现为"山川大地",也可以表现为"破碎的疆土",也可以表现为"悠久的历史",但是,综合来看,对于"中国"的书写呈现为一种发散性的状况,"中国"基本并没有作为一个融贯的理念,更很少作为一个文明体来得到呈现。

文学写作中,"中国"视野的缺席,根本来说,并不是作家们的责任,而是由近代以来中国社会发展的基本状况所决定的。在近代以来的大部分时间里,我们所目睹和体验的是过去、现实、未来的相互辩论,是传统、启蒙、革命的相互否定,是各种主义的频仍更迭。在这样的状况当中,寻找对立面,弃一取一是常态。由此,片面的深刻是可能的,但真正融贯性的思考则难得,而置身于如此情境中的中国文学,也必然难以获得一个全面整合的视野。

经过一百多年的努力,中国社会终于进入了"新时代",如上所说,新时代并不是凝固的没有矛盾的状况,但"新时代"的确足够提示我们"新文明"创造的帷幕已经打开,"文明中国"的意义正在凸显出来。对于作家来说,如何在直面社会矛盾的同时,把握住"新时代"的张力结构,从而对于"新时代"的文明史意义,对于"文明中国"的内在价值产生自觉意识,进而写出具有纵深感的作品,是不能不思考的课题。

习近平总书记曾提出希望作家写出中华民族的新史诗。我想,创作中华民族新史诗,不是要回避当下中国社会所存在的矛盾,而是要在直面矛盾的基础上,更深入地去把握所有这些矛盾所得以展开的"新时代"的内在本质,用中国古代的语言说,是"新时代"所包含的"理"和"势"。而要把握时代内部的"理"和"势",必然不能只是停留于个人的直觉和经验,不能囿于自己的生活天地。针对着以"知解力"为主要特征从而只能孤立地把握事物的"散文意识",黑格尔高扬了"诗"尤其是"史诗"这一文类——这也同时是一种思维方式,认为在史诗中有着更具统一性的表现"民族理想"乃至"人类精神"的东西。这与他强调"现实"不是直接给予的东西,而是"实存和过程的统一",是"事物展开过程中的必然性"的思路相一致,都是强调重要的是在不忽视实存的前提下去把握事物的本质,这一思路也为马克思所继承。把握事物的本质,把握时代的本质,这本是老生常谈,但是,至少就文学而言,要在写作中把握到所谓"本质"是何其艰难的事情。在"新时代"的历史条件下,似乎是不期然而然,然而又是作为"事物展开过程的必然",中国走到了"新文明"的入口处,实体性的中国亦从而获得了一个将自身理念化为"文明中国"的契机,把握住这一契机,向历史的深处也同时是未来的深处、更深处眺望,或许应成为当前作家的使命。

三、两个《讲话》在文学与政治之关系问题上的连续性

胡乔木曾经指出,毛泽东《在延安文艺座谈会上的讲话》至少有两个原则

具有永久的价值,一个是文艺为人民服务的原则,一个是生活是艺术创作唯一源泉的原则。概括地说,这也就是文艺的人民性原则和现实性原则。习近平总书记《在文艺工作座谈会上的讲话》对这两个原则做了根本性的继承。关于文艺的人民性,习近平总书记说:"文艺要反映好人民心声,就要坚持为人民服务、为社会主义服务这个根本方向。"又说:"以人民为中心,就是要把满足人民精神文化需求作为文艺和文艺工作的出发点和落脚点,把人民作为文艺表现的主体,把人民作为文艺审美的鉴赏家和评判者,把为人民服务作为文艺工作者的天职。"关于文艺的现实性,他说:"人民生活中本来就存在着文学艺术原料的矿藏,人民生活是一切文学艺术取之不尽、用之不竭的创作源泉。"又说"文艺只有植根现实生活、紧跟时代潮流,才能发展繁荣;只有顺应人民意愿、反映人民关切,才能充满活力"。

文艺的人民性与文艺的现实性都包含着对于文学和政治之关系的理解。文学和政治的关系问题可以说是对文学以上两个性质的理论性问题。因此,对于这两种基本文学性质的理解,不能去从理论上去说明文学和政治的关系问题。这里想从毛泽东的《讲话》谈起,对这个问题做进一步阐释,从而把两个《讲话》的历史连续性更深地开掘出来。

和任何思想成果一样,毛泽东的《讲话》也有自己具体的时空背景,也有自己的特殊性。这个具体的、特殊的时空背景,就是抗战的现实需要和陕甘宁边区及各抗日根据地的存在与发展。由中国共产党领导、立足于各抗日根据地来完成民族解放的任务的这整个进程,被毛泽东概括为"革命机器"。他这样来规定"文艺"和"革命机器"之间的关系:"我们今天开会,就是要使文艺很好地成为整个革命机器的一个组成部分,作为团结人民、教育人民、打击敌人、消灭敌人的有力的武器,帮助人民同心同德地和敌人作斗争。"在今天,抗战的需要和根据地的发展无疑都成为历史,那么,这是否意味毛泽东的《讲话》也失去其现实意义而只能作为一份历史文献而存在呢?

我们认为,毛泽东的《讲话》所从出的具体时空条件固然发生了变化,但《讲话》本身的意义却不会因为这种具体时空条件的变化而消失。毋宁说,具体时空条件的变化,更凸显了其《讲话》所蕴含的普遍性。不仅如此,毛泽东的

《讲话》还具有一种强烈的新颖性,它和"五四"以来的"现代文学"构成鲜明的"断裂"关系,并提示了更新形态的文学的轨迹。在这个意义上,其《讲话》也是一个开放给未来的文本。

毛泽东的《讲话》固然是基于抗战的历史条件而出现的,但抗战并不构成其《讲话》的唯一动力。抗战联系着自近代以来"民族解放"的历史任务,而民族解放的历史任务又联系着历史上从来没有过的"人民当家作主"的政治前景。同样,陕甘宁边区和各抗日根据地也不是孤立的现象,毋宁说,它们是"民族解放"和"人民当家作主"的政治前景的试验场,是未来的新中国的前身和缩影。从这样的角度来看,基于抗战和边区的历史环境而产生的《讲话》及其所规定的"文艺为政治服务"就超越了一时一地的现实需求,而所谓"文艺"也就不能在一种"压抑和自主性"的对立格局中来认识。需要讨论的反而是,现阶段的文艺能否有足够的潜力去承接这样的历史要求。

"文艺为政治服务"的命题在一个时期曾引发争议。不消说,这个命题在现实推行的过程中有若干糟糕的历史经验。"政治"对于文艺的粗暴干涉,不仅伤害了文艺,也反过来伤害了政治,甚至可以说,对于政治的伤害是更其严重的事。但是,这种糟糕的历史经验与其说是来自"政治"对于"文艺"的压抑,不如说是来自"政治"本身被窄化和固化的现实。

那么,什么是政治?毛泽东说:"这政治是指阶级的政治、群众的政治,不是所谓少数政治家的政治。"但很显然,在现实推行的过程中,政治更多时候是被理解为"少数政治家的政治",而这样的政治,只能是和权力,和发号施令,和官僚作风,和眼前利益联系在一起的"政治"。在此,不是文艺,而首先是这种"政治"背离了"人民大众当权"的政治前景。

而一旦我们重新用"群众的政治"来充实和激活那个被窄化的"政治",则"文艺服务于政治"就立刻获得了新的内容。尤其是,当我们意识到,"群众的政治"即毛泽东所说的"人民大众当权"乃是"中国历史几千年来空前未有"的状况,则"文艺服务于政治"不仅不是带来文艺自主性的压抑,而是赋予文艺以契机,即使文艺从以往各种狭隘的小天地里解放出来去碰触那几乎是最高也是最复杂的课题。

首先,"政治"的最终诉求是"人民大众当权",这一诉求因为其空前未有,而占据了一个近乎于"真理"的位置。将文艺和这样真理性的诉求关联在一起,丝毫不是对于文艺的压抑,而是对于文艺的一个要求。它促使文艺尽量地伸展自己,以发挥出其所有的潜力。而且,这里的真理不是凝固的,而是作为未来的、始终在动态生成的真理而存在。就此说,文艺的"服务于它",也是一个无止境的过程。也正是因为此,所以毛泽东的《讲话》才反复提出作家改造的要求。

其次,"政治"不仅因为其高度而占据"真理"的位置,而且更因为其广度而和"现实"重叠。在一个几千年来以等级制为基本社会组织形态的国家里,试图让长期处于底层的"民众"成为自己生活的主人,其所掀起的波澜必然是根本性并且全面性的。这必然是在政治、经济、社会、文化等各个领域各个角落都发生的革命行动。在此,所必然出现的复杂性和深刻性,都将是以往的历史所未见。文艺来描写这样复杂深刻的现实变动,自然更不是对其自主性的压抑。

将"文艺"和这样空前的历史任务对接起来,这才是毛泽东的《讲话》中"文艺为政治服务"的核心内容。抗战,只是这样的历史任务中的一个环节。也正是因为此,所以毛泽东的《讲话》虽然以"服务"来规范"文艺"的使命,但文艺并不因此就局促于"特殊性"之中,反而充分表现了自己的普遍性。"为人民的文艺"、"文艺应当为千千万万劳动人民服务"等提法正是其普遍性的简要表达。

对毛泽东的《讲话》,即使不从政治远景,不从"政治"所具有的高度和广度,而仅从最一般的意识形态的角度来认识,其"为人民的文艺"依然具有恒久的普遍性。"文艺要为人民服务"这类提法因为在各种文艺政策的文件中被反复提及而变得司空见惯,也因为其司空见惯而常常被人忽略。但是,只要稍具历史视野,就能知道,确立"为人民的文艺"乃是经历了长期艰巨的革命斗争才获得的。毛泽东的《讲话》清醒意识到,相比于封建时代统治阶级的文艺、资产阶级的文艺,乃至于相比于汉奸文艺,无产阶级的文艺、"为人民的文艺"在任何方面都是崭新的,因此也是脆弱的,稍微放松就可能导致沉渣泛起。这一点,即便是结合当今文艺界的状况来认识,也一目了然。把"为人民的文艺"确立为大经大法,不仅是"文艺"本身成长的需要,也是"人民大众当权"的"政治"的必然要求。

当今,虽非革命斗争年代,但"人民大众当权"仍是最大的政治。这一历史连续性是明确的。习近平的《讲话》虽然没有说"文艺为政治服务",但"为人民服务,为社会主义服务",这就是最大的"政治"。从毛泽东的《讲话》到习近平的《讲话》,这个"政治"的脉络是连续的,"为人民服务的文学"的脉络也是连续的。

四、两个《讲话》在文学的普及性
问题上的连续性

习近平总书记在《讲话》中指出:"随着人民生活水平不断提高,人民对包括文艺作品在内的文化产品的质量、品位、风格等的要求也更高了。文学、戏剧、电影、电视、音乐、舞蹈、美术、摄影、书法、曲艺、杂技以及民间文艺、群众文艺等各领域都要跟上时代发展、把握人民需求,以充沛的激情、生动的笔触、优美的旋律、感人的形象创作生产出人民喜闻乐见的优秀作品,让人民精神文化生活不断迈上新台阶。"这就涉及文学的普及和提高这个问题,这也是毛泽东的《讲话》所着力阐发的问题。习近平总书记还指出:"互联网技术和新媒体改变了文艺形态,催生了一大批新的文艺类型,也带来文艺观念和文艺实践的深刻变化。由于文字数码化、书籍图像化、阅读网络化等发展,文艺乃至社会文化面临着重大变革。"这是以网络技术为例,进一步指出了新时代文学载体和文学形式的问题,这里面也包含着文学的普及化问题。

在一般的文学史叙述中,毛泽东《讲话》是被看作存在于"五四"以来文艺潮流延长线上的一篇文献。这种连续性的视野有相当的历史依据,其《讲话》对于由"五四"文艺、十年内战的革命文艺、根据地的文艺所连缀起来的文艺脉络有相当自觉的继承意识。这一点如果结合"整风运动"中的其他文献如《反对党八股》来看就更明确。但是,深入分析,也许更值得注意的,是毛泽东《讲话》所蕴含的强烈的断裂意识，即与以"五四"文艺为核心的中国现代文艺潮流的断裂。正是这种"断裂"充分表现了其《讲话》的新颖性，即毛泽东的《讲话》虽然也重视对既有的作家和知识分子的改造，但更看重培养边区自己的作家和知识者，培养新的作家并开拓新的文艺类型。在这个过程中，旧作家的意义更体现在如何尽力"做群众的学生"。原来的作家自然是要重视的，但从一个更长的视野来看，他们扮演的更应该是引渡和中介的角色。我们可以从其《讲话》对于"普及"和"提高"的论述入手对此进行分析。

毛泽东在其《讲话》中，是将"普及"和"提高"放在"如何去服务"这个总问题下来展开的。"如何去服务"自然首先是对于外来的作家提出的问题，因此"普及"和"提高"的主体当然也就是这些作家。但是，当着普及和提高的工作展开之后，这个旧的主体就面临着一种不可避免的自我否定的过程，并通过自我否定从主体变为客体。新的主体，则是原来扮演被普及和被提高之对象的"工农兵"。

就像其《讲话》所说的，"所谓普及，也就是向工农兵普及，所谓提高，也就是从工农兵提高"，而用以普及的东西不是封建地主阶级的东西，也不是资产阶级和小资产阶级知识分子的东西，而只能是"工农兵自己所需要、所便于接受的东西"。在毛泽东的《讲话》中，这种"东西"也就是能促使"人民群众当权"的意识、知识、思想以及行动能力的综合体，也就是"无产阶级"的思想和行动能力。而当我们意识到，原来的作家因为没有很好地和人民群众结合，没有和军事战线结合，身上总是拖着小资产阶级的尾巴，那在这里就必然出现一个难题，一个逻辑上的悖论，即作家们要用自己本来不具有的东西来向本来就具有那种东西的工农兵群众进行普及和提高。这就不仅首先要求"在教育工农兵之前，就先有一个学习工农兵的任务"，或者说"只有做群众的学生才能做群众的先生"，而且在做了群众的学生之后，"先生们"所能做到的普及和提高，就其实质来说，也只能是把工农兵身上原有的那些求取"人民群众当权"的思想和行动能力变得更纯正、更明确、更自觉而已。这不是要教给工农兵所不知道的东西，不是外部灌输的问题，而是促使既有的萌芽更健康更茁壮的问题。在这里，存在着对于"五四"以来的"启蒙"逻辑的根本性改写。

因此,毛泽东的确指出,所谓提高就是"沿着工农兵自己前进的方向去提高,沿着无产阶级前进的方向去提高","普及是人民的普及,提高也是人民的提高"。对于原来的作家来说,的确需要改造,但所谓改造并不是说让这些作家更加具有教育的资格,所谓深入群众,也不只是说"接近、了解、研究、做知心朋友"就足够了。这些是需要的,但所有这些深入群众自我改造的目的最终不是要把自身变成更好的"作家",而是要促使作为"作家"的自己消弭于那代表着"前进方向"的工农兵群体中去,也就是扬弃自己固有的"作家"身份而汇入那推动"人民群众当权"的历史洪流之中。

简捷地说,这种"作家"身份的消弭,也就是自"五四"以来的"文学"观的消弭,也就是那种把"文学"本质化并且圈子化的惯性的消弭。旧的作家扬弃自己旧的作家身份和作家意识,从而以中介的方式促使"文学"成为人民群众的共同财富。在理论上,开辟让人民群众都成为"作家"的道路。这也相应地要求旧的"文学"的内容、形式、读者、作者、创作方式、传播方式等各个方面都要发生变革。就如《讲话》所反复强调的那样,文学的专门家要注意群众的墙报、注意军队和农村的通讯文学,戏剧专门家要注意军队和农村的小剧团,音乐专门家要注意群众的歌唱,美术专门家要注意群众的美术,一句话,要注意所有那些处在"萌芽状态的文艺"。

因此,综合来看,"普及"绝不意味着在固有的脉络中降低文艺的"难度",而是意味着新的创造,即对"五四"以来的文艺发展脉络和文艺的整个生产机制的改造,并从中锻造出新的"作家"和新的"文学"。

在今天,互联网技术飞速发展,包括网络文学在内的各种新的文学形式大量涌现。这在客观上也促进了文学的普及。但网络文学也良莠不齐,新的历史条件下,普及和提高的关系问题更加值得研究。细读习近平《在文艺工作座谈会上的讲话》,并在"人民文艺"的视野中解读其与毛泽东《在延安文艺座谈会上的讲话》的历史连续性,对于我们认识"新时代"文学的性质、特点和文学在中华民族伟大复兴中的位置和使命就有极大的指导意义。

构建新时代社会主义文艺体系
——习近平文艺思想解读①

刘子杰②

摘　要　习近平文艺思想的核心是繁荣社会主义文艺,也即是构建社会主义文艺体系。习近平文艺思想充分认识到文艺对新时代社会主义建设的推动作用,不能任由市场对文艺进行商业化的操控,必须主动进行社会主义文艺体系的构建。习近平文艺思想中的"以人民为中心的社会主义文艺体系",包含了多个相互联系且辩证统一的层次:"为人而文"的社会主义文艺、"以文化人"的社会主义文艺、"以人为文"的社会主义文艺。构建社会主义文艺体系应努力实现党的领导、作家自主意识和人民主体性三者的统一。

关键词　习近平文艺思想　社会主义文艺体系　以人民为中心

习近平总书记曾先后在三个重要的场合发表过对于文艺问题的看法和阐述,分别是:2014年10月15日在文艺工作座谈会上的讲话,2016年11月30日在中国文联十大、中国作协九大开幕式上的讲话,2017年10月18日党的十九大报告中"繁荣社会主义文艺"部分的重要论述。这些关于文艺的讲话和论述"像毛泽东文艺思想和中国特色社会主义文艺理论一样,表明中国化马克思主义文艺理论进入了新阶段,表明它继承和弘扬马克思主义文艺观,对中国的

① 本文系上海市阳光计划项目"主旋律文学作品中的思想政治教育资源"【16YG07】的研究成果。
② 刘子杰,上海大学马克思主义学院、上海高校马克思主义理论智库——强国战略与话语权研究中心讲师,博士。

马克思主义文艺理论有了原创性推进",因而可以"概括为习近平文艺思想"。① 正如习近平总书记所言:"2014 年 10 月,我们召开文艺工作座谈会,我同文艺界的同志们深入交流,进一步明确了新形势下繁荣发展社会主义文艺的方向和任务。"②习近平文艺思想的核心目的,正是要繁荣社会主义文艺,也即是构建社会主义文艺体系。习近平文艺思想着重探讨了为什么要构建社会主义文艺体系、要构建什么样的社会主义文艺体系、如何构建社会主义文艺体系这一系列的问题。

一、为什么要构建新时代社会主义文艺体系

习近平文艺思想充分认识到文化对社会发展的推动作用。习近平总书记曾论述过物质文明和精神文明的互动关系,特别指出要注意精神文明会反过来促进物质文明,"在坚持以经济建设为中心、抓好物质文明建设的同时,继续锲而不舍、一以贯之抓好精神文明建设,为全国各族人民不断前进提供坚强的思想保证、强大的精神力量、丰润的道德滋养"③,习近平文艺思想中的构建社会主义文艺体系、繁荣社会主义文艺是和习近平新时代中国特色社会主义建设思想紧密联系的。一方面,构建繁荣的社会主义文艺是中华民族伟大复兴的中国梦的题中应有之义,要把我国建设成为社会主义强国,不仅要有强大的物质文明成果,也要有优秀的精神文明成果,要有大量的文艺精品。另一方面,优秀的文艺作品能够推动物质领域的社会主义建设,能够对我国的经济建设、政治改革、社会治理、对外交往等各个领域产生正向的推动作用。在文艺座谈会上的讲话中,习近平指出,"没有中华文化繁荣兴盛,就没有中华民族伟大复兴",要实现中华民族伟大复兴的目标,"必须高度重视和充分发挥文艺和

---

① 董学文:《充分认识习近平文艺思想的重大意义》,《人民日报》2017 年 10 月 27 日。
② 习近平:《在中国文联十大、中国作协九大开幕式上的讲话》,《人民日报》2016 年 12 月 1 日。
③ 中共中央宣传部:《习近平总书记系列重要讲话读本》,北京:学习出版社、人民出版社,2016 年。

文艺工作者的作用。"①

　　具体而言,文艺对新时代社会主义建设的推动作用主要有以下几个方面:一是文艺可以凝聚全国人民的力量共同为中国梦而奋斗。文艺的意识形态功能能够使得读者认同其所弘扬的价值观念,能够引导读者对世界的看法,优秀的社会主义文艺作品能够使得人民更加真切、丰富地认识中国梦,并自发地投入到为中国梦而奋斗的潮流当中去,能够使得全国各族人民"按照党的十八大确立的奋斗目标和党的十八届三中全会提出的改革任务,一步一步把中国特色社会主义事业向前推进"。② 二是文艺作品能够推动政治经济领域的变革和发展。党的十九大确立了"以人民为中心"的发展思路,一切工作的最终目的都是为了要让人民过上幸福生活,文艺作品在这个过程中能够发挥的作用不仅是书写和记录人民在实现中国梦过程中的伟大实践,而"以人民为中心"的社会主义文艺可以在全社会营造精神氛围,突出人民的主体地位,真正引导在政治、经济、社会等各个领域中人民主体地位的确立。这个作用正如欧洲文艺复兴时期的文艺作品对欧洲社会变革的推动,也正如五四新文化运动中文艺作品对中国社会变革所产生的推动。三是文艺作品能够推动我国的对外关系发展,既营造有利于国内建设的良好国际环境,同时又推动人类命运共同体的构建,使得中国梦与世界梦相通。习近平总书记在文艺座谈会上的讲话中指出,外国民众想要了解中国的诉求越来越高,新闻发布和官方介绍远远满足不了这种需求,而文艺作品是展示中国文化和中国形象的重要途径,文艺是世界语言,和外国人谈文艺最容易沟通。"要向世界宣传推介我国优秀文化艺术,让国外民众在审美过程中感受魅力,加深对中华文化的认识和理解。""让外国民众通过欣赏中国作家艺术家的作品来深化对中国的认识、增进对中国的了解。"③四是文艺可以为社会主义文化争夺文化领导权。

　　但并非是任何一部文艺作品都能产生上述作用,必须是在思想上正确,同

---

① 习近平:《在文艺座谈会上的讲话》,《人民日报》2015 年 10 月 15 日第 2 版。

② 同上。

③ 同上。

社会主义价值观保持一致,在艺术水准上达到一定高度的作品才有可能发挥出上述功能。而按照上述标准,目前我国的文艺创作还有提升和进一步建设的空间和必要。正如习近平总书记指出的那样,我国的文艺创作存在着一系列的问题:1. 精品力作少。"有数量缺质量、有'高原'缺'高峰'"、"抄袭模仿、千篇一律"、"机械化生产、快餐式消费"等;2. 有的作品政治立场错误。"调侃崇高、扭曲经典、颠覆历史,丑化人民群众和英雄人物";3. 有的作品价值观错误。"是非不分、善恶不辨、以丑为美";4. 有的作品完全被商业逻辑所左右。"搜奇猎艳、一味媚俗、低级趣味,把作品当作追逐利益的'摇钱树',当作感官刺激的'摇头丸'",有的创作者为了快速获取商业利益,"胡编乱写、粗制烂造、牵强附会",制造了一堆垃圾,有的"追求奢华、过度包装、炫富摆阔";5. 有的作品脱离当下现实,"只写一己悲欢、杯水风波"。① 习近平总书记所指出的这些问题说明当下文艺创作中存在着非社会主义因素,在市场经济的环境中,资本主义文化和商业资本逻辑已经在文艺生态中呈现出了一定的影响,如果任由其肆意蔓延,文艺非但不能起到上述推动社会主义建设的作用,反而将在思想文化和意识形态领域破坏社会主义文化的发展,进而会对新时代的中国特色社会主义建设产生负面的影响。因此可见,要想让文艺作品产生对社会主义建设产生支持作用,不能任由市场对文艺进行商业化的操控,而必须主动进行社会主义文艺体系的构建。

二、要构建什么样的社会主义文艺体系

"社会主义文艺,从本质上讲,就是人民的文艺。"我党的历任最高领导人在谈到文艺问题时,都强调社会主义文艺的人民性。党的十九大报告中明确提出要"坚持以人民为中心的创作导向,繁荣社会主义文艺"。我们要构建的社会主义文艺体系的本质一定是以人民为中心的文艺体系。习近平文艺思想中的"以人民为中心的社会主义文艺体系",包含了多个相互联系且辩证统一

① 习近平:《在文艺座谈会上的讲话》,《人民日报》2015 年 10 月 15 日第 2 版。

的层次:

一是"为人而文"的社会主义文艺。社会主义文艺的基本立场和态度是为人民。习近平总书记在文艺座谈会上的讲话中强调了文艺"不能在为什么人的问题上发生偏差",首先是要满足人民的精神需求。进入新时代以来,随着我国人民生活水平的提高,人民对精神财富的需求也日益增长,在精神文化领域,必须增加这方面的供给,为人民群众提供大量的高水平的精神文化产品,社会主义文艺要"把握人民需求,以充沛的激情、生动的笔触、优美的旋律、感人的形象创作生产出人民喜闻乐见的优秀作品"。另外,社会主义文艺要把人民作为文艺表现的主体。既要从宏观层面表现人民在当下时代中的形象,"人民既是历史的创造者、也是历史的见证者,既是历史的'剧中人'、也是历史的'剧作者'"。记录和书写人民在新时代追求中国梦的伟大实践是新时代的社会主义文艺必须承担的责任。除了这个宏观层面的表现之外,同时还要注重微观层面的人民日常生活。习近平总书记特别指出,人民不是一个抽象的概念,而是一个个具体的人,文艺反映和表现人民的冷暖幸福、喜怒哀乐。"关照人民的生活、命运、情感,表达人民的心愿、心情、心声。"

二是"以文化人"的社会主义文艺。对于把社会主义文艺的"为人民"需要辩证化的理解,倘若绝对化地理解为文艺完全迎合读者和观众的口味,那就会有失偏颇。同时,"以文化人"不应被理解成用"文"来控制人的思想,那样就会使得"以文化人"和"为人而文"、"引导人民"和"为人民"对立起来,其实这两者是互相支持、互相统一的。在新时代文化语境中,社会主义文艺用"以文化人"的方式并非是控制人的思想,而是把人从资本逻辑的束缚中解放出来,从而使得人重新确立主体性。习近平总书记在文艺座谈会上的讲话中强调文艺不能在为什么人的问题上发生偏差,是紧接着他指出当下文艺作品存在"在市场经济大潮中迷失方向"的种种问题时立即指出的,这其中大有深意,值得仔细琢磨。市场经济大潮中的资本逻辑容易使得人放弃精神价值的追求,从而完全被资本所控制,文艺不能够帮助资本去消解人的主体性,而应该帮助人民对抗资本,重获主体性。不能为资本,而应为人民,或许这才是习近平总书记讲话的深意。在资本逻辑中只知追逐利益而毫无精神追求和价值标准的人，就像失去了灵魂的行尸走肉，而社会主义文艺通过弘扬中国精神和社会主义核心价值观，正是为了让灵魂重新回到人的身上，使得人成为真正具有主体性的人。正是在这个意义上，习近平总书记提出了"文艺是铸造灵魂的工程，文艺工作者是灵魂的工程师"的论断。顺此思路，我们就可以理解，习近平总书记所倡导的社会主义文艺要有中国精神，要弘扬社会主义核心价值观，正是要求社会主义文艺要通过"以文化人"来为"人民"确立主体性，"以文化人"不是控制人，而是"为人民"。因此，习近平总书记倡导的社会主义文艺还是"以文化人"的文艺。

三是"以人为文"的社会主义文艺。习近平文艺思想所倡导的社会主义文艺是以人民为依托的文艺，是"以人为文"的文艺。首先，社会主义的本质决定了社会主义文艺必须是以人民生活为基础进行创作的。"人民是文艺创作的源头活水，一旦离开人民，文艺就会变成无根的浮萍、无病的呻吟、无魂的躯壳。""能不能搞出优秀作品，最根本的决定于是否能为人民抒写、为人民抒情、为人民抒怀。"以人民为基础不仅是社会主义的本质要求，也是社会主义文艺保证其艺术水平的基础。习近平文艺思想认为闭门造车是创作不出优秀的作品的，"关在象牙塔里不会有持久的文艺灵感和创作激情"。只有深入生活，"走进生活深处，在人民中体悟生活本质、吃透生活底蕴。只有把生活咀嚼透了，完全消化了，才能变成深刻的情节和动人的形象，创作出来的作品才能激荡人心"。习近平总书记在文艺工作座谈会上的讲话中举了很多的优秀作品的例子，比如柳青的《创业史》、曹雪芹的《红楼梦》、鲁迅的小说，都是以人民生活为基础创作出来的优秀作品。

三、如何构建社会主义文艺体系

习近平文艺思想对如何构建社会主义文艺体系提出了一套完备的系统方案，简单来说就是通过努力实现党的领导、作家自主意识和人民主体性三者的统一来构建社会主义文艺体系。

党的领导是构建社会主义文艺体系的根本保证。正如十九大报告所言：

"党政军民学，东西南北中，党是领导一切的。"①社会主义文艺体系的构建自然也应该在党的领导下进行，这是文艺体系的社会主义方向不出问题的根本保障。但是党不能直接从事文艺创作，文艺创作还是要依靠作家等文艺工作者来进行，这就必须要充分调动他们的积极性，给予他们充分的自由度，不能给他们太多的束缚，他们才有可能创作出高质量的作品。人民主体性是社会主义文艺的本质属性，如果丧失了人民主体性就不是社会主义文艺，因而人民主体性也是在构建社会主义文艺体系当中必须坚持的。

由此可见，党的领导、作家自主意识、人民主体性这三者是构建社会主义文艺体系过程中必不可少的，但如果处理不当，这三者之间会产生冲突，互相限制。比如党的领导和作家自主意识之间如果处理不当就会产生矛盾，有些文艺工作者对国家对文艺创作的干预存有抵触情绪，认为这样束缚了创作者的手脚，没有一个自由的创作环境。我国建国后的十七年时期（1949—1966）也确实因国家政策对文艺创作干预过紧而导致了文艺作品出现了模式化、僵硬化的问题。作家的自主意识和人民主体性之间也会产生矛盾。有的文艺工作者认为文艺创作是靠作家的想象，跟人民没有什么关系，有的创作者持有强烈的知识分子精英立场，看不起人民群众，或者认为应该以知识分子的身份对人民的缺点进行批判，这样创作出来的作品，就不可能是以人民为中心的人民主体，而是以知识分子为中心。这三者都必须坚持，不能因为它们之间可能存在着冲突就只坚持其一而排斥其他，而应该在三者并重中使得三者互相融合统一。

习近平文艺思想为这种融合统一提供了思路。对于坚持党的领导和作家自主意识两者的融合统一，要从提高党对文艺工作领导的水平入手，"加强和改进党对文艺工作的领导，要把握住两条：一是要紧紧依靠广大文艺工作者，二是要尊重和遵循文艺规律"。党在领导文艺工作时要调动文艺工作者的积极性，不能违背文艺规律对文艺创作横加干涉，使得文艺创作者无法在文学艺

---

① 习近平：《决胜全面建成小康社会　夺取新时代中国特色社会主义伟大胜利》，《人民日报》2017 年 10 月 28 日。

术层面上创作出佳作,作品沦为简单图解国家意识形态命题的工具。党在领导文艺工作时,"要尊重文艺工作者的创作个性和创造性劳动,政治上充分信任,创作上热情支持,营造有利于文艺创作的良好环境。要诚心诚意同文艺工作者交朋友,关心他们的工作和生活"。为了使得党的领导能够更好地遵循文艺创作的规律,要加强文艺工作领导班子的建设,让文艺领导班子成员能够和文艺工作者建立和谐的关系,要"把那些德才兼备、能同文艺工作者打成一片的干部放到文艺工作领导岗位上来"。事实上,我党近年来一直注意把懂文艺创作的优秀文艺工作者吸纳进领导岗位,在文联、作协的领导岗位中,有不少是优秀的作家、艺术家。这样有利于党的领导和创作者的自主意识融合统一、和谐发展。习近平总书记还对文艺工作者提出了"以人民为中心"、"深入群众,深入生活"、"要热爱人民"的要求和期待,这些要求正是促进作家自主意识和人民主体性统一的重要途径。"一切有抱负、有追求的文艺工作者都应该追随人民脚步,走出方寸天地,阅尽大千世界,让自己的心永远随着人民的心而跳动。"[1]这是促成作家自主意识与人民主体融合的正确方法,也是文艺保持生命力的根本途径。正如习总书记指出的那样:"文艺创作方法有一百条、一千条,但最根本、最关键、最牢靠的办法是扎根人民、扎根生活。"[2]

党的领导、作家创作意识、人民主体的统一还会遇到的一个突出的障碍性因素是现实生活中的负面问题。习主席曾指出,"生活中并非到处都是莺歌燕舞、花团锦簇,社会上还有许多不如人意之处,还存在一些丑恶现象。对这些现象不是不要反映,而是要解决好如何反映的问题",[3]如何表现、要不要表现负面问题对于社会主义文艺而言是非常值得探讨的。负面问题的表现一旦处理不好,很容易造成人民对社会主义文化的反感、疏离。许多文艺作品在这一问题上没有用辩证的态度认真直面这一难题,而是选择简单化的处理方式:在作品中全面约束而不放开,对一些敏感性的内容一概回避。这和国家有关

---

① 习近平:《在中国文联十大、中国作协九大开幕式上的讲话》,《人民日报》2016 年 12 月 1 日第 2 版。

② 习近平:《在文艺座谈会上的讲话》,《人民日报》2015 年 10 月 15 日第 2 版。

③ 同上。

部门简单化的管理政策也有关联：对于涉及负面问题的作品一概封杀。这样看似在作品中很和谐，但却有可能在人民群众心中留下了负面印象：社会主义文艺都是粉饰太平的，甚至是虚假的。社会主义文艺是为人民的文学，就应该在作品中充分表达人民的喜怒哀乐，应该表达人民对阻碍其争取幸福生活的各种因素的批判，但要警惕不要把这种批判的矛头指向社会主义意识形态，而应指向其真正应该指向之处：压迫人民的资本逻辑。西方话语和资本主义文化极力把社会主义国家中资本对人民的压迫混淆、误导成执政者对普通民众的压迫，主旋律文学应该辨识清楚这一点，才能在作品中争取到人民的支持，一起对抗资本逻辑，若处理不当，反会被资本逻辑利用从而离间主流意识形态与人民的关系。习近平指出，文艺作品要在反映问题的同时，让人们看到美好、希望和梦想。社会主义文艺能够实现这一可能性的深层依据正在于社会主义意识形态是追求人民的幸福生活、努力实现全体人民的梦想。

党的领导、作家创作意识、人民主体的统一还要注意用辩证思维避免犯简单化的错误。从本质上讲，社会主义文化追求的是人的自由、解放，资本主义文化力图把人置于资本的控制之下，似乎应该社会主义文艺是自由的、不加限制的，而资本主义文艺则是充满限制和规约的，然而实际情况却非常复杂和诡异。资本主义文化打着市场化的幌子，是在放开和纵容中完成了资本对人的控制，在欲望宣泄的快感中人不知不觉地成了资本的俘虏，资本利用人的欲望放纵把人的理性思考、对美的追求、对恶的批判彻底封存，使得人完全臣服于资本的统治。而社会主义文化建设过程中常常表现出各种各样的约束和限制，其实社会主义文化是要通过遏制资本的因素和手段，把人从资本的束缚和控制中解放出来。资本通过放纵控制人，社会主义文化通过约束解放人，这需要用辩证思维来理解。体现社会主义文化精神的社会主义文艺要特别注意这种辩证关系，否则极易事与愿违。既不能因为追求解放而走上放纵的道路，那样正好着了资本主义文化的道，资本就可以趁机肆意妄为；也不能因为约束过度而限制了个性和自由，那样就重蹈了极左时代的覆辙，文艺中蕴含的生机就会被扼杀。正确的方法无法在理论上预先规定，而只能在具体的创作实践中通过辩证思维和高超的话语策略来实现。

新时代中国文学研究的新问题

——在上海大学的演讲

李云雷①

摘　要　《新时代中国文学研究的新问题》主要以"新时代"的提出为契机,将新时期文学与文学研究相对化,将之作为一个历史阶段,并以"新时代文学"为新的视野与中心,比较其与新时期文学、建国后的前三十年文学、五四新文学、传统中国文学的异同,在中华民族伟大复兴的时代背景下,试图打通当代文学、现代文学、近代文学与古代文学的学科划分,重建中国文学的主体性与整体性,并在此基础上提出新的问题,探讨"新时代文学"与文学研究的可能性与新的空间。

关键词　新时代文学　新时期文学　建国后的前三十年文学　五四新文学传统中国文学

　　我今天讲的题目是《新时代中国文学研究的新问题》。从"新时代"这个提法出现以来,我们的文学研究应该从哪些方面进行突破,才能适应时代的发展。我前段时间在《人民日报》上发表了一篇文章,谈新时代文学到底"新"在哪里,今天主要是结合这个文章谈谈我的思考。

　　我在那篇文章中,把新时代文学与新时期文学进行对比,然后又与建国后的前三十年文学进行对比,又与五四以来的文学对比,最后又和传统中国文学进行对比,在对比中说明我们新时代文学有哪些新的因素,我们应该关注哪些问题,或者说哪些问题是值得我们关注的。

---

① 李云雷,山东冠县人,2005 年毕业于北京大学中文系,博士。现任职于《文艺报》。著有评论集《如何讲述中国的故事》《重申"新文学"的理想》,小说集《父亲与果园》等。

　　新时代文学对我们来说是一种全新的文学,为什么这么说呢? 因为我们受到新时期文学的影响比较深,我们的文学教育都是在新时期文学的规范下形成的,我们文学研究的思路也受到新时期文学的影响,我们读书的时候读的是北大钱理群、陈平原、洪子诚老师的书目,以及蔡翔、王晓明、陈思和老师的书,这些著作都是我们学习时的重要参考书。但是其实我们应该注意的是,这些著作都是 20 世纪 80 年代以及 90 年代的著作,它们都是针对当时的问题进行的思考,尤其是 80 年代更明显,它们针对的问题只是刚过去的"文革"文学的弊端,以此展开对新时期文学的想象,是以这样的方式来提出新的问题、新的方向。所以我们现在重新看,不论是钱理群等人的《20 世纪中国文学三人谈》,还是谢冕老师的《在新的崛起面前》,还有很多对现当代文学学科产生基础性影响的著作,我们如果回到他们的时代和问题意识,可以发现它们关注的问题和当时的时代思潮是紧密联系在一起的。但时过境迁之后,我们现在重新读这些著作,我们就应该从他们的著作里,不是提取他们现成的结论,而是把他们还原到当时的历史语境里,学习他们面对现实问题提出新问题的办法。最重要的是,我们要提出一些真正值得我们思考的新问题。

　　比如 1980 年代跟现在不一样的问题就在于,80 年代文学的一个核心就是反思"文革"文学,由此延伸到对革命文学、社会主义文学的反思。这个反思逐渐深入,但是很快也走到了另一个极端,好像左翼文学、革命文学、社会主义文学都是全然不重要的,这是 80 年代文学的集体无意识,就是它始终有一个想象中强大的对立面,它要从与这个对立面的战斗、决裂、挣脱中获得自由、激情和解放,但现在并不存在这样一个对立面,现在哪里还有左翼文学、革命文学? 如果我们还是抱持着自由主义的观念,将左翼文学当作假想敌,那就是刻舟求剑了,在新的时代,问题已经不再是原来的问题了。但是另一方面,为什么当代文学会发展到今天这样的局面,新时期文学对革命文学、左翼文学的批判与反思是不是有什么问题?

　　现在很多青年学者做的都是这样的反思,但也受到上一代学者的影响,比如蔡翔老师的《革命/叙述》这样重新阐释社会主义文学的著作,像洪子诚老师的《问题与方法》《我的阅读史》《读作品记》,这些都为我们展开了新的思想空间,也让我们对新时期文学有了不一样的理解。现在我们看新时期文学,就应该和在新时期之初看到的不一样。新时期之初大家都处于思想解放运动、新启蒙的运动之中,所以就容易跟着潮流走。如果提出什么新鲜的见解,都能引起广泛的关注,比如说像朦胧诗,著名的"三个崛起",但是现在看这些文章里提出的观点,我觉得应该有一个反思,他们针对"文革"文学提出的批评是有历史合理性的,但是随着时间的发展,他们又把文学导向了一个精英化、西方化、现代主义式的倾向。这些问题在当时看来或许不是问题,但是在现在看则成了我们面对的主要问题。到现在新时期文学的精英化、西方化和现代主义式的标准都没有得到比较有效的清理,在文学界都形成了一种文学规范,这种规范决定着什么是好的和坏的文学,甚至规定着什么是和什么不是文学作品。我们应该去反思这样的文学规范和标准,新时代应该从这些反思中展开新的文学。

新时代文学要讲中国故事,要坚持以人民为中心的创作导向,我觉得这些都是有针对性的,针对的就是新时期文学的精英化、西方化的倾向。说到"中国故事",我是最早用这个词的人之一,但是我们说的中国故事主要是在文学上,在文学上主要是针对两种倾向,一种是80年代以来过于西方化的倾向,80年代以来我们讲的似乎都是西方故事,比如先锋文学、寻根文学等文艺思潮影响下的作品。现在我们再来看这些作品,可以发现它们对抽象问题的讨论特别深刻,比如仇恨、欲望、死亡这些问题,但这都是移植的西方文学的主题,现在看这些作品是不是写出了中国人的感情、中国人的生活,中国人的经验?或者中国人的生活是不是在这些作品中有所反映?我觉得是有疑问的。我觉得从这个角度来看,80年代的文学确实是过于西方化,我们现在要去了解80年代中国人的生活、中国人的内心世界,我们不会去看这些作品,反而会去看别的作品,比如像《平凡的世界》,像80年代的报告文学,这些当时不受重视的作品反而能为我们提供一些纯文学作品提供不了的东西。这是中国故事针对的一个倾向,就是当时过度西方化的倾向。

再一个就是过度个人化的倾向。在80年代初,我们从写"大写的我"到辨析"大我"和"小我"的关系,再到90年代文学中有个特别流行的术语,就是

"日常生活",或者"私人叙事",这样的潮流、作品也大量地涌现,这样的术语当有其对立面的时候,是有其历史合理性的,提出这个问题是由于当时过于强调政治生活、公共生活,"日常生活"或"私人生活"的出现为我们打开了一个新的空间。但是随着这个潮流影响越来越大,到了不需要论证其合理性、合法性的时候,作家、诗人的视野就越来越狭小,只限于日常生活和私人经验,而不能从中走出来。一个很明显的例子就是,到现在我们的作家,生命力最强的是50后的作家,比如莫言、贾平凹、韩少功,张承志、王安忆等人,他们一直都在写,也一直在带给我们新东西。但是不知大家有没有注意到,在他们之后,60后、70后、80后作家中,似乎没有产生能和他们相比的作家。我觉得其中最重要的原因就是他们没有50后作家的格局和视野。比如我们说韩少功的格局和视野,我们读过他的小说或散文的人,都知道他在关心什么问题,如果你把一个60后作家跟他比较,比如我们拿毕飞宇跟他比较的话,你就会发现毕飞宇尽管写过不少优秀的作品,但是他的整体的格局来说还是无法和韩少功、王安忆这样的作家相比。至于对后来的青年作家的影响就更大了,比如70后、80后作家都是写个人经验,他们无法写出超越于个人经验之上的东西。但其实写个人经验也可以,也可以包容很多东西,我们时代的变化其实在日常生活中也有不少体现,但是一个作家如果没有大的时代、世界的变化的视野,他也不会意识到这样的变化。所以我说中国故事针对的是这样一种个人化的倾向,其实也是比较突出的问题。

针对西方化、个人化这两个倾向,所以我们才提出中国故事的倡导。但是"中国故事"出现之后,也出现了一些新的问题。我们的很多作家,从80年代学习、借鉴西方文学经典开始转向学习、借鉴我国古典文学经典,当然学习借鉴是很好的,但是要真正有创造性还是应该从我们的生活经验、生命体验以及时代经验中汲取营养。无论是西方的经典或者是古代的经典,其实只能给我们提供一个参照系的作用。我们照着它们去写不一定就能写出好的东西来,在这方面我觉得当然有好的例子,也有不好的例子,比如现在贾平凹的长篇小说就很像《红楼梦》《金瓶梅》这样的世情小说。比如韩少功的一些随笔,包括长篇小说《日夜书》也是借鉴了笔记小说,比如莫言说他从《聊斋志异》里面汲取了一些营养,像王安忆的《天香》,她也是有点像《红楼梦》。我们中国作家在这方面确实要汲取经典,但是又要防止被传统化,不是"化传统",而是被"传统化"了,我们传统的力量特别强大。比如说像贾平凹的《废都》,包括语言、叙事方式,看着就像明清时代的小说。这确实也构成了一个很大的问题,当代作家怎么才能写出来既属于中国人的而又属于当代的语言、故事,或者人物? 这确实是需要作家去创造、去摸索的。这是一个特别复杂的过程,现在作为一个新时代的开端,我们应该把很多以前对我们来说不构成问题的问题提出来,然后共同去探索新的发展方向。

第二点我想谈的是新时代文学与建国后的前三十年的文学对比,最近很多人都在谈"以人民为中心的创作导向",这种导向是对的,但是怎么才能够有这样的创作出来? 直到现在还没有特别有代表性的作品出来。不像《延安文艺座谈会上的讲话》之后,很快就有赵树理,就有《白毛女》,很快就有能够证明这种倾向是正确的经典作品出现,这是我们现在面临的一个很大的问题。当然,因为我们的情况比那时候更加复杂,文学艺术受制约的因素也更多,比如说以前受制约于政治,就是文学和政治的关系,现在除了文学和政治的关系之外,又受制于文学与经济的关系。另外一个方面,相对于建国后的前三十年,还有一个问题就在于我们现在的文学基本上还是 80 年代那种精英化的文学出版—传播—接受方式。在建国后的前三十年,其实我们有一个系统的人民文学的体制,一部作品无论从创作到发表到出版,包括到进入市场流通、接受,有一个完整的网络在起作用。但是现在没有这样的生产传播体系,像在 50 年代的一本小说,比如《青春之歌》就可以发行到五六百万册,可以发行到很边远的农村、工厂甚至边疆。我们现在的这种出版发行的网络,其实能够做到,但它或者出于市场或者是资本的考虑,就是不能去做。所以我觉得我们的经典作品,要产生真正的以人民为中心的作品,需要我们重建一种以人民为中心的这种出版发行体系,这可能是需要我们今后去努力的。

另外,我觉得可以借鉴的是那时很多作家确实是真正扎根到人民生活中去的。像丁玲、赵树理、柳青、周立波,他们确实是能够扎根到人民生活中去。但是我们现在的一些作家很难深入到生活中去,现在作协也有很多扶持项目,比如说到一个什么地方扎根几个月,或者甚至于扎根几年。但是我觉得整体上来说这种力度还不够,没有办法跟当地的民众形成一种情感的共鸣,不能够真正把一些故事、经验、人物汲取到创作中来。尤其值得关注的一点是,新时期以来对建国后的前三十年的文学基本上是持一种批评或者质疑的态度,所以对这一时期的文学的、历史的经验研究也不够。新时代文学要想真正的发展,要注重从建国后的前三十年的经验中汲取方法,包括具体的作家深入生活的方式,甚至我们讨论问题的方式。比如我举一个很明显的例子,我们现在研究十七年文学或者研究"文革"文学的人都会觉得那个时候的批判很厉害,有很多批判运动,确实是有很多的批判运动,这个经验教训我们应该总结。但是另一个问题是为什么会产生批判? 我觉得产生批判首先在于这个作品或者这个人这个作家值得批判,就是说他能够在社会上产生重要的影响。我前两年也写过一篇文章,谈到我们现在相对于那个年代来说太不重视文学了,或者说文学在整个社会的位置过于轻了。现在不知道大家有没有注意到,从 90 年代以后,文学界基本上就没有什么争论了。80 年代我们文学还有争论,围绕着一些具体的作品进行争论,围绕着改革文学、先锋派、伪现代派都有争论。但是90 年代之后,就会有比如说像"70 后"、"80 后"作家这样的概念出现,70 后、80 后、90 后、00 后好像用一种自然而然的命名来取代了以前的命名方式,取代了以前的什么呢? 比如说"寻根文学","伤痕文学","改革文学"这样的命名方式。我觉得这是一个特别有意思,也是值得关注的现象,相对于那个年代,我们这个年代更注重自然或者是生理的不可改变的因素,好像按部就班,按顺序就可以成为文学关注的对象。比如先锋文学,先锋文学我们都知道苏童、格非、余华是年龄差不多的,但是马原就比他们要大很多。可见当时就有年龄的因素,但是年龄的因素是作为不被重视的或者附加的因素在起作用。另外一个例子就是寻根文学,寻根作家有韩少功、阿城、李杭育等,其中也包括汪曾祺,但是汪曾祺跟他们年龄差别就更大了,差二三十岁,像年龄差别这么大的人也可以归纳为一个文学流派,现在似乎是不可思议的。对于一个思想艺术流派来说,年龄不是重要的因素。但是现在呢,年龄反而成了唯一重要的因素。不管你写的是什么,是什么风格,什么题材,都被归纳到 70 后、80 后、90

后里面来。我觉得包括这样一套概念和这样一种命名的方式是有问题的,起码让我们更加重视人的生理性的、不可更改的因素,而对作家的思想、艺术、题材的独特性的关注不是很够。

我们现在要注重从人民文学里面总结经验,然后重建新的以人民为中心的文学。但是另外一方面,我们也要注意从中吸取教训,80年代以后我们教训总结得很多了,尤其是从那种个人化的、私人化的这种经验来总结。但是也有很多问题值得我们思考,比如说像伤痕文学,大家都知道《伤痕》这部小说,我也写过文章谈这个问题。我们来看构成《伤痕》这个小说的冲突,是家庭伦理和革命伦理之间的矛盾,小说主人公因为参加"文革"跟她母亲之间产生了隔阂,然后等到"文革"结束之后,这个矛盾才解决。作者就用这一种家庭伦理来解构了革命伦理,我觉得这可能是那个时代需要的一种阐释。但是如果我们从更长的历史阶段来看,"五四"运动正是要打破家庭伦理然后走向革命,无论是巴金的《家》也好,杨沫的《青春之歌》也好,那些革命青年正是因为冲破旧的家庭才走向了一种社会化的道路,才走上了革命的道路。所以我觉得应该纳入一个谱系里面来重新看待这个问题,而不是简单的用家庭伦理来反对或者批判革命的伦理。我们新时代文学是不是可以从那种建国后的前三十年关于人民文学的探索里面汲取经验?我觉得现在的研究还不够。蔡翔、洪子诚等人的著作,在这个方面有很深的开掘,也为我们打开了继续探索的空间。

第三点我谈谈我们新时代文学与"五四"新文学的关系。"五四"新文学,是建立在对旧的文学体制的批判的基础上形成的,基本是以一种断裂的方式,割断了我们跟传统中国文学的联系,但是那个时候的中国作家,如果跟我们现在相比普遍是不自信的,尤其是面对外国作家,或者国外文艺思潮的时候,是不自信的。比如鲁迅,大家看鲁迅的作品也好,鲁迅的幻灯片事件也好,小说《狂人日记》《阿Q正传》也好,其实是站在一种既不是中国人的视角,也不是外国人的视角,而是介于中国人与外国人的视角,来看中国、看世界的。在鲁迅那个年代,不止鲁迅一个人,像郁达夫也是这样,例如他的《沉沦》。故事大家都知道,他在日本,去找妓女被人歧视,所以他说"我的祖国你要赶快强大起来呀"。虽然这是个人的故事,其实是跟整个民族国家的命运联系在一起的。

还有胡适主张全盘西化,他也有一整套理论。可见那个时代的作家普遍是不自信的,那时的中国作家,不像当今的作家,背后没有一个经济强大的国家作为支撑。所以我们在面对现代文学那些著名作家的时候,我们应该有一种清醒的意识。

当然他们在那个时代起到了很大作用,但是我们在今天应该比他们更自信。尤其是经历了80年代集中地向国外作家学习之后,今天我们的作家已经在恢复自信。举个很明显的例子,中国作家协会经常举行和台湾作家、国外作家的交流活动。比如说70后作家,大陆的70后作家就比台湾的70后作家好太多了。台湾找不到几个像样的70后作家,而我们大陆在水平线之上的70后作家至少也有十几个。面对西方文学的时候也是这样,一方面可能是因为经典作品在30年间已经翻译得差不多了,我们现在看到的年轻的国外作家,我觉得是和我们国内的作家水平差不多的。至少我们国内的青年作家的水准,不在国外青年作家的平均水准之下。举个例子,前段时间被翻译得比较多的一个日本作家青山七惠的作品,我看她的作品时,就觉得她比不上石一枫的作品。再比如说,前段时间被炒得很热的《温柔之歌》的作者,一个法国80后的作家。那的确是一部好小说,但我觉得她处理事情的那些方式,也并不比我们国内的作家更好。国内作家经历过长时段的对经典作家作品的消化吸收之后,自信心也在恢复。并且我觉得中国作家好的一点在于,那么多的翻译作品进来之后,打开了他们的视野。另外改革开放以来的巨大变革,确实是太有故事了,并且这个故事是前所未有的,别的国家也不会有的故事。李陀老师回国的时候,经常会和我聊天。他说现在美国作家面临的一个问题就是:没有故事可讲。尤其是中产阶级的生活是按部就班的。美国基本上就是几十年的生活都不会发生变化,而中国几十年的变化就太大了。我们处于一个剧烈变动的时代。

刚才杨位兼老师说让我谈谈我的小说,我简单地说两句。我为什么要写小说?我是觉得我的童年和少年时代,离现在的我已经太遥远了。举个例子,像我们现在用智能手机不过十年,但往前十年,我们连手机都没有。更早之前,在乡村里我还经历过没有电的时代。大家可能很难想象,没有电的生活是什么样的一种生活？这都是年轻的同学没有经历过的。但是即使像我们经历过的人，现在再回想起来，好像也觉得会很奇怪，我怎么经历过那样的年代？——因为我们的国家实在是变化得太快了。我写小说就是想将自己以前的记忆，用小说的方式把它留下来。那个时候农村的人际关系是什么样的，人和人如何相处？而现在则发生了巨大的变化，那曾经存在的一切都消失了。

我觉得这样一个时代带来的问题在于，一代人不可能再重复上一代人的生活。比如我不能重复我父亲的生活，我的儿子也不能重复我的生活。但是在美国，中产阶级的父亲上这个中学，他的儿子还有可能上这个中学，儿子的儿子也还是上这个中学。所以他们不像中国一样，有这么多丰富的故事。但是对于我们来说，这也带来很多问题。伴随着飞速发展的中国，每一代人的经验都是独特的。每一代人的经验都不能和另一代人沟通，或者说不能充分地沟通。比如说经历过"文革"的一代和没有经历过"文革"的一代，就很难沟通。经历过 80 年代的，和没有经历过 80 年代的，也很难沟通。他们不能深切地、经验性地、有同情性地理解。这是一个很大的问题。所以我觉得，在面对这么丰富、剧烈的变化的时候，我们的作家应该能从这些变化里边汲取有效的经验，进入到我们文学之中。并且通过我们的文学研究，把这些经验集中起来，这是我们的文学应该做到的。我再谈个例子，比如我们读鲁迅的《故乡》，其实它一个核心的矛盾就是，一个新型知识分子，在受了新思想影响之后，回到故乡之后面对的还是处在旧秩序伦理所产生的矛盾。他内心的矛盾也好，还是生活中细小的矛盾也好，如豆腐西施、闰土等人物，都是作家思想与现实之间的矛盾。但现在跟鲁迅《故乡》不一样的是，我回到故乡的时候，会发现故乡是一个比我想象中变化还要更加剧烈的乡村。鲁迅面对的是"不变的农村"，现在则是另一个问题，乡村变化得过于剧烈，已经超出了我们的想象和理解。其实中国现在很多事情都超出了我们的想象和理解，超出了我们的知识准备。我们还没有准备好怎么来处理这些变化。比如从"五四"以来，中国一直是以一个"落后者"、"追赶者"的形象出现的，我们基本上没有想过做一个胜利者，没有想过如果我们领导世界潮流的话，我们在文化知识上应该有什么准备。我觉得这也是我们现在需要面对和处理的，这是迫在眉睫的一个问题。

电影《战狼》《战狼 2》和《红海行动》,也在触及这样的一些问题。但我觉得在更深层次的民族心理上,我们还需要去面对。

从近代以来,中国的知识、思想、文学都是建立在我们失败的经验之上的。包括刚才说的鲁迅的视角,"几千年的历史就是吃人的历史",还有阿 Q 的精神胜利法,的确是那个历史阶段的产物。现在的中国人如果恢复自信之后,我们应该怎么想怎么做? 如果是作为一个历史引导者的话,我们应该准备什么样的知识和思想? 我们是不是应该将中国近代以来的思想做一个梳理:什么是我们失败的经验带给我们的知识、思想和文学? 如果没有这样失败的经验的话,我们是不是会有其他的经验和文学? 而这些,在我们现在的日常生活经验中,已经发生了很大的变化。我们现在去香港和台湾,心态就和 80 年代完全不一样。80 年代我们去,是去看现代的高楼大厦和现代化的社会生活;现在我们去香港和台湾,就跟我们去到了一个二三线的城市是差不多的感觉。包括我们去国外也是这样。当然这些都是处于历史过程之中的一些变化,但是作为文学研究,我们如何去把握住这些变化,如何从这些变化中发掘出真正具有生产力的问题,这些都是我们需要去注意的。这是我说的第三点,新时代文学与"五四"文学相同和不同的地方,相对于"五四"那个时代的经典作家,我们处于一个新的起点上,所以我觉得我们讲的中国故事肯定跟他们讲得不一样,但是我们要学会接着他们的故事讲,讲述新的中国故事。

第四点,谈一谈新时代文学跟传统中国文学有什么不一样,开始我也谈到了,我们现在很多作家学《红楼梦》、学《金瓶梅》、学《山海经》、学《聊斋志异》,学这些也很好,但毕竟这是几百上千年前中国人的著作,世界以及对世界的想象已经发生了变化,我们经历了"五四"和现代性洗礼之后的现代中国人已经不可能再回到那样一个世界,我以前写过一篇小文章《〈红楼梦〉是中国人的乡愁》,就谈到这个问题,红楼梦的世界我们大家都很熟悉,说起来主要人物、主要故事,我们大家都知道,但红楼梦的世界离我们已经有两百多年了,那个时代是与我们现在完全不一样的,那个时候的宇宙观还是儒、释、道三教合一的宇宙观,那时候的人生观、世界观、价值观、科学观也与我们现在的认识不一样,比如贾宝玉与林黛玉的爱情关系,就不是我们现代人能够接受的,他们结婚不就是近亲结婚吗？不论是跟林黛玉，还是薛宝钗，不都是近亲结婚？这个是我们现代人的价值观念所不能接受的，再比如书中提到的太虚幻境这样虚构的场景，还有女娲补天之类的故事，我们现在的小说都不这么写，就是因为我们与他们有不一样的整个对世界的理解，他们的世界还是处于儒、释、道三教合一的宇宙观，我们现在是科学的世界观，我们从精确的时间入手，我们现在的小说开头都是交代一个时间、地点，再展开故事。

现代文学的主题就是塑造现代中国人的灵魂，这是一个还没有完成的任务，我们处于这样的历史之中，其实我们既有作为"历史中间物"的一面，但同时我们又都是进入现代的中国人，但即使我们都处于现代社会之中，但我们对世界的看法也不一样，所以我觉得重要的是，新时代文学怎么能够把我们现在的生活、经验、内心的情感世界凝聚到作品里面，这是比较困难的事情，也是比较值得做的事情，对于我们来说，可能要写一本当代的《红楼梦》是比较容易的，比如王安忆的《天香》，还有《甄嬛传》，都像《红楼梦》，但是我觉得能写出我们当代人的情感，而且具有凝聚力、普遍性的作品是很难的，当然也是对我们作家，对我们文学研究者的一个很大的挑战，所以新时代文学有很多可以展开讨论的东西。

我刚才也就从这么简单的四点谈了一下我的想法，我觉得文学研究应该发现新的问题，尤其我们不能够只是接受上一代的学者的影响，他们的影响确实太大了，像北大，在洪子诚老师的书出了之后，很多人都在做50—70年代的文学研究，洪老师他们这一代学者的贡献很大，影响很大，但他们的问题和我们的问题不一样，我们生活的时代、面临的问题不一样，究竟我们应该面对或应该提出什么样的问题？我们要从自己的生活现实出发提出我们的问题，比如说我们谈底层文学，就是跟当时对一些问题的讨论有关系，当时讨论底层有社会层面的三个问题，有三农问题、下岗工人的问题、打工者的问题，这些社会问题反映在文学作品里面，我们就提出了与以前的研究者不一样的问题，以前的研究者不太关注底层，但关注底层文学一旦成为一个大的文学思潮和文艺思潮之后，反而会有很多作家，很多学者，很多批评家来关注和研究，所以它才能够成为一个重要的社会文化现象。另外一个例子是中国故事，"中国故事"

的命题提出来之后,有不同的意见,不同的争鸣,也有不少人反对,反对的人还是受新时期文学的影响,是比较精英化、西方化的,但是我们新一代学者该在他们的基础上不断扬弃,关注真正与我们有关系的问题,只有这样,才能真正做出基于我们个人的生活体验,而又与时代相通的一些问题,即使那些80、90年代对我们影响很深的著作,主要也是在解决他们那个年代的问题。但是怎么抓住我们这个时代的核心问题,是需要我们从生命体验出发,再经过理性思考才能提出来的,我希望同学们,还有青年学者、朋友们一起努力。

现实主义文学写作

面对现实农村巨变的痛苦思考

——论关仁山的创作兼论一种新现实主义文学的诞生

陈思和①

一、在现实主义文学体系中认识关仁山的创作

新世纪以来,作家关仁山连续创作了长篇小说《天高地厚》、《麦河》和《日头》,被统称作"中国农民命运三部曲"。三部作品在内容上没有什么连贯的人物、地点和故事,但题材是一致的,都紧紧抓住了当前农村最紧要的现实问题:三农、土地流转、农民工进城、农村基层领导权、乡镇企业、招商引资和自然资源的破坏、强行拆迁和城镇化、传统乡土文化式微,等等,中国农村三十多年来发生的所有阵痛与巨变——从家庭联产承包责任制,到新一轮的土地流转、社会主义新农村,以及前途未卜的农村衰败和城镇化建设——过去、当下、未来的三维空间都进入了作家的文学画卷。我们可以说,关仁山是一位有强烈社会责任感的作家,他对当下农村现实的晦暗描写,始终伴随着他本人忧心

① 陈思和,复旦大学图书馆馆长、复旦大学中文系教授、上海作协副主席。研究领域为中国二十世纪文学,中外文学关系,当代文学批评。

如焚的思考与探索,尽管这种思索本身也是暧昧不清,夹杂着许多混乱的信息符号,但作家严肃的创作态度与当下农民血肉相连的情感和立场,值得我们尊敬。

关仁山的"中国农民命运三部曲"的创作虽然耗费了十五年或者更多的时间,虽然它的内容不断纳入农村新出现的问题和现象,但是这部作品之所以引人注目,还不仅仅是表现生活内容的覆盖面之广,更重要的是表现形式的不断抽象,进而推动思考层面的不断升华。从手法上说,是渐渐从主流的现实主义创作传统中剥离出来,结合作家自身的创作风格和独特视角,在多元和丰富的当下文学创作的格局中,逐渐形成了他的独立的艺术贡献。

我把作家的创作贡献称为艺术贡献,是着眼于艺术形式的独创性。关仁山的艺术创造的成就,是在当下长篇小说创作的现实主义多元体系中体现出来。新世纪以来我国最重要的文学现象之一,就是现实主义创作又重新回到了主流文学当中,它起于文学创作与当下生活血肉相连的关系之中,发挥出新的良知的批判力量。这种批判力量使人们仿佛回到了欧洲工业革命以后出现的批判现实主义文学鼎盛时期的繁荣景象,并随着一批作家的个人风格的成熟,呈现出多元发展的势态。我曾经在前几年试图分析过当时流行于文学创作领域的两种现实主义的倾向,一种是法自然的现实主义,其特征是把社会发展现象还原为自然状态进行描写,通过大量非典型化的、丰富繁复的生活细节和日常生活场景来构筑长篇小说的艺术世界,从中揭示出社会变化的大趋势和人物无法避免的命运。这种创作方法避开了戏剧性的矛盾冲突和人物突出性格的描写,对作家的语言表达能力提出了极高的要求。目前能达到较高艺术成就的,是贾平凹的创作。另一种,我称之为怪诞现实主义,它更多地吸取了民间文化传统中狂欢因素,用戏谑、讽刺的手法来刻画现实生活场景,使现实生活中的丑陋现象被夸张地予以揭露,从负面来逼近现实真实。由于艺术上的狂欢和怪诞传统都与民间粗鄙文化有密切联系,在审美取向上,这种创作倾向是有争议的,如评论界对余华《兄弟》的争论就是一例。这两种现实主义的创作倾向,虽然都是以极端形式出现于现实主义文学创作的体系之中,但他们各自以鲜明的艺术特点,与传统的现实主义创作方法划清了界线:首先,它们以自己的方式揭示社会生活的某些真实,引导人们对生活真实做深入的思考,而不是以抽象的理想来掩饰生活,更不是用政治理念来歪曲生活真相,导向为某些政治目的服务;其二,它们都没有刻意回避当下社会矛盾的尖锐性,但是在表现矛盾冲突的艺术手法上,没有编造强烈的戏剧冲突来诉诸煽情,而是或采用不动声色的客观描述,或采用戏谑、讽刺的手法,使作品的倾向性通过具体细节表现出来;其三,这两种现实主义都有意回避知识分子的启蒙叙事立场,用民间叙事立场来倾诉社会底层的复杂情绪,显现出藏污纳垢的民间审美理想。只有在这两种现实主义创作倾向的坐标当中,我们才能比较具体地讨论关仁山的"三部曲"的现实主义创作特点在哪里?在当下的文学创作中又具有什么意义?

关仁山的文学创作被冠为"现实主义",是指传统的现实主义创作方法。前面所举的两种现实主义创作刻意规避的,甚至是潜在对立的诸因素,在关仁山的作品里恰恰被突显出来,"三部曲"的大量篇幅,都贯穿了作家关于农村未来发展前景的思考(鲍真、曹双羊等农村新人的实践)、乡村政治多元势力之间的戏剧性冲突(荣汉俊、权桑麻等权力者与新人之间的冲突),以及农村知识分子的启蒙立场与实践(金沐灶的形象),这些都是"三部曲"的重头好戏,也是关仁山的艺术画卷中最亮眼的部分。关仁山的文学创作资源里保留了鲜明的社会主义文艺传统,尤其是燕赵齐鲁地区文学前辈的传统,我们在《日头》中金世鑫校长用生命保护大钟的壮烈故事里,可以看到朱老巩大闹柳树林的影响;在荣汉俊、权桑麻等人的乡村政治权术斗争中,可以看到他们的前辈郭振山、马之悦的形象,甚至我们在金沐灶的沉重思索中,也可以重温《古船》里隋抱朴的身影。中国的现实主义理论脱胎于苏联社会主义现实主义的理论体系,强调的不仅是"从现实的革命发展中真实地、历史具体地去描写现实",而是要求作家用社会主义的理想"从思想上改造和教育劳动人民"。在这个理论前提下,社会主义文学被要求站在比生活现实更高、更具有前瞻性的立场,用社会主义未来的理想目标推动现实的进步,选择符合这一目标趋势的生活细节作为艺术表现对象。在相当长的一段时期内,中国的现实主义文学就是遵循这样的理论从事创作的,因而,一个历史时期内的国家农业政策,就成为农村题材创作的"理想"的样本。从《创业史》到

《平凡的世界》，农村题材的长篇小说创作基本上是依循了这样的原则。后起者关仁山的创作里，隐藏了这一笔丰厚的遗产。

但是，新世纪关注农村现状的作家毕竟遇到了新的问题。在我国三十多年的改革开放的政策下，农村经历了多次改革，都是在摸着石头过河的进行时态中探索实践的，实践途径交叉多歧，整个过程还没有完成，目标是让中国占人口比例最多的农民阶级从赤贫状态慢慢富裕起来，进而使整个国家真正地达到富裕。但这个过程无疑是极其缓慢极其艰巨的，天上不会掉下一个先验的灵丹良方改变农民的命运，曾被强制实践过并且被证明失败了的"金光大道"也不可能继续一条道走下去，中国共产党不得不借助曾经的革命对象——资本、私有制以及市场经济来调节经济建设，大量招商引资，土地批租，依托全球化经济大势，在幅员广大的农村田野上进行一场大规模的转型试验。这是经济的实验也是政治的考验，前瞻性的理想目标被置换成生死线上的经济发展，宁可忍受肌体器官被腐蚀被毒化，也要在根本上获得生命的涅槃，这场农村大实验必然带来极其复杂和惨烈的后果，观念上新与旧冲突，经济上得与失交替，伦理上的颠覆与蜕变，既是发展也是衰退，一切都在进一步退两步或者进两步退一步之间徘徊和挣扎。每一项政策都可能是双刃之剑，而造成的伤害、阵痛和丧失，感受最痛的，也就是极大多数生存在底层的农民阶层。所以，农民的绝对贫困率的降低与幸福意识的丧失，几乎是同步产生的。这一切，都给以遵循传统现实主义创作原则的作家们一个沉重的挑战，来自现实的力量逼着他们睁开眼睛看到现实是怎么一回事，不会再有传统的理想目标指示作家如何通过艺术形象来引导大家走金光大道，也不会再有梁生宝、萧长春、高大泉这类理想人物来充当农村改革的当代英雄。这就是我说的关仁山的创作的意义，他的创作见证了现实主义的力量，在现实的苦难面前，他的良知迫使他陷入深层次的思索，创作"中国农民命运三部曲"是他紧张思索的过程，也是他为农民的未来过什么样的日子，自觉付出的研究和实践的过程。

关仁山的创作是一种直面现实、严肃思索的文学，有点接近当年张炜在《古船》里所做的沉思与反省。但是张炜一开始就预见到即将萌生的新一轮私有制度可能带来的后果，他极度厌恶私有制观念与生俱来的贪婪、占有和破坏,以及不可避免带来的两极分化,因此在张炜的小说里充斥着绝望的激愤情绪。而关仁山在探索中则携带了更多的社会正能量,他一步步地放下幻想、逼近现实,思索着农民摆脱困境的路径。在"三部曲"的第一部《天高地厚》中,关仁山塑造了一个近于完美的新人形象鲍真,她从城里赚了钱回乡投入农业建设,在地方政权的支持下,经历了办企业、搞副业、承包土地、创办农民经纪人协会、科学种田等不间断的实践活动,小说中作家有两处写到鲍真指挥农民劳动的场景,都用了"很像是城里的贵妇人"来形容。应该说,这不是一个恰切的比喻。但这个比喻隐藏了作家暗暗期待农村社会的新事物——资本,能够在善良意志的支配下把步履艰难的农民带上一条光明道路。但是这种期待在第二部《麦河》里发生了动摇。作家浓墨重彩地塑造了一个农村资本家曹双羊的新形象,既毫不含糊地描写他在资本积累过程中藐视法律、败坏道德的堕落过程,也写出了这个人的灵魂的自我搏斗和最终觉醒。但,即使描写曹双羊利用土地流转推动农村转型的正面活动,作家还是抱着深深的忧虑,他通过小说中地主后代枣杠子的嘴巴指出:"双羊走的不也是我爷的路儿吗?"这其实也是作家的忧虑:利用民间资本促使土地流转,办大农场,可能会搞好农业经济,但是否能够避免农村进一步贫富分化呢? 能否避免农民因为重新丧失土地而会进一步丧失生活的最后保障呢? 事实上,这样的质疑并不是作家杞人忧天,它反映了社会上对于土地流转政策可能导致的后果的普遍忧虑。在第三部《日头》里,作家更加深入了一步,对于资本进入农村以后造成的自然资源破坏和贫困农民受到的伤害,都一一写了出来。但他并非拒绝资本,而是希望通过乡土文化传承和道德重建来遏制资本的贪婪本性,使其受到制约与规训,朝着有利于农村转型、农民受益的方向推进。小说塑造的外资代表是袁三定,作家笔下的日头村民们,不再把他当作救世主和新英雄,而是通过金沐灶等乡村知识分子与袁三定代表的资本人格的不断冲突和斗争,来争取他和教育他,使他渐渐地与金沐灶等人走到了一起。综观农村三部曲,鲍真的形象是简单的,曹双羊则要复杂得多,而袁三定的形象是不完整的,必须与另一个人物形象金沐灶互补结合,才构成象征未来农村前景的理想形象。这一系列相关人物的内涵变化,折射出作家本人的思想也在不断深化。这也表明了,一位严肃对待生活的作家,只要他敢于直面现实、深入思考,他就能够突破传统现实主义方法的局限,走到真正的现实生活中,去发现隐蔽在生活底层的矛盾所在。关仁山的创作,正是在这一关键点上显现了传统的现实主义的活力。

二、权力、资本与农民:艺术画卷中的几类典型人物

只有把关仁山的创作放在传统的现实主义文学体系里定位,才能比较清楚地看到"三部曲"是如何展示当下中国农村的生活真实,而不至于被作家采用的种种魔幻的叙事手法所遮蔽。我在下一节会分析到,小说里的魔幻的艺术手法,并没有改变作家对现实生活真实的呈现,魔幻只是叙事形式,是关仁山描绘的现实主义世界的一个组成部分。

关仁山不是一个悲观主义者,面对问题多多的农村现实,他从来没有放弃追问农民在现实中受的苦难究竟是怎么产生的,他也没有放弃对于未来农民命运的追寻和实践。正是对这两个最主要的问题的严肃探寻,使他的创作充满了独立思考和主体性的力量,作家用文学与良知为武器,与现实生活中的种种邪恶、丑陋现象进行短兵相接的肉搏;也正是在这两个最主要的问题的叙述中,作家使用的依然是传统现实主义文学中最重要的艺术方法:对人物典型形象的塑造,而不是其他现代主义文学常见的神秘魔幻的表达。

对于时下变革中的乡村新文明,关仁山是持怀疑态度的,在一篇创作谈里他讲到农村推行城镇化的问题,不乏尖锐地告诉我们:"从体制上看,我们目前的城镇化带有很大的盲目性和野蛮性。错误的政绩观与恶意资本的联手,借发展之名进行的野蛮拆迁,是极权政治与垄断资本的二位一体体制的必然结果,农民不是土地的主人,也不是田园的守望者,资本与权力对人性的扭曲和变异是触目惊心的。这时候我成为乡村新文明的审视者。"①这段谈话虽然是

---

① 关仁山、张艳梅:《以文学之光照亮乡土中国——关仁山访谈录》,《百家评论》2014 年第 6 期,第 34—44 页,此处引文见第 41 页。

对作品中描写的城镇化过程中野蛮拆迁的解说,也可以看作是作家对新世纪以来农村变迁历史的一个总的批判性认识。"三部曲"所展示的艺术画卷里,最活跃的人物形象有三类①:一类是乡村政治的代表,如荣汉俊、陈元庆、权桑麻之流,他们是农村改革的最大获利者,也是农村改革的主要推动者;另一类就是进入农村的资本代表,如鲍真、曹双羊和袁三定等,他们是推动乡村现代化建设的民间资本的力量,同时也含有资本的本质。与他们对立的是第三类人物:乡土政治权力周围的裙带圈人物,如冯经理、荣汉林、陈锁柱、权大树权国金兄弟,等等,他们利用权力的裙带关系,唯利是图,坑害农民,毒化社会。这三类人构成了一个农村社会的怪圈:乡村政治的代表人物掌握了农村改革主动权,他们不仅获得最大利益,还带动了裙带圈非法谋取利益;但是作为基层干部,他们又必须推动农村的改革事业,通过引资,与第二类资本代表人物结合起来;资本代表人物从正面意义上说,是希望帮助农村改革,对农民父老有浓厚感情②,从中也获取利益。他们与乡村政治代表人物之间既有矛盾冲突又必须互相利用,有时候也会做出伤害农民利益的事情。他们的竞争者是裙带圈的邪恶势力。而裙带圈本来就是乡村腐败政权派生出来的毒瘤,危害性极大,因为权力的关系,他们与资本代表竞争,有时也会获胜,造成更大的危害性。这三类人中间的前两类,是乡村的精英,都具有两面性,当双方正能量结合时,能够推动农村改革的正常进行,也可以成为农村改革的主要力量;但更

---

① 有学者对关仁山小说中的人物类型分四个阶层:"一类是精英阶层,或曰特殊阶层,比如担任村干部的可谓乡土政治精英;文化层次相对较高,能够读书看报写大字的,或者在地方学校里教书的,是文化精英;办厂的,开店的,经营作坊的,所谓先富起来的一批人,是经济精英。一类是裙带阶层,是通过血缘、姻亲、利益交换等方式与上述精英阶层关系紧密的那一部分人。剩下的是普通阶层,他们没有权势,没有经济优势,没有出人头地的亲戚,他们是开大会听会的那部分,是常常被教育的那部分,可谓是沉默的大多数。除此三种,往往还有另一不容忽视的灰色群体——恶势力。"参见谢有顺、刘秀丽《土地对人心的养育——读关仁山的〈麦河〉》,《南方文坛》2011年第4期,第107—111页,此处见第109页。本文的划分标准不一样,分析意图也不一样。特此说明。

② 关仁山在"中国农民命运三部曲"里描写的投资者,都不是与乡村无关的外来资本家,而是与乡土父老有骨肉至亲关系的民间资本家,鲍真、曹双羊都是本乡农民,袁三定不仅知青出身,并且与农民有肌肤之亲血缘之后,这暗暗表明了作家对于拯救乡土经济的力量,寄托在乡土自身所产生的健康力量。

多时候,权力滋生腐败、资本滋生贪婪,两者与生俱来的坏因素一旦纠缠,成为蝮蛇之结,那就构成了农民最可怕的威胁。"三部曲"正是通过一系列典型人物的塑造和刻画,揭露了农村转型过程中产生的这一类负面能量。

在"三部曲"里,作家对权力与资本两种力量的认识也是在逐步深化的。从小说的结构与主题上说,《天高地厚》最完整,小说主题通过荣汉俊与鲍真父女之间的复杂关系逐渐展开,从荣汉俊娶亲遭抢,被饥饿折磨得奄奄一息,又在洞房之夜闹出悲剧等一系列传奇故事开始,到婚外恋恋上鲍月芝,私自开荒被捕下狱,鲍月芝生下一对私生儿女为止,荣汉俊演绎了一个充满人性的故事。接着从农村改革开放,荣汉俊办企业发财致富,进一步又获得村长的宝座,权力和财富逐渐腐蚀了人性,他性格里猥琐、阴毒、工于心计等负面因素占了上风。为死去的儿子认父亲一幕,可谓是匠心独运,但他虽然用权谋保护了自己,却伤害了鲍月芝金子一样的爱情。命运的报复使他最终得不到唯一的女儿鲍真的原谅,萧瑟秋风中他怀着忏悔之心把月芝已经下葬的遗体搬进了荣家家族的坟地。如果这部小说不是那么密集地描写许多农村改革的进程,集中写好荣汉俊被权力异化、丧失人性的悲剧故事,可能会取得更好的艺术效果。但是作家没有把这条贯穿全书的线索当作主要内容渲染,反倒把它作为故事背景,由此展开鲍真从城里回乡,投资进行多种经济改革,带领乡亲走共同富裕之路。传统的现实主义的理想色彩在这部小说里还是相当浓重,作家着力塑造鲍真这一农村新人的形象,赞美了她在农村进行的改革。而荣汉俊作为村里的大权独揽者,他对鲍真的大力支持背后,汹涌着一个父亲难以言说的爱。尽管他性格中有许多负面因素,但总算在权力与资本的合作中,展现了正能量的一面。但是在《麦河》里,这样的血缘关系不复存在。陈元庆与曹双羊本来可以成为亲戚,陈元庆与双羊姐姐曹凤莲恋爱又将其抛弃,毁了凤莲一生,也改变了双羊的命运,他们之间演出了一幕又一幕的快意恩仇。作为县长的陈元庆需要政绩,不得不拉拢企业家曹双羊在乡里搞土地流转,但是他的裙带圈陈锁柱、陈玉文之流为了争夺经济利益,破坏曹双羊的事业,陈元庆又是站在自己兄弟的一边。他与曹双羊之间互相利用又互相争斗,尔虞我诈,惊心动魄,最终陈元庆被曹双羊检举而身败名裂。作家是站在民间资本的一边,虽然也写了曹双羊的两面性,最终还是支持了民间资本战胜腐败权力的斗争。《麦河》里,作家采用了复调艺术手法,让作品里的人物不断展开辩论、对话,甚至大段大段的独白,表现曹双羊的灵魂自我搏斗。从艺术上看,曹双羊的形象显然比鲍真进了一大步,更加饱满、更加丰富,也更加真实,他不是完美的人物,但作家急切期盼民间资本成为农村土地流转的希望所在的心情,在艺术创造中都充分地表达出来了。

接下来我要着重分析权桑麻这个形象。在第三部《日头》里,权力与资本没有构成直接的交锋,矛盾冲突的重点转移到了权桑麻与乡村知识分子金沐灶的冲突。作家非常成功地塑造了一个乡村政治人物的典型,虽然中国当代文学人物长廊里并不缺乏这类形象,但权桑麻之强悍阴毒、玩弄权术的丑陋形象,称得上新世纪文学中堪称独步的艺术典型。作家塑造这个人物,用了大量生动的细节,烘托典型性格。如下一例,权桑麻出场不久的正面亮相,写老轸头去他家求情:

> 权桑麻无比健壮,虎气生生。他正在搓脚丫,将趾缝儿里的泥抠出来,放在鼻尖上闻了闻,很享受的样子。村里人都知道,每当这个时候,去找权桑麻事就好办了。[1]

寥寥几笔,把一个丑恶形象活生生地描述了出来。搓脚丫,只是一种人们很普遍的生活陋习,不能说是恶人的特点,但是这短短的描述中,一个令人恶心的习惯动作公然放在干部接见群众的时候发生,可见其人跋扈专横完全不把他人放在眼里,而且村民也习以为常,知道这时候是权桑麻最舒心、最容易办事的时候。一个嗜痂成癖的恶棍式的人物、土围子里鱼肉百姓的土皇帝嘴脸霎时就凸显出来。

还有他收买人心的事例也非常典型。会计金茂才洪水泛滥中失去了独生儿子,悲痛欲绝的时候,权桑麻把自己儿子权大树送来了:

---

① 关仁山:《日头》,北京:人民文学出版社,2014年,第50页。

　　权桑麻对金茂才说："你看我家大树咋样?"金茂才说："支书,你就别捅我心窝了。大树好啊,多好的孩子！比黑丫白净。"权桑麻说："你稀罕就好。我今儿来就是送儿子给你的,从今往后,大树就是你的亲儿子！"金茂才和老婆一听都愣住了。权桑麻说："茂才,你有儿子啦！"金茂才好像没听清,吃惊地问："我,我有儿子?"权桑麻说："大树过继给你了,他就是你的儿子啊！"金茂才泪流满面："支书,这是多大的恩德呀！茂才可承受不起呀！"权桑麻说："别把话扯远了。人哪,就是你救我一命,我拉你一程,得活出点人味来。你说是不是?"金茂才这才抹着眼泪点头。权桑麻断喝一声："大树,给你爹你娘跪下,叫爹叫娘。"权大树咕咚一声跪倒在金茂才夫妇面前："爹！娘！"金茂才和老婆应着,两人把大树扶起来,紧紧和大树抱在一起。权桑麻的眼眶也湿了……权桑麻把儿子送给了金茂才,义举轰动了全县。①

　　这一段落的每句话都非常饱满。小说里权桑麻与乡村知识分子金世鑫、金沐灶父子水火不容,理由是按照五行的运行规律"金"会克"木",似乎是迷信造成的姓氏间矛盾,但是权桑麻对同样姓金的会计却如此肝胆相照,可见所谓"金克木"完全是借口,真正原因是乡村政治权力的独裁者对于知识文化的恐惧,而会计则是掌握经济黑幕的人,必须竭尽拉拢之能事。只有深谙传统文化的人才会意识到子嗣延续对中国农民的无比重要性,这一招不仅收买了人心,而且换来了金茂才一辈子愚忠,最后以一死回报权桑麻的知己之情。作家在小说开始埋伏这个细节时不动声色,直到全书快结尾时,金茂才下毒杀人,自尽报恩,才让人感觉到作家完成了一个大手笔。权桑麻的枭雄形象也就树立了起来。

　　权桑麻这个典型形象值得多说几句,作家在这个人物的身上寄托了严肃的思考:中国当下农村改革举步维艰,农民依然挣扎在贫困线上,这当中是有许多问题可以深入追究,在关仁山创作的艺术画卷里,他通过长时期的探索,终于认识到,权桑麻之类的权力者成为农村改革的主要阻力。权桑麻是权力

---

　　① 关仁山:《日头》,第32—33页。

腐败滋生出来的恶魔性人物,也是集中国传统文化中最阴毒负面的封建专制糟粕之大成。一切所谓的谋略、奸诈、权威、迷信、家天下等,都从封建专制这个根本之源派生出来。小说甚至写到权桑麻死后,留给儿子一根遗骨,懦弱的权国金只要关键时刻咬一下死人遗骨,立刻会凶悍百倍,仿佛是权桑麻的阴魂附体。这一笔是小说里使用得最好的魔幻手法,揭示出权桑麻的阴魂不会因为肉体腐烂而消失,它仍然会游荡在中国土地上,时时发出臭气来毒化我们今天的生活。

好了,分析了权桑麻以及上述三类系列人物以后,我们还是要转回到这幅艺术画卷的正面,看看这三类系列人物的对立面,或者说,这三类人必须面对的,是一群什么样的人? 他们就是普通农民的群像,属于"沉默的大多数",在农村改革大潮中随波逐流。他们也是第一类和第二类精英人物的追随者和社会基础。在"中国农民命运三部曲",我看不到作家如何表现农村改革与大多数农民迫切愿望之间的联系,似乎大多数农民都是被动地应付着折腾不完的改革政策,他们在 20 世纪 80 年代初刚刚尝到家庭联产承包责任制的甜头,在拥有土地的劳动喜悦中挺直了腰杆抬起了头,获得了"售粮大户""劳动能手"的荣誉和尊严,但瞬间又成了一锅未熟的黄粱,全球经济框架下的现代化进程把简单农业劳动迅速抛到历史车轮的后面,乡镇地方企业、外资企业、进城打工等新的劳动方式渐渐取代了沉重、贫穷而低效率的一家一户农业劳动,农民的劳动价值又一次被轻视,甚而蒙受耻辱。《天高地厚》写出了这种大趋势。劳动能手鲍三爷垂暮之年流落到城里医院太平间看守尸体,招引暗娼演出一场春梦,事后担惊受怕,还乡后郁郁而死。太平间风流性事,具有怪诞因素,但作家没有开掘下去,仍然回到现实层面,太平间、卖春女、老年人性爱,都成了生命状态的某种象征,揭示出传统农民离开土地后的暗淡命运。在《麦河》和《日头》里,贫苦农民已经意识到改革大潮不可阻挡,他们被裹挟在里面,无力为自己做主,只能期盼强者(乡村政治代表或外来资本代表)能够体恤农民的疾苦,维护乡土文化秩序,也希望自身在新的改革中摆脱贫困状态。大多数贫苦农民是农村改革的社会基础,乡村精英们翻云覆雨,都是打着改变农民命运的幌子,依仗了农民无可奈何的牺牲与苦难,但改革也确实把农民从土地依赖中分离出来,迫使他们转变为新型的劳动者。大多数农民没有远大目标和坚定原则,在《日头》里金沐灶为维护自然资源和农民工利益,迫使资本家开采矿山停工,结果农民失去收入,反过来怨恨金沐灶,视之为人民公敌。这样的故事在百年前的欧洲就演出过,现在轮到在中国土地继续上演了。作家对大多数农民的认识也是一步步在深化,从简单的同情、为之请命到清醒地认识其复杂性,仍然抱着启蒙的立场,心情极其复杂。

作家在《麦河》和《日头》两部长篇小说里,都设定了两个叙事者,其中一个是普通农民:白立国是个贫苦农民,瞎子说书者;老轸头是敲钟者,胆小怕事的贫苦农民,他们都是乡村精英的追随者,也是社会基础。白立国是民间企业家曹双羊的发小,老轸头是权桑麻与金沐灶的亲家,他们是小说叙事者,又是大多数农民的代表,他们有感情、有想法,也有朴素的是非观。作家在白立国身上还寄予了较正面的农民理想,让他经常在曹双羊身边发出逆耳忠告,使劲把曹双羊拉回到农民的立场上来;然而到了《日头》,老轸头的形象就变得模糊了(也可以看作是作家在现实中对曹双羊这样的民间资本的失望),老轸头有是非,但没有原则,他在权桑麻与金沐灶之间来回周旋,调和双方互相对立的作为,他在感情上倾向金沐灶,但是实际生活中又与权家父子沆瀣一气,充当了他们的同谋。让普通农民来充当小说的叙事者,当然是有局限性的,对作家来说,虽然是一种客观叙事的策略,但无法满足作家的主观介入态度,于是作家不得不又启动了另外一个叙事者,一个更为超脱抽象的视角:在《麦河》里塑造了一只具有象征含义的雄鹰;而《日头》就更为抽象,另一个叙事者竟然是一个半人半鸟的神话角色。这应该是关仁山小说创作的亮点。

三、农民命运的追问:象征、文化 以及知识分子的理性思考

关仁山的创作特点,是对中国农民命运的不懈追问和探索,而不是像以往社会主义农村题材小说那样,轻易祭出一帖"理想"的良方作为走向未来的根本道路,这已经表明他的创作方法从传统现实主义的局限中走了出来,走向真

实的生活现实。这是一个严肃的现实主义者的必经之途,无须掩饰什么和遮蔽什么。但是难度也是在这里,既然没有现成的良方可以遵循,那么,茕茕独立于旷野之人,必然是极其痛苦的。探索者每向前迈出一步,都可能会付出生命的代价,也包括犯错误的代价。我们不妨对比同时期作家的作品,如贾平凹创立的法自然的现实主义的创作,他会如数家珍地告诉读者,在农村大地上发生了什么真实的故事,但他不会告诉读者,大地上将会发生什么事?这个答案是要读者自己通过作家对现状的真实描写去想象的。还有张炜,他会愤怒地告诉读者,农村大地已经被权力与资本"开发"得遍体鳞伤,濒于毁灭了,但他也不会告诉读者,下一步农民应该怎么办?两千年前徐福乘桴于海的幻象一直召唤着,他无可奈何才发出一首首悲歌。在这一点上可以看到关仁山与同代作家之间的差别,关仁山是走在未来的探索上,不断地设计方案,付诸实践,虽然是写在纸上的故事,却希望与广大父老乡亲一起在现实世界里走出一条能够通向未来的道路,即使失败也在所不辞。这就使他的作品带有一种悲怆的情调。

然而,正是这一部分的带有实践意义的创作,最集中地体现了作家的主体性,也是作家对长篇小说叙事形式的独特的艺术追求。《天高地厚》基本上是一部循规蹈矩的传统现实主义的作品,理想主要体现于鲍真这个新人的形象。小说出版后,关仁山听到的批评是说这部小说写得太"瓷实"了,"瓷实"的意思是"太实了。没有把握好作品虚与实的关系。有生活积累,能写出农村的生活气息,但缺少艺术的蒸腾,没有给现实插上翅膀飞扬起来"。① 其实在我看来,"三部曲"的后两部小说在叙事形式的创新,反映了作家睁开眼睛直面现实的思考结果,他没有在现实生活中找到鲍真这样的农村新人能够走上成功之路,或者说,即使有成功者,也不是作家原先想象的新人的道路,所以他不得不另起炉灶,忍住心头疑惑,把希望的目标放到了民间资本家曹双羊的身上。但是关仁山对于资本在农村运作的道德依据是不信任的,对曹双羊的资本人格

---

① 关仁山:《文学应该给残酷的实现注入浪漫和温暖》,《中国文学批评》2016年第2期,第30—33页,此处引文见第31页。

也不予信任，虽然有叙事人白立国不断在曹双羊身边苦口婆心地规劝批评，但是作家也知道，作为一个普通农民要对资本全面了解几乎是不可能的，更谈不上给以制约。所以在叙事人白立国以外，设计了另一个叙事视角来帮助白立国完成更加全面的叙事。那就是雄鹰。无论是《麦河》里的雄鹰还是《日头》里的毛嘎子，他们的共同特点是飞翔，可以鸟瞰全局。这样就弥补了第一叙事人视角的局限。——我的意思是，用两个叙事视角讲同一个空间故事，本来会使小说的叙述容量不仅扩大，而且呈现出立体视角的怪诞和变形，犹如毕加索立体画的艺术效应，如果第一叙事人的视角是平面有局限的，第二叙事人的视角是俯视且全方位的，两者结合在一起叙述，小说呈现的画卷会出现何等奇异的世界！这还不仅仅表现在叙事空间的扩大，在时间上也相应贯通了过去、现在和未来的三维穿越，《日头》里的毛嘎子作为一个怪异孩子突然飞升，身体附了死去的金校长之灵魂，能够解读星宿发出的信号，这都是预示着对未来空间的预测和展示，所谓"天机"的守护者和泄露者。如果关仁山洞察到艺术形式可能会给小说的思想含量带来根本性的改变，并且很好地加以利用，那么他的艺术创作就有可能创造出更为瑰丽奇伟的魔幻的现代艺术。但是关仁山没有走到这一步，他创造了双重叙事视角的立体叙述的形式，却没有很好地利用和开掘。

但是作为一种象征，鹰的形象是有意义的。白立国是瞎子，为了使叙事的真实性成为可能，他必须拥有一些特异功能，如他能够在坟地与鬼魂对话，能够感应鹰身上的信息，我觉得这些特异功能也只能说明瞎子本人的幻觉和故弄玄虚，因为凡是他人不可能感受到的经验世界，就无法被证伪，只能存疑。这样一来，瞎子从鹰身上获得的信息也可能就是瞎子本人下意识的预感，鹰作为第二叙事视角独立存在的意义就消失了，仅仅成为瞎子第一叙事视角的补充和延长。但是鹰的形象本身具有象征性，鹰的生命中经历了两次生死涅槃，那种置死地而后生的绝路逢生，可能是作家心灵深处对当下农村改革和农民命运的真切期盼。与鹰的形象相比，《日头》的毛嘎子比较接近未来的视角，但是在处理两个叙事视角关系上，仍然没达到应有的艺术效果。毛嘎子与老轸头的叙事视角是不一致的，老轸头站在庸众立场上陈述现实生活中发生的故事,他不是一个清晰的叙事者,所以他的叙事中夹杂了不少倒错的时间和场景,这种混乱叙事可能给读者阅读带来困惑,但也使小说故事线索变得诡异不定,有点像民间讲史,老人说古,真实性转向了传奇性和民间性。① 毛嘎子的形象本来具有传奇性也有象征性,他飞翔在天空云顶,俯视着大地变化,有许多角度都跨越时空,这是老轸头无法知道更无法说出来的,尤其是毛嘎子关于未来的预言,最后关于魔鬼再临世界的说教,都含有一种深刻的忧患。但是我觉得,与《麦河》中的鹰的形象一样,毛嘎子的形象似乎更富有象征性,如果说,鹰的生死涅槃象征了作家对农村改革的期望,那么在毛嘎子身上,寄托了作家对于未来农民命运的深深恐惧。我们不妨看一下这个形象:

有一次,我从林子里菩提树上试探着落地的一刹那,我的双脚像被点击似的弹了回来。我再次失败。看来我没有回到人间的可能了。我只能过飘着的生活了,很遗憾我想不出其他的结局。

我听见了悠扬的钟声。好像云顶上的钟声敲响,远远的上面彩色的云彩波动起来。那团隆起的云彩很像一座寺庙,远处看上去寺庙很像一座辉煌飘逸的古老建筑,可是走近它却摸不着,后来我才辨别清楚那是海市蜃楼,连声音也是老轸头敲钟的回音。

云顶消失在我的上面,起风的云朵像我梦中的树林一样起伏。②

这个段落是毛嘎子的自诉。云顶是传说中的理想居住点。菩提树是他唯一可以与土地沟通的途径,飘忽多变的云朵可以视为他的生活环境。我们从这个段落的自我倾诉中不难看到一个双脚不能落地、身体始终漂泊的幽灵的

---

① 《日头》里时间错乱的叙事不胜枚举。如小说开始讲日头村的民居分布时,提到祖先杜康,似乎是一个远古传说中的人物,但在后来才知道,杜康是道士杜伯儒的父亲。显然老轸头讲古时随口编造的,并没有一个远古祖先叫杜康。又如,权桑麻把儿子大树过继给金茂才的时间,叙事中时间似乎是"文革"期间,但故事里大树还是一个小孩,显然也是不可能的。过继儿子的时间应该是20世纪60年代,等等。所有这些错乱叙事,作家是否注意到?还是有意为之?我很难判断。但从文本来分析,只能推论出老轸头是一个年迈糊涂的叙事人。
② 关仁山:《日头》,第57页。

痛苦,我不知道作家在写这一段文字的时候,心里是否出现了他对于失去了土地四处漂流的农民未来命运的恐惧和悲哀。从神鹰涅槃到孤魂漂泊,可以体尝出作家心底的翻腾和悲怆,也可以感受到他对农民命运的一种悲剧式的探寻和追问。

　　除了叙事视角创新与象征意义外,关仁山对农民命运的追问里,还夹杂了大量的传统文化的因素。这也是他所寄托的理想所在。把农民的命运系在文化之上,是关仁山寻找农村改革出路的方案之一,尤其在第三部《日头》里,作家塑造了一个新型的人物——乡村知识分子金沐灶,这个人物与乡村政权的代表权桑麻、权国金父子的矛盾冲突,已经跳出了要否利用外来资本改造农村的原则,小说一开始就围绕着护钟和毁钟的戏剧性冲突,揭示权、金两家的宿仇。为了使两者冲突具有文化的性质,作家编造了一个五行生克的背景:

　　日头村主要有四大姓,被称作四大家族。金家、权家、汪家和杜家。起初立村,杜家祖先主持布局。传说杜康这位老人白发如雪,脸呈桃容。老人手扶白须,嘴巴念叨:“一二三四五,金木水火土。”按杜康的指点,四个家族,所居住地按五行分布:金、木、水、火、土。金家住西头;权家住东头;汪家住北头;杜家有木,青色,也住东头。而南头属火,是血燕和栗树的天地,围成一个圆圆的气场,拢着状元槐和古钟。在日头村有很多事说不清来龙去脉,人们只知道状元槐、古钟和魁星阁。日头村人造房子就像血燕垒窝,一嘴草,一口泥。房子一住,杜家先人就预言说:“金生水,水生木,木生火,火生土,土生金,金家生着汪家,汪家生着权家,权家生着血燕,血燕生着杜家。”①

　　这一段话也是出自老轸头之口,自相矛盾比比皆是,杜康其人纯属虚构且不去说他,关于五行之说,自有五个方向,金木水火土,土居中央,属黄色。可是杜家先人偏要放弃最重要的地理位置,寄生于权家的东头,与木相伴,五行中木土相克,何况寄人篱下,杜家自然不旺,小说里杜家几乎没有故事,唯有杜

---

　　①　关仁山:《日头》,第5页。

伯儒和毛嘎子,一个出世道士,一个半人半鸟,都脱离了现实世界。再说五行中南方主火,说是血燕。血燕是什么? 小说里无片字交代,唯这段话保留一个线索:日头村人造房子就像血燕垒窝,也就是说,全日头村人都仿血燕垒窝造房,血燕遍于全村,日头村就是血燕。小说里毛嘎子讲了一个类似夸父逐日的故事,日头就是太阳,红嘴乌鸦即金乌,日头村就是人类寻找太阳和光明的象征。所以,如果要以五行来布局全村,南头是以血燕来代表整个日头村。

好了,这样我们就清楚了:西头金姓隐喻知识文明,北头汪姓隐喻大多数农民,东头权姓隐喻乡村权力,南头血燕隐喻日头村,而中央本来属于杜家,但被杜家先人耍了一个花招隐没到东头,杜伯儒毛嘎子都是出世之人,超越了五行的相生相克。中央就空着,五行运行不通,换言之,金家代表的知识文明可以帮助大多数农民(小说里写了金沐灶帮助汪树的故事),而大多数农民则是权家乡村政权的社会基础,权家代表的政治独裁者主宰了日头村的前途,由于杜家缺位,五行相生无法贯通,金家处于孤掌难鸣的位置,与权家的冲突始终处于劣势。整部《日头》的故事线索,全都隐藏在这幅不完整的五行运行的版图里。

这样我们就理解了作家为什么把金沐灶的命运写得如此艰难。在日头村地理位置上,因为杜家缺位,空着的中央属土之地被状元槐、古钟和魁星阁取代,这三件文化器物冥冥中代替杜家,履行着土生金的使命。小说始终围绕着维护还是毁灭这三件文物展开生死斗争,金沐灶一生就为了护槐、护钟和重建魁星阁,历尽艰辛,放弃了个人的幸福,真是悠悠大事唯此为大。作家在金沐灶身上寄予了文化理想,希望通过魁星阁的重建来重新保护传统文化的根脉,纯正风俗,维护农民一家一户的利益,安居乐业。为此,金沐灶最后修炼成一个学习者的形象,儒家学说、《道德经》《金刚经》《圣经》,中西经典都过了一遍,但是最终还是让作家失望了,魁星阁虽然重建,但随着城镇化的建设,古老乡村的生活方式不复存在,赖以维系的文化精神也漂流散去,金沐灶最后独自一人走在荒芜路上,与天上漂泊无定的毛嘎子如形影相吊,构成一对天高地远的文化象征。

关仁山苦心孤诣创作了"中国农民命运三部曲",他紧贴着农村大地所发生的一切深刻巨变,关注着农民离开土地、离开传统的劳动方式、离开习惯的生活方式,以及由此带来的深刻的心理变化和伦理变化,发出了独特的追问。他的追问不是抽象空洞的,而是伴随着一系列实践的可能性,我们可以从"三部曲"里看到农村新人的实践、民间资本的参与、外来资本的投入、知识分子的思考等,从某种角度来看,这些实践过程的描述,也是作家本人的探索性思考。尤其是在金沐灶的探索中,我们看到作家一步一步地上升到理论高度。譬如金沐灶提出了农民主体性的设想,这同样是一个有待实践的问题。农村改革如果没有广大农民实实在在的主体性的介入和参与,那么这些政策指令都可能带有盲目性,错误的政绩观与恶意资本就有机会联手伤害农民。所以,大多数农民的缺席就意味着农村改革的失败,只有农民的主体性被集体激发起来,通过农村特有的传统文化根脉,主动参与治理乡村建设,才有可能给社会主义新农村带来真正的光明前途。

但是,如何才能真正实现"农民主体观",作家并没有给以详细描述,只是通过金沐灶之口,介绍了一个大概意思:"三农问题,由来已久,十分复杂,三言两语说不清楚。这些年来,金钱与权力合谋,农民失去了话语权。所以,我提出依善而行的农民主体观。我写了一部书,叫《我的农民主体观》,书中的核心思想是发挥农民自主性、能动性、独立性和创造性。……让天下农民兄弟过上好日子是我们共同的祈祷和梦想。"①但是小说里没有进一步讨论这部书的思想内容,也没有讲述这本书出版以后的命运。从最后一句话来看,大约也是一种乌托邦的理想。

那么,我们讨论作家对农民命运的追问,还是要回到农村的现状和资本的意义。《日头》里袁三定的形象始终是模糊不清的,看得出作家对于资本的态度非常暧昧,曹双羊这样的农民企业家的罪恶发家史,作家看得很清楚,对于这类人究竟能否真心诚意回乡来造福家乡走共同富裕之路,他是缺乏信心的。曹双羊的行为受到农民暴发户的局限制约,光凭着江湖义气和善良愿望无法把农民引导到真正的光明前景。因此,袁三定的形象充斥了作家对于资本的

---

① 关仁山:《日头》,第303页。

矛盾心态。袁三定年轻时当过知青,"文革"中家破人亡,他流落乡村与金沐灶的姐姐同居生育一个孩子,对于日头村村民有强烈的亲近感和报恩感。他在海外接受家族遗产成为富商,出身还算清白,他的投资是一笔很好的资源,可以帮助日头村的经济改革。可是袁三定作为资本的人格化,又有着攫取利润的高度敏感与贪婪本能,他的资金一旦投入日头村,就迅速与权桑麻、权国金父子地方政治势力结合在一起,开采矿产,造成对自然资源的大规模破坏和对农民的残酷压榨。在资本家和当权者看来,发展是顺天而行的大善,有了财富就有了一切,负面效应都可以在所不计,但是在金沐灶和大多数农民看来,这种做法是逆天而行的,过度开发让资本家和权力者获得了最大利益,但破坏了自然资源也违背了人类道德,大多数农民非但没有获得好处,反而成为直接的受害者。

从20世纪90年代开始,文学创作描写现实经济过度开发造成的严重后果,主题都是围绕土地被征用、自然环境遭破坏,农民们的相对贫困化以及农民工在现代化过程中遭遇到更为残酷和缺乏保障的生存状态等话题展开。当作家们在描写这一切现实社会中发生的不公正现象时,常常不由自主地充满了情绪化的道德优越感,作家承担了社会良知和道德审判官的职责。这是18世纪欧洲批判现实主义文学的传统,在今天对中国文学仍然有着相当深刻的影响。中国作家更加情绪化,这是中国现实主义文学传统能够雄风不衰的根本原因,也是关仁山在《日头》里塑造袁三定这个新的艺术形象时游移不定的原因所在。他本来希望袁三定的外来资本为日头村经济发展带来双赢,但越写下去问题越多,袁三定几乎成为破坏自然资源的罪魁祸首。但是,作家又不愿意把袁三定推向权桑麻的反派一边,还是希望通过这个人物形象来探讨资本有利经济改革的可能性。所以我在前面已经说过,这个形象是不完整的,只有与金沐灶等知识分子结合在一起,才能达到作家理想中的完整性。

这里我还想讨论一个问题:对中国农村发生的巨变,长期在书斋里生活的我确实不够深入了解,也无法做出准确的判断。但是宏观地看,在中国三十多年发展进程中,20世纪80年代的改革开放启程,90年代引入市场经济机制进一步深化经济改革,新世纪初加入WTO引进全球化经济体制,等等,几乎每一步关键举措都引起过理论的激烈争论和道德的严重非难,但是我们不能回避的是,中国确实在三十多年中完成了一个世纪以来迫切向往的现代化经济腾飞,大国雄起于世界已经是不争事实。尽管我们今天仍然处于危机和威胁之中,尽管自身肌体仍然有大量被腐蚀被毒化的病象存在,但是,我们在承认中国经济飞跃发展是由于中国各阶层的劳动者尤其是大多数农民承担了巨大牺牲的同时,我们也应该承认,这三十多年市场经济、商品经济确实起到了巨大的作用。资本的两面性也包括了它对于社会进步的巨大推动力。恩格斯在说到黑格尔的一个思想时指出:"在黑格尔那里,恶是历史发展的动力的表现形式。这里有双重意思,一方面,每一种新的进步都必然表现为对某一神圣事物的亵渎,表现为对陈旧的、日渐衰亡的,但为习惯所崇奉的秩序的叛逆;另一方面,自从阶级对立产生以来,正是人的恶劣的情欲——贪欲和权势欲成了历史发展的杠杆。关于这方面,例如封建制度的和资产阶级的历史就是一个独一无二的持续不断的证明。"①恩格斯进而批评费尔巴哈回避了历史上道德的恶所起的作用:"历史对他(指费尔巴哈——引者)来说是一个不愉快的可怕的领域。他有句名言:'当人最初从自然界产生的时候,他也只是一个纯粹的自然物,而不是人。人是人、文化、历史的产物。'"我们把恩格斯的前一段话放到今天的社会环境下考察,大约谁也不会感到费解,一方面是资本带来的观念瓦解了我们以前被奉为神圣的事物和习惯崇奉的信条,另一方面,恶劣的情欲——贪婪和权势欲,也就是关仁山所强调的错误政绩观与恶意资本,竟然成了历史发展的杠杆。但是在文学创作上,我们的作家们似乎与费尔巴哈有同样的洁癖,他们在愤怒揭露资本的邪恶的同时,却往往忘记了资本作为一种历史发展的杠杆的作用。这样描写的结果,读者也许会提出问题:既然资本进入中国带来了这么大的危害,那么我们为什么还要招商引资呢?为什么还要推行市场经济呢?结合到具体的艺术形象的创作,我以为就是袁三定这个人物形象在《日头》里始终没有得到辩证而深刻的阐释,因而也缺乏立体的形象

① [德]恩格斯:《路德维希·费尔巴哈和德国古典哲学的终结》,收《马克思恩格斯选集》第4卷,北京:人民出版社,2012年,第244页。下一段引文同。

塑造。

于是,金沐灶的形象就变得格外的重要。当然中国作家有理由认为:资本在推动现代化经济建设的过程中,本来是可以避免它所带来的恶的负面效应。因为中国是一个社会主义的国家,曾经对于资本在西方推动经济发展的全部历史都有过透彻的了解和警惕,至少在理论上是这样的。我们不应该再去重犯西方两百多年以前的错误。引进资本和市场之前就应该对它的负面作用有充分的认识。但是我们并没有这样做。那么我们今天还有什么办法来补救?我读关仁山的"中国农民命运三部曲"的过程中,一直感觉到关仁山忧心如焚地面对现实农村的衰败和农民的命运,他想的就是这样一个问题。所以在第三部《日头》里,他全力塑造了一个乡村知识分子金沐灶的形象,用他的文化思考和文化实践,一次一次地与袁三定展开正面思想交锋,把资本与文化思想作为两种力量交错在一起,既有尖锐的冲突,又有亲密的合作,显然,在作家的心目中,只有经过文化提升的资本和拥有资本的文化,才有可能为未来农民命运的探寻提供正确的答案。

对于金沐灶苦苦探寻的那些文化经典,我并不完全赞同,金沐灶面对的是非常实际的社会问题,要解决这样的问题,还是应该回到正确的马克思主义的立场,总结两百多年来资本主义和社会主义历史发展的经验教训,实事求是地深入到社会实践中去提出问题和解决问题。但是金沐灶的探索精神无疑是一种象征,他的尝试和失败都会给以后的读者留下讨论的话题,激励人们继续像夸父逐日那样去寻求真理,寻求我们未来的命运。

我们经历了什么样的"现实主义"

丁　帆①

摘　要　"五四"以降,对现实主义的阐释是各有各的说法,在不同的时期,就会有不同的多为改造过的现实主义冒头,如何梳理和鉴别其真伪,却是理论界的一个永远的话题。

"五四"新文学第一个十年,现实主义文学无论是在理论上还是创作上,都是基本遵循着欧美 19 世纪批判现实主义创作法则的。而真正的"大转变"则是 30 年代初"左联"时期引进了苏联的"社会主义现实主义创作方法"。而 1980 年代初思想解放运动的兴起,带动了 19 世纪批判现实主义的又一次回潮,给中国的写实主义风格作品开辟了一个从思想到艺术层面的新路径,是给启蒙主义思潮打开了一个缺口。而"新写实主义"作为一种文学运动,则是在借鉴和融汇现代派文艺的浪潮中逆行出来的文学实践。从某种意义上来说,它既是对批判现实主义的一种变形,同时又是一种对批判现实主义的一次宽泛的拓展,当然也存在着对批判现实主义的某种消解。

关键词　现实主义的阐释　批判现实主义　"社会主义现实主义创作方法"
　　　　　"新写实主义"

---

①　丁帆,南京大学中国新文学研究中心主任、教授、博士生导师。中国现代文学研究学会会长、《中国现代文学丛刊》主编。论著有《中国乡土小说史》等十余种,散文、随笔有《江南悲歌》等七种。

一

在中国,自"五四"以降,对现实主义的阐释是五花八门、各种各样的,在不同的时期,就会有不同的多为改造过的现实主义冒头,因为这些披着"现实主义"外衣的"伪现实主义",都是为着即时性的现实利益而服务的。如何梳理和鉴别其真伪,却是理论界的一个永远的话题。

在百年文学史中,我们对"现实主义"的理解和汲取往往是随着政治与社会的需求而变化的,可以细分成若干个不同历史阶段进行梳理,其大的节点应该有三四个。

从1915年《新青年》创刊后不久,陈独秀就提出了"写实文学"和"社会文学"的主张,引导文学"今后当趋向写实主义"。缘于此,中国文学主潮就开始了"为人生而文学"的道路,遂产生了20世纪20年代中国文学的"黄金年代",如果说鲁迅的小说创作是践行19世纪批判现实主义而开创了中国现代小说的现实主义文学的先河,深刻的批判性和悲剧性弥漫在他的小说和散文创作中,这就是所谓的"鲁迅风"——批判现实主义的精髓所在。那么集聚在他旗帜下的众多作家和理论家们,都是围绕着"批判"社会和现实的套路前行的,他们效仿的作家作品基本上都是勃兰兑斯在《十九世纪文学主流》中分析到的名人名著,这里就不能不提及"文学研究会"的中坚人物茅盾了,因为他在"五四"前后写了许多理论文章来支撑中国的现实主义文学,呼唤着"国内文坛的大转变时期"的来临,诟病了"唯美主义"和"颓废浪漫倾向的文学",倡导"附着于现实人生的、以促进眼前的人生为目的"的"现代的活文学"。他还付诸创作实践,在1927年大革命失败之时,激愤而悲观地写下了长篇小说《蚀》三部曲和短篇小说集《野蔷薇》,这些即时性的作品既是思想的"混合物",同时又是"悲观倾向的现代的活文学"。这样的作品却往往被我们的文学史打入了另册,却对《子夜》这样改弦易张、拔高写实的作品大加赞颂,也被其作品的"政治指导员"瞿秋白以及后来的许许多多评论家和文学史家纳入了现实主义的范本,以致后来的茅盾自己也就背叛了自己早期对现实主义的阐释,在恍恍惚惚中也自认为《子夜》的现实主义更适合自己的理论生存。当然,我们对《子夜》也不能一概否定,我个人认为这部作品仍然有着19世纪批判现实主义的创作元素,许多现实生活的场景都是"现代的活文学",其批判现实的锋芒依然犀利。但是那种要求作家必须从革命发展的需求来描写现实的创作法则,便大大地减弱了作品反映生活的准确性和客观性,所谓"艺术描写的真实性和历史的具体性必用社会主义精神从思想上改造和教育劳动人民的任务结合起来"的规约,就把自己锁死在狭隘的现实主义囚笼之中。这在《子夜》的创作过程中表现得就十分明显:原本茅盾是想写中国民族资产阶级在买办资产阶级的压迫下溃灭的主题,试图塑造一个失败了的民族资本家吴荪甫的悲剧英雄人物形象,但为了实行上述创作方法的原则,他就只能遵从一切剥削阶级都有贪婪本质的命题,把吴荪甫的另一面性格特征夸张放大后进行表现,这在某种程度上反而削弱了主题的时代性和深刻性。尽管《子夜》是先于苏联1934年钦定的"社会主义现实主义"条例出版,但是,共产国际的声音早就传达于中国"左联"之中了,让这部巨著变成了另一副模样。

总而言之,"五四"新文学第一个十年,中国文学无论是在理论上还是创作上,都是基本遵循着欧美19世纪批判现实主义创作法则的。而真正的"大转变"则是30年代初"左联"的成立,引进了苏联的"社会主义现实主义创作方法"。当然,这其中也有鲁迅的功绩(这个问题应该是另一篇文章,那时的鲁迅认为一切对社会和政府的现实批判都是智识分子的职责,也是继承批判现实主义的衣钵的,他的左转是为了适应批判现实的,但是,对左右互换的结果是有所警惕的,这在他的《对于左翼作家联盟的意见》一文中早有预见性的阐释,只不过我们八十多年来看懂的人很少,直到现在,我也就只悟出来了一点点而已。倘若鲁迅先生活到后来,看到现实主义文学那样一次次变种,他肯定是会拿出他的"匕首与投枪"的)。诚然,也是由于茅盾、胡风等人自1928年7月为政治避难东渡日本后,接受了日本无产阶级理论家从苏俄"二次倒手"而来的无产阶级文艺理论,于30年代归国后,将变种的现实主义理论进行了无节制的倡扬,以至现实主义的本义遭到了第一次的重大篡改。这个问题不仅仅是纠结了几代作家和理论家的创作思维和理论思维,让现实主义在革命和现实的两难选择中滑进了对文学客观描写和主观阐释的混乱逻辑之中,历经八十多年都爬不出这个泥潭。这就使我想起了亲历过这样痛苦抉择的胡风文艺思想,多少年来,我一直纠结在他的"主观战斗精神"和"创作方法大于世界观"的现实主义理论中不能自拔。其实,这种逻辑上的矛盾现象,正是包括胡风在内的每一个理论家都无法解决的创作价值理念与客观现实之间所形成的对抗因子。一方面要执行革命家的"主观战斗精神",另一方面又要尊崇现实主义的创作规律,按照事件和人物本来应该行走的路径前进。我想,任何一个高明的作家也不可能在这种自相矛盾的逻辑中抵达创作的彼岸。这在"胡风集团"中坚人物路翎的长篇小说《财主底儿女们》的创作中表现得尤为突出,作者也无法跳出其领军人物自设的魔圈。说句实话,胡风本人对现实主义的规约也是混乱不堪的,他的理论在许多地方都是矛盾的,不能自圆其说的。

二

在共和国文学的长河当中,我们可以看到许许多多为现实主义献身的作家和理论家的面影,我们也可以在现实主义几经沉浮的历史命运中,寻觅出它受难缘由,但是,现实主义尽管走过那么多弯道,我们却不能因为它踏入过历史的误区,就像对待一个弃儿一样拒绝它的存在。曾几何时,秦兆阳的《现实主义——广阔的道路》、周勃的《论现实主义及其在社会主义时代的发展》和钱谷融的《论文学是人学》,把现实主义抬上了历史的高位,但是 20 世纪 60 年代对他们的批判,遂使现实主义步入了雷区。连邵荃麟和赵树理稍稍带有一点灰色的"现实主义深化论"和"中间人物论"都成了被批判的靶子。具有乌托邦理想主义的"两结合"创作方法替代现实主义的真正原因,就在于现实主义往往是带有批判的元素,是带刺的玫瑰,它往往不尊崇为政治服务的规训。

随着思想解放运动的兴起,"伤痕文学"异军突起,标志着 19 世纪批判现实主义在 1980 年代的又一次回潮。人们怀念 80 年代并不是说那时的作品怎么好,而是认为那个时代批判现实主义创作方法被激活,是给中国的写实主义风格作品开辟了一个从思想到艺术层面的新路径。是给启蒙主义思潮打开了一个缺口,让思想的潮流和艺术方法都有了一个新的宣泄载体。

我们一直认为从"伤痕文学"到"第二次思想解放运动"和所谓的"二次启蒙"思潮就是"五四"新文学的一次赓续,从思想源头上来说,这是没有错的,但是,从创作方法来说,这种极度写实主义风格的写作模式,仍然是来源于19世纪的批判现实主义,大量的作品是在挣脱了苏式的"社会主义现实主义"镣铐后回到了"写真主义"的境地之中,以至于后来出现了诸如张辛欣那样的"新纪实"作品,成为"新时期"后对现实主义创作方法的首次改造,一直到了如今的"非虚构"文体的出现,我以为这都是现实主义的变种。其实,这种方法茅盾他们在民国时期就以《中国一日》的报告文学形式出现过,只不过并不强调其批判性的元素,到了新中国的50年代,有人就用批判现实主义的方法来进行对现实生活的"仿真"描摹,甚至将"报告文学"的文体直接冠以"特写"的新文体名头。及至2003年陈桂棣和春桃22万字的《中国农民调查》出现,这种"写真主义"的思潮,其实是与批判现实主义的思潮相暗合的。这也给后来的"新写实"创作思潮提供了某种意义上的借鉴。

其实,"第二次思想解放运动"这个名词在20世纪的历史进程中是有歧义的,如果是站在改革开放四十年历史的角度来看,那是属于"第一次思想解放运动",倘若从我们这一代人所经历的"在场"思想史,以及我们所接受的历史与政治的教育来看,无疑,当时我们都是将这次运动与"五四新文化运动"对应而视的,把它看作是中国民主自由思想的恢复与延续,所以我们一直将它称之为"第二次思想解放运动"。

而我始终认为,促发这次思想解放运动呈燎原之势的火种却是文坛上出现的"伤痕文学",作为对19世纪批判现实主义思潮的模仿与赓续,正是应验了周扬那句名言:"文艺是政治的晴雨表。"可以毫不夸张地说,没有"伤痕文学"的出现,所谓的"思想解放运动"的进展是没有那么迅猛的,甚至或许会遭到更大的历史阻碍。

我清楚地记得1977年的11月的那一天,当我拿到订阅的《人民文学》杂志的时候,眼前不觉一亮,一口气读完了《班主任》,从中我似乎呼吸到了文学春天的清新空气,不,更重要的是看到了中国政治文化的春潮即将到来的讯息。随之出现的大量"伤痕文学",都以批判现实主义创作方法为衣钵,让文学在现实主义的河流中再次奔腾。所有这些并没有让人们陷入了苦难的悲剧之中,而是沉浸在挣脱思想囚笼的无比亢奋之中,因为人们在漫长死寂的冬天里经受过了太多的精神磨难,只有批判现实主义才是最好的宣泄方式方法。

卢新华的《伤痕》甫一问世,人们就毫不犹豫地用它来命名这一大批汹涌喷薄而出的作家作品,其根本原因就是被积压了多年的思想禁锢得到了空前的释放。《在小河那边》《枫》《本次列车终点》《灵与肉》《爬满青藤的木屋》《被爱情遗忘的角落》《我是谁》《大墙下的红玉兰》《乡场上》《将军吟》《芙蓉镇》《许茂和他的女儿们》……当然还包括了许多话剧影视剧本作品,比如当年的《于无声处》《在社会档案里》《女贼》《假如我是真的》等,其中反响最大的就是话剧《于无声处》,想当年,全国上下,几乎每一个有条件的单位都自发组织起自己的临时剧组,演出这场戏。说实话,从艺术上来说,这些作品的美学价值并不是上乘的,艺术性也不是精妙的,之所以其能够激发起全民热爱文学的激情,更多地是人们期望通过文学来找到多年来积怨与愤懑的宣泄口,以此来诉求政治上的改革。这是一次中国批判现实主义的创作方法的伟大胜利,就此而言,尽管其作家作品在技术层面是那样的稚嫩,然而,我们的文学史叙述是不足的。

这持续了几年之久的舔舐伤痕、控诉罪恶的文学作品,带来的是重复19世纪西方文学作品中批判元素创作方法的兴起,从那个时代的角度来说,人们都普遍把它与"五四启蒙主义思潮"衔接,作为20世纪中国思想史上的"二次启蒙"看待。其实,时过境迁后,冷静地反思这样的启蒙运动,我们不得不考虑其热情澎湃的感性背后究竟有多少理性成分,探究它在历史的进程中屡遭溃退的原因所在。这个问题是始终萦绕在我脑际的二难命题,直到新世纪来临,当中国面临着几种文化形态并置的情形后,我才恍然大悟:正因为"五四新文化"的"启蒙运动"是浮游在"智识人"层面的一种行为与口号,它是所谓的一群自诩为现代知识分子的小资产阶级学者试图"自上而下"地改造"国民性"的自言自语,最终只能以失败而告终,"风波"之后一切都恢复庸常,阿Q们依然是在赵家人治下游荡着的那个没有灵魂的附体,亦如行尸走肉。所以,我在20世纪初就提出了改革开放后的"二次启蒙"(也就是自20世纪以来的"第三次启蒙"),其核心元素便是:只有知识分子首先完成自我启蒙以后,才能完成启蒙的普及,否则,你就是再多的"伤痕文学"也只能触发一次性的社会思想改造。虽然我们的高等教育已经达到了相当的普及程度,但是,我们的人文主义的启蒙还是低水平的,甚至在有些时空中是归零的。这就是我从"第二次思想解放运动"得到的对"五四新文化运动"(当然,我认为"五四"是一个充满着悖论的文化运动,也就是说,在对"五四"的认知上,往往有两个不同走向的"五四"文化革命运动的描述:最后导致的是革了封建主义的命,却不彻底,甚至是走了一个圆;革了文化的命,则丢失了人性的价值)的反思,以及对现代启蒙运动之所以溃败原因的寻找结果,尽管用了二十多年的时光,但也是值得的。以此来观察中国作家作品近四十年来的脉象,我们将它们进行归类,也就会清晰地看出一条革命/启蒙/消费三者分离与重叠的运动曲线。所以,文学所担负的社会批判职责还是任重道远的。

无疑,"伤痕文学"之后的"反思文学"开始进入了一个较为深层次的理性反思的阶段,也就是说,批判现实主义在中国要成活下去,光是"诉苦把冤申"还不行,还得清除其滋生腐朽的封建专制土壤才行。于是,一批作家开始了深刻的反思,反思的焦点当然就是以往的历史,其反思就是批判的代名词,所以这个反思虽然是建立在广义的现实主义创作方法上,但是其核心内涵依旧离不开批判现实主义的支撑。茹志鹃的《剪辑错了的故事》和张一弓的《犯人李铜钟》之所以成为"反思文学"的代表作,就是在于作者用批判现实主义长镜头记录下了那一段历史的真相,其中我们看到的几乎就是纪录片式的真实历史影像,让我想到的是在"文革"后期在一本艺术杂志上看到的西方20世纪60年代兴起的"照相现实主义"艺术流派,几乎是在中国画界同时出现的罗中立的油画《父亲》,同属一种创作理念和方法,只不过文学上的表现并没有那么强烈的视觉冲击力而已。

值得一提的是高晓声的创作,人们把注意力集中在他的《陈焕生上城》系列作品中,却忽略了他在之前的反思更加深刻,像《李顺大造屋》那样深刻反思的作品其批判现实主义的力度直指中国封建社会之要害,可算作当时最为深邃的作品了。高晓声之所以被人誉为大有"鲁迅风",就是其反思的力度比其他作家略高一筹,不过其寓言式的批判太过于艰涩。虽然深刻,但是看得懂的读者却甚少,像《钱包》《鱼钓》那样的作品,受众面是很小的。

这里不得不提的是另一位大腕级的作家王蒙了,他的"蝴蝶"系列的作品被有些文学史定格为"反思文学"的代表作,显然,从内容上来说,他属于"反思文学"的范畴,也具有强烈的批判意识,但是,我为什么没有将其纳入"反思文学"的范畴,就是因为我这里框定的是一个狭义的"反思文学",自设的标准就是连同创作方法都应该具备现实主义的元素。王蒙的这批作品我也十分喜欢,但是从创作方法上来说,它更有现代派的特征,同时也具备了古典浪漫主义的创作元素,读后让人回味再三,尤其是那种淡淡的忧伤,令人感佩其艺术的高超。但是,这与批判现实主义的代表作的创作方法相去甚远,如巴尔扎克的《人间喜剧》,司汤达的《红与黑》,狄更斯的《双城记》,哈代的《德伯家的苔丝》,莫泊桑的《羊脂球》等,所以,在文学史的定位上,我将其放在"新时期现代派起源"的典范作品之列。

对"伤痕文学"和"反思文学"为什么很快就被"改革文学"所替代的原因,我一直认为,这不仅仅归咎于社会文化思潮变幻,更重要的是,由于政治原因所导致的批判现实主义的溃灭是理所当然的事情。

南京大学胡福明先生的那篇《实践是检验真理的唯一标准》正是在"伤痕文学"崛起之时,1978 年的某一天,胡福明先生来到中文系现代文学教研室(西南大楼的一间大教室)里,将这篇文章的初稿给董健先生看,那一刻我正坐在对面的办公桌上写一篇为悲剧作品翻案的文章(那就是我在 1979 年《文学评论》上发表的第一篇稚嫩的学术论文),听到他们的谈话,我则更加坚定了自己对当时批判现实主义思潮复兴的坚信不疑。

后来我对实践是检验真理的唯一标准这个命题发生了不可思议的叩问:其实不就是一个哲学的普通常识问题吗? 而将它作为高端的学术问题来研究和探讨,这本身就是我们这个国家和民族在那个时代的一个悲剧,好在我们把这一幕悲剧当成了一场扭转乾坤的正剧,也算是成功推动历史进程的一次批判现实主义的胜利。

当然,这个正剧最先得益者应该还是文学界,其首先引发的就是"新时期文学"的命名。1999 年,我和我的博士生朱丽丽为《南方文坛》共同撰写了题为《新时期文学》的"关键词",追溯其来源时是这样描述的:"'新时期文学'是当代文学批评中使用频率最高的语汇之一,自'新时期文学'概念出现以来,它的内涵便自动地随着当下文学的进展而不断延伸。当代文学概念尤其是文学史分期概念往往是紧跟政治语境的变迁而变迁的,'新时期文学'作为一个伴随我们约二十年的熠熠生辉的文学概念,它的浮出海面,从整体上来说也是得力于'文革'后国家政治语境的剧烈变动。发表于 1978 年 5 月 11 日《光明日报》上的著名的《实践是检验真理的唯一标准》一文最早正式提出了政治意义上的'新时期'概念。……就文学而言,进入新时期之后理论上的拨乱反正和由此引发的讨论主要有三次。首先是关于文艺与政治关系的讨论。70 年代末,中国文学界在思想解放运动的背景上开始对文艺从属于政治的观点重新加以审视。《文艺报》编辑部于 1979 年 3 月召开文艺理论批评工作座谈会,率先对此命题进行了大胆的质疑与冲击。会议认为:'文艺不是一种可以受政治任意摆布的简单工具,也不应该把文艺简单化地仅仅当作阶级斗争的工具。'随后,《上海文学》于 1979 年 4 月发表了评论员文章《为文艺正名——驳'文艺是阶级斗争的工具'》,对文艺从属于政治的命题再度提出质疑。到第四次全国文代会上,邓小平代表中央在《祝辞》中明确指出:'党对文艺工作的领导,不是发号施令,不是要求文学艺术从属于临时的、具体的、直接的政治任务。'周扬也在报告中提出:文艺从属于政治、文艺为政治服务的口号,容易导致政治对文艺的粗暴干涉。1980 年 7 月 26 日,《人民日报》发表社论,正式提出以'文艺为人民服务,为社会主义服务'取代'文艺为政治服务'的口号。这一口号的提出,使长期附庸于政治阴影之下的文学大大解放出来,进入更为自由更具活力的新天地。其次,新时期发轫之初,还进行了关于'写真实'和'歌颂与暴露'问题的争论。文学创作如何处理歌颂与暴露的问题是几十年间一直没有得到很好解决的一个问题。在争论中文学界进一步确认:文学固然可以歌功颂德,但它决不能美化现实、粉饰生活、掩盖矛盾,更不应该回避严重存在的社会问题,不闻不问人民的疾苦。争论在理论上进一步确立了现实主义文学的主流地位,进一步否定了'文革'时期的'假大空'文艺。同时文学界对真实性问题也作了严肃的探讨。真实性问题是现实主义的基本原则和理论核心。文学首先应该说真话、抒真情、真实地反映社会生活、真实地表达人民的心声,'艺术的生命在于真实',真实性成为这个时期文学的最重要的价值标准。再次,是关于文学与人性、人道主义的讨论。在以往,人性和人道主义问题是创作和研究中的一个禁区。随着新的时代的到来,文学界普遍接受了如下观点:人性既有阶级性的一面,又有共同性的一面,共同人性是在人的自然属性基础上形成的社会属性与阶级属性的辩证统一体;人道主义并不只是资产阶级的意识形态,社会主义的文学也应该有它的一席之地。人们认识到马克思始终是把共产主义与人的价值、人的尊严、人的解放和人的自由等问题联系在一起的,马克思主义实际上是包含了人道主义的;社会主义社会也同样存在着异化现象。这一系列的讨论虽然难以取得统一的认识,但讨论本身却极有力地推动了人们的思考。经过这一系列的讨论,文学走上了一个新的高度。这些讨论拓展了新时期文学发展的道路。正是在这样一个背景上,形成了新时期文学的启蒙潮流。"

毋庸置疑,在整个人文领域内,思想最为活跃的、创作力最为旺盛的,就是那个时期批判现实主义的作家和批评家。如今许许多多经历过那场运动的人都还是在"怀念80年代",犹如法国人怀想大革命已经成为一种民族的"集体无意识"了。可是,现实主义在不久又变换了一种方式出现在文坛上,那就是"新写实主义"的兴起。

三

显然,"新写实主义"又一次改变了中国现实主义发展的走向,它到头来就是一场对批判现实主义否定之否定的循环运动。那种对现实生活细节描写的"高度仿真",既实现了现实主义创作方法的写真效果,同时,过度的沉湎于琐碎的日常生活描写,带来的却是对现实生活批判性思维在一定程度上的消解。

当然,批判现实主义创作方法在不同的作家那里,呈现出的是不同的表现形式,但就总体上来说,其批评生活的创作元素仍然是存在的。

我曾经在一篇文章中说过:在整个世界文学的发展格局中,每一次美学观念和方法的更易,都必然带来一次文学的更新,这种历史性的运动使得文学在一次次的衰亡过程中获得新鲜血液而走向复苏。作为一种美学观念和方法,20世纪20年代出现于德国、美国,后又遍及英法和整个欧洲的"新现实主义摄影"(亦称"新即物主义摄影")给西方艺术界吹进了一股新鲜空气。它鲜明地反对艺术作品中的虚伪和矫饰,摒弃形式主义抽象化的创作方法,要求表现事物的固有形态、细微部分和表面质感,突出其强烈的视觉效果。因此,它主张取材于日常的社会生活和自然风光,扬弃唯美主义的创作倾向,而趋向于自然主义的美学形态。

然而,真正在西方社会引起了巨大震动的美学运动,乃至于给世界文学艺术带来了深刻影响的,是在"二战"结束后崛起的意大利"新现实主义"运动,尽管这个美学流派首先起源于电影界,但它后来波及整个文学领域,尤其是使小说领域的创作发生了革命性的变化,这是先前的倡导者们所始料未及的。这次美学观念和方法的更易,实际上标志着意大利的又一次"文艺复兴"。

首先,就"新现实主义电影"来说,它的美学原则(亦即柴伐梯尼提出的"新现实主义创作六原则")是:"用日常生活事件来代替虚构的故事";"不给观众提供出路的答案";"反对编导分家";"不需要职业演员";"每个普通人都是英雄";"采用生活语言"。就此而言,它不仅向传统的好莱坞电影美学提出了挑战,开创了电影发展史上摆脱戏剧化走向电影化的新纪元,而且也给西方美学,乃至世界美学带来了深远的影响。正如温伯托·巴巴罗教授在《新现实主义宣言》中一再强调的"新现实主义"的写实风格那样,"新现实主义"的重要标志之一就是回到生活的原生状态中来,尽管诸多"新现实主义"作家的美学观念不尽相同,但是,在这一点上却是没有歧义的。

回顾中国的现实主义理论体系的形成与发展,直到20世纪30年代"左联"成立以后,才由一批理论家从"拉普文学"理论中阈定出一整套规范,但这一规范却难以运用到具体的文学创作中。而随着20世纪30年代前后的小说视点的转移和下沉,人们把丁玲创作的小说《水》作为中国现代文学史上的"新现实主义"力作。如果将这一创作现象进行重新审视,我们以为这个提法并不科学。在中国,无论是哪次现实主义的论争都未能逾越"写什么"的理论范围,所谓"现实主义的深化"也好,"广阔道路"也好,都很少涉及过"怎么写"这个具有美学观念和方法的根本转变的命题。只有到了20世纪80年代,中国的理论界才真正触及了这个关键性问题。我们并非说美学观念不包含"写什么",而是说它更强调"怎么写"。"新写实主义"在1980年代的新鲜出炉,就是一种在现实主义绝望的悖论中诞生的结果。

如果说西方20世纪历次"新现实主义"美学思潮都是在对"现代派"艺术表示出强烈反感和厌倦的背景下展开的对写实美学风格的回归的话,那么在每一次美学流派的运动中对旧现实主义的美学理解却并无实质性的进展,换言之,也就是"新现实主义"中的美学新意并不突出,即便是像意大利的"新现实主义"对世界电影产生过如此巨大的影响,但必须指出的是,它的美学观念主张并没有逾越现实主义(包括批判现实主义)内容的界定,作家们站在人道主义的立场来反映普通人的生活,来揭示社会生活,这些和传统的现实主义并无区别。所不同的是,作家在强调真实性时,更趋向于表现生活的实录和原生状态,所谓"把摄影机扛到大街上去"的口号便是他们走向现实主义另一个极端的表现。而在整个创作方法上,"新现实主义"的各流派基本上是完全拒绝现代主义表现成分侵入的。在这一点上则和中国20世纪80年代后期掀起的"新写实主义"小说创作浪潮截然不同,因为20世纪80年代的中国在经历了现实主义几十年的统治后,又经过了现代主义的洗礼,所表现出的美学态度有极大的宽容性,当然,这也和世界美学发展的潮流有着密切的关系,20世纪40年代的"新现实主义"的倡导者们是绝不可能以高屋建瓴的美学姿态来把握人类美学思潮发展的历史进程的。因此,当20世纪80年代中国的"新写实主义"倡导者们在重新把握这一美学潮流时,便满怀信心地要表现出现实主义的新意和新质来。这种新意和新质就在于他们在其美学观念和方法的选择中,着重于将现实主义和现代主义的美学观念和方法加以重新认识和整合,将两种形态的创作方法融入同一种创作机制中,使之获得一种美学的生命新质。

由此可见,采取这种中和、融会的美学方法本身就成为一种新的美学境界。我们之所以在前文顺便提及了西方(造型艺术的)"变异现实主义"与以往"新现实主义"的美学观念主张的不同点,就是因为它更有生命力,而关键就在于它能以宽容的胸怀融会两种对立的美学观念和创作方法,使艺术呈现出的新质更合乎美学史发展的潮流。同样,中国的"新写实主义"小说的倡导者和实践者们亦从未拒绝对于被历史和实践证明了的有着强大生命力的现代主义美学的吸纳和借鉴,并没有真正地回复现实主义(包括批判现实主义)的美学传统。换言之,他们对于现实主义的超越就在于不再是机械地、平面地、片面地沿袭现实主义的传统美学观念和方法,而是对老巴尔扎克以来的所有现实主义美学观念加以改造和修正。倘使没有这个前提,亦就谈不上现实主义的"新"。

中国的"新写实主义"既有左拉式的自然主义和老巴尔扎克式的批判现实主义的形态,又有乔伊斯式的意识流和马尔克斯式的魔幻色彩和形态。由此,真实性不再成为一成不变的静止固态的理论教条,而呈现出的是具有流动美感的和强大活力的气态现象。你能说哪一种真实更接近艺术的和美学的真实呢？中国的"新写实主义"者们打破的正是真实的教条和教条的真实,从而使真实更加接近于美学的真实。

现在回想起来,这些理论的归纳似乎还是有道理的,但是,在一个尚未有过真正的批判现实主义成熟期的中国文坛,这种不断变幻的现实主义理论和创作方法,带来的同样是使现实主义走上一条过眼云烟的不归之路的结果。这就是它很快就被消费主义思潮的"一地鸡毛式的现实主义"所替代的真正原因。

在对待现实主义的典型说方面,和一切"新现实主义"的流派一样,中国的"新写实主义"亦是持反典型化美学态度的,这一点当然不能不追溯到中国文坛对恩格斯典型说的曲解和实用主义美学观的强加过程。由于对那种虚假的典型人物表示厌倦和反感,像方方和池莉这样的女作家便干脆以一种对典型的藐视和鄙夷的姿态来塑造起庸俗平凡的小人物,这多少包含着作家的一些对典型的亵渎意识。与西方"新现实主义"诸流派亦主张写小人物不同的是,方方们并没有将笔下的小人物作为"普通英雄"来塑造,而是作为具有两重性格的"原型人物"来临摹。这又和批判现实主义者笔下的"畸零人"有所不同，虽然有时他们亦带有"多余人"的色彩，然其并非是被社会和作者、读者所抛弃的人物塑造。正因为他们是生活真实的实录，是带着生活中一切真善美和假恶丑的混合态走进创作内部的，所以，人物意义完全是呈中性状态的，无所谓贬褒，亦就无所谓"英雄"和"多余人"。从所谓的"新写实主义"的创作中，我们看不到"英雄"存在的任何痕迹，在具体的描写中，一俟人物即将向"英雄"境界升华时，我们就可看到作者往往掉头向人物性格的另一极描写滑动。这种美学观既是中国特有的社会哲学思潮所致，又包孕了中国"新写实主义"小说作家在一个多世纪的美学发展中的必然选择，这种选择的正确与否，在中国美学发展中尚不能作出明确的判断来，但就其创造的文本意义来看，我们以为这种选择起码是打破了现实主义典型一元化的美学格局，从而向多元的人物美学境界进发。

中国"新写实主义"者们基本上是摈弃了尼采悲剧中的"日神精神"而直取"酒神精神"之要义：悲剧让我们相信世界与人生都是"意志在其永远洋溢的快乐中借以自娱的一种审美游戏"；酒神的悲剧快感更是以强大的生命意识去拥抱痛苦和灾难，以达到"形而上的慰藉"；肯定生命，连同它的痛苦和毁灭的精神内涵，与痛苦嬉戏，从中获得悲剧的快感。在这样的悲剧美学观念的引导下，刘恒的《伏羲伏羲》、王安忆的《岗上的世纪》、方方的《风景》、池莉的《落日》等作品才显得更有现代悲剧精神，因为这样的悲剧不再使人坠入那种不能自拔的美感情境之中而一味地与悲剧人物共生死，陷入作家规定的审美陷阱之中，而更具有超越悲剧的艺术特征，一般来说，在中国"新写实主义"小说创作的文本中，我们看到的是大量的"形而下"的悲剧具象性描写，却很难体味到那种"形而上的慰藉"，这恰恰正是作者们刻意追求的美学效果。从接受美学来看，读者参与可以就其艺术天分的高下而进入各个不同的阅读层面，但这丝毫不影响小说"形而上"悲剧美学能量的释放。

同样，弗洛伊德的心理学给中国"新写实主义"小说的悲剧美学提供了新的通道。对于我们这个"集体无意识"异常强大的民族来说，无疑，潜意识层面的开掘给现代人的心理悲剧带来了最佳的表现契机。而中国的"新写实主义"

者们有效地吸收了 20 世纪以来所有现代主义对弗氏理论的溶化后的精华,从潜意识的角度去发掘现代人的悲剧生命流程。从这个意义上来说,悲剧心理学的美学观照呈现出的人的悲剧动因则再也不是现实主义悲剧的单一主题解释了,而是呈多义、多解的光怪陆离状态。艺术家并不在悲剧的结局中打上个句号,因此,悲剧美的感受就不能在某一悲剧的疆域里打上个死结。由此来看《伏羲伏羲》和《岗上的世纪》这样的作品,生命的心理悲剧流程就像一道光弧,照亮了"新写实主义"小说的一个描写领域。

"新写实主义"作为一种文学运动,产生于 20 世纪 80 年代中后期对现代文艺思潮的借鉴和融会的浪潮中,绝非偶然,确实已经具备了外部和内部的条件。

从某种意义上来说,它既是对批判现实主义的一种变形,同时又是一种对批判现实主义的宽泛的拓展,当然也存在着对批判现实主义的某种消解。

而随着对于旧现实主义创作方法的弊端的不满,80 年代相继出现过诸如"现代现实主义"和借鉴拉美爆炸后文学的"魔幻现实主义"、"心理现实主义"和"结构现实主义"创作思潮。到后来由于对现代主义与后现代主义"先锋小说"创作思潮的抗拒心理,导致了"新写实"的崛起,这些正是对社会主义现实主义的一次次的修正与篡改,是重新对那种毛茸茸的"活的文学"的肯定和倡扬。作为"新写实"事件的亲历者,我们在二十年前就试图从人性和人性异化的角度来解释"新现实主义"与"旧现实主义",尤其是与"颂歌"型的"社会主义现实主义"区别开来。回顾其发展变化的全过程,这个判断大致是不错的。我们不能说这样的概括就十分准确,但是,直到今天似乎它的生命力还在。我们不能说"新写实"是一个完美的现实主义的延续,但是,作为一种创作方法的反动,它在文学史上是有意义的。

再后来,"现实主义三驾马车"的兴起,和新世纪的"底层文学"的勃起,现实主义似乎又回到了"五四"的起跑点。然而,在现实主义的道路上,我们的文学似乎还是缺少了一个重要的元素,这恐怕就是"批判"(哲学意义上的)的内涵和价值立场。

历史的经验告诉我们:创作方法只有回到初始设定的框架之中,才能凸显出其作品的生命力。

注释：文章部分段落仍然沿用了三十年前我们著文时的一些观点，其原因就是：我认为这些观点随着文学史的不断更新，并没有过时；如今认为当时错误的地方，也毫不留情地进行了自我批判。唯有此，才符合批判现实主义的精神，才有资格领取进入文学史的梳理通道的通行证。

"当下现实主义文学"何以可能
——以贾平凹、张炜、梁鸿为例

张丽军①

摘　要　当代中国正在发生着前所未有的历史巨变,"当下现实主义"文学是
　　　　对时代的回应,是对中国当下正在发生或者刚刚发生的现实进行重
　　　　新呈现和书写。尽管新世纪以来的文学创作现状不尽如人意,但仍
　　　　有一些作家从困境中突围了出来。其中贾平凹的《带灯》书写了"新
　　　　乡镇中国"的"新伦理政治",体现了贾平凹对当代中国乡村政治问
　　　　题的独特思考,具有很强的现实性意义和价值;张炜的《艾约堡秘史》
　　　　作为一个巨大的精神隐喻,揭示了改革开放以来中国外在财富的巨
　　　　大增长与人们内在心灵欲望的巨大膨胀这一变化和现实,展现了张
　　　　炜对当代中国现实的反思与批判;梁鸿的《中国在梁庄》和《出梁庄
　　　　记》提供了这个时代鲜活、微观和具有精神深度的"非虚构"文本,诠
　　　　释了作为知识分子的梁鸿对"旧邦新命"的担当与思考。急剧变迁的
　　　　当代中国已经为"当下现实主义"的伟大文学提供了极为宝贵的艺术
　　　　土壤和现实,书写具有"当下现实主义"品格的文学作品,是每一个具
　　　　有文学自觉意识的作家的担当和使命。

关键词　当下现实主义　贾平凹　张炜　梁鸿

---

①　张丽军,山东师范大学文学院副院长、教授,博士生导师,中国现代文学馆第二届客座研究员。
　　主要研究方向有20世纪乡土文学、新世纪70后作家群、样板戏等。有《"样板戏"在乡土中国
　　的接受美学研究》《"当下现实主义"的文学研究》等著作6部,论文200余篇。

一、何为"当下现实主义"?

现实主义是一个很悠久的概念。这个概念也在今天这个时代也已经老化,但是我们会发现人们对现实主义的需求和质疑依然非常大,当然,质疑本身就是需求的一种表现。我个人认为,现实主义在今天更应该发展为一种"当下现实主义",即对当下正在发生或者刚刚发生的现实,进行重新书写。这就是我所认为的"当下现实主义"的概念。"当下现实主义"文学是今天这个时代一种新的呼唤、新的需求。今天时代变化之快,前所未有,作家阿来在其长篇小说《空山》中写道:"这么凶,这么快,这就是现代。"①这几句诗呈现出了急剧变迁的大时代对人们的精神逼迫,阿来以一个非常好的艺术方式展现了当代人的精神压力。

如何书写当代中国经验,如何呈现新时期中国已发生和正在发生着的前所未有的历史剧变,这是新世纪每一个具有文学自觉意识的中国作家所无法回避的,而且也是亟须回答的问题。遗憾的是,新世纪以来,中国作家没有对此作出很好的回答。比较于现代文学和"十七年文学",新世纪中国长篇小说每年正式出版的数量已经渐渐达到了5 000多部,中国当代文学的叙事能力和技巧也得到了较大程度的提升,但是其内在质量却并不如人意。新世纪文学深入表现现实生活的能力、展现正在裂变的城市中国和乡土中国的能力、剖析生命个体灵魂的深度叙事能力,以及文学语言形式实验的先锋探索精神都在不断地受到削弱和侵蚀。虽说莫言获得诺贝尔文学奖,实现了百年中国文学的"诺奖"梦想,但是对新世纪中国文学书写现实的质疑,却丝毫没有减弱。德国汉学家顾彬斥之为"当代文学垃圾",当然顾彬在后来对这一观点进行澄清,他认为中国当代文学存在一部分垃圾,但并非全部。很多学者认为,顾彬的批评不是空穴来风,而是有很强的针对性和有效性,对当下正在发生的现实的书写能力,恰恰是中国当代文学的一个软肋所在。学者孟繁华认为"在处理当下

① 阿来:《空山》(3),人民文学出版社,2009年,第285页。

中国面临的最具现代性问题的时候，'50 后'作家无论愿望还是能力都是欠缺的"①。但是在中国当代文坛中，最活跃、最受关注、影响力最大的依然还是"50 后"作家，这是中国当代文坛一个很奇怪的现象。中国现代文学史中几乎每十年就会到来一个新的时代，会出现一批新的作家作品。但是中国当代文坛恰恰相反，"70 后""80 后"作家在创作长篇小说、展现中国当下正在发生的现实等方面，依然是有欠缺的。这就是"当下现实主义"文学创作的具体语境。

尽管当下的文学创作现状不尽如人意，但是有一些作家依然从困境中突围了出来。其中既有"50 后"作家，也有新一代的作家。在这里，我选取几个代表性作家的典型文本来谈中国"当下现实主义"文学创作的新突破。这几位作家分别是文学陕军中的贾平凹、文学鲁军中的张炜、"70 后"新生代作家梁鸿。

二、贾平凹《带灯》：新世纪"当下现实主义"文学力作

新世纪以来，贾平凹的创作依然非常兴盛，作品数量很多，引人注目。特别是贾平凹的《秦腔》《高兴》等新长篇小说，开启了对新世纪乡土中国现代性社会转型的审美书写。如果说《秦腔》关注的是新世纪乡土中国农民的命运走向，《高兴》关注的是失去土地的进城农民如何重获新生的问题，那么贾平凹的长篇小说新作《带灯》则开启了一个新的审美领域——"新乡镇中国"，呈现了一位有着强烈现实主义精神和使命意识的书写者对 21 世纪正在剧变中的新乡土中国的独特审美思考和精神探寻。

贾平凹《带灯》的出现无疑是令人耳目一新的。《带灯》的创新首先是文学书写对象上的创新，《带灯》在题材上拓展了以往文学创作领域，从"乡镇叙事"的一隅性地域空间审美书写，拓展为整个"新乡镇中国"的整体性空间及

---

① 孟繁华：《乡村文明的崩溃与"50 后"的终结——当下中国文学状况的一个方面》，《文学报》2012 年 7 月 5 日第 7 版。

其现代性命运的全息性呈现。百年乡土中国文学绝大多数是以乡村单位,聚焦于农民生存悲剧与苦难命运的、展现乡村民俗民风的乡土文化审美书写。关于乡镇的乡土文学,可以说是,少之又少。即使偶尔书写的"乡镇",也是文化批判意义上的传统文化空间表征。鲁迅《祝福》中的"鲁镇"并非是具有地理意义、文化意义、社会意义的现实空间,而是一个封建礼教文化堡垒的代名词,"鲁镇"的鲁四老爷则是封建礼教专制和精神迫害的文化符号。而贾平凹的《带灯》是一个实体性的、现实中的当代中国的乡镇。乡镇在新时期中国的行政结构中具有独特性,中国实行的是五级结构制度:省、市、县、乡、村,而在市和县之下的乡镇几乎承担了所有的功能。从国家到县各个单位都可以对乡镇发号施令,乡镇就是一个微型而五脏六腑俱全的麻雀。贾平凹的《带灯》的出现打破了乡土文学叙事的缺失,成为新世纪关于乡镇中国当下现实的整体性叙述和现代性框架命运思考的重要作品。作为贾平凹最新的一部力作,《带灯》呈现了一个无比鲜活的、庞杂的,被当代文学史叙述所遮蔽和忽略的"新乡镇中国"及其"乡镇人"群像。《带灯》的"新乡镇中国"是一个以樱镇"镇街"为叙述中心,活跃着各类人物形象的多维的、整体的叙事空间。"镇街"空间看似是一个平面,但细究起来,却是一个小型的不同层级的社会系统网络,存在着"镇街"官方集体空间、"镇街"民间个人空间和"镇街"周边村庄空间三个部分,由此出现了"乡镇干部"、"镇民"和"镇街"周边农民等三类人物群像。其中"镇民"这一群体形象也是以往作家所忽视的,贾平凹所谓的"镇民"是特指乡镇"镇街"空间里的、区分于市民和农民之间的一类新民众群体,贾平凹将他们的精神状态和利益纠葛呈现了出来。"乡镇干部"、"镇民"和周边农民由于利益纷争、商贸流通和文化交流在"镇街"这一空间中彼此交集在一起,构成一个立体的、鲜活的"新乡镇中国"。

《带灯》另一个具有"当下现实主义"特征的方面是,贾平凹写的是"现代性新故事"。小说中写到了"樱镇废干部",《带灯》借助于副镇长马水平这个"老樱镇"叙述视角,从一个侧面呈现出了樱镇二十多年来矛盾丛生的乡镇官场生态。正如带灯所言,以往有礼义仁智信、马列主义毛泽东思想、阶级斗争为纲的政治运动,社会倒也安定,"现在讲究起法制了,过去的那些东西全不要了，而真正的法制观念和法制体系又没有完全建立，人人都知道了要维护自己利益，该维护的维护，不该维护的也就胡搅蛮缠着"。① 可见，乡镇是一个错综复杂、矛盾丛生的存在。《带灯》揭示出乡镇民俗生活画卷之下"像赶一辆马拉车，已经破旧，车厢却大，什么都往里装，摇摇晃晃，咯咯吱吱，似乎就走不动了，但到底还在往前走"的整体性恶化的"新乡镇中国"。这恰恰是今天中国在改革几十年之后各种利益相互冲撞和交汇的潜在状态，贾平凹通过《带灯》这部小说将之呈现出来，具有很强的当下现实意义。

"高速路修进秦岭"，这是《带灯》小说第一小节的标题。高速公路是一个现代性的事物，它改变了古老的秦岭，并且改变了秦岭的人。小说樱镇工业园这一现代性怪物，它以一种复杂含混的方式，以高扬的物质欲望紧紧攫住了樱镇人的心灵，侵蚀着人与人之间古老的质朴的社会关系、伦理道德和思想灵魂，是支配樱镇人所有言语行为、所有血腥事件背后的最强有力的叙事逻辑和最大精神隐秘。不可遏制的、不可阻挡的、内在悖论性的现代性叙事逻辑，就是樱镇的"当下现实主义"，是当代樱镇所有事件的最为隐秘的历史主线。对于樱镇来说，高扬的物质的欲望，对心灵、文化、民族的遮蔽和侵蚀，就是一个正在发展和扩张的隐蔽的叙事逻辑、精神逻辑、生活逻辑。

面对"新乡镇中国"的整体性危机及其现代性叙事逻辑，与之抗衡的反现代性力量何在，精神救赎的力量何在？小说的主要人物形象带灯就是贾平凹为樱镇这一"新乡镇中国"危机创造的的目睹者、亲历者，也是危机的拯救者和探索者。作为综治办主任的带灯并不认同"头疼医头，脚疼医脚"的扬汤止沸式维稳方法，以及对待农民的截访打骂、威逼利诱的简单粗暴方式，而是尽可能地从源头上化解矛盾，从情感上关怀农民生活实际困难和内心苦痛，创造性地建立了一张乡镇政治人与各村农民的"老伙计"联络网。"老伙计是樱镇男

---

① 贾平凹：《带灯》，人民文学出版社，2013年，第39页。

人之间的称呼,带灯却把她觉得友好的村寨里的妇女也称老伙计。"①带灯与农村普通妇女的"老伙计"关系,体现了带灯对中国传统文化的深刻理解,是建立在与农村妇女平等相待、无私帮助、心心相印的情感基础上,经历了日常生活实践磨砺和时间检验的可以掏心窝子的友情关系,是汲取人格平等与彼此尊重等西方现代人理念的、从乡土中国"差序格局"世界生长出来的当代乡土中国"新伦理政治"。所以我认为,这种"新伦理政治"是具有中国文化内在精神脉络的,而且具有现代性意识,是贾平凹对当代中国乡村政治问题的独特思考,具有现实性意义和价值。

三、张炜《艾约堡秘史》:当代中国现实的反思与批判

张炜的《艾约堡秘史》展现了对当代中国现实最新的批判和思考。在这部小说中,我们会思考一个新的问题,改革开放以来,当代中国最大的变化是什么? 最大的现实是什么? 毫无疑问,当代中国最大的变化和现实就是,中国富裕起来了。财富巨量的积累和增长是新世纪中国最重要的外在表征,而人心内在欲望的升腾、膨胀与无限追求则是新世纪中国人最大的内在心灵之变。可以说,外在的财富巨大增长与内在心灵欲望的巨大膨胀就是当代中国最大的变化,这就是新世纪中国最大的现实。

张炜的《艾约堡秘史》,是呈现中国现实的一个巨大的精神隐喻。以往张炜的小说作品都具有非常坚硬的外壳,小说开头总会出现历史文化的大段书写,但是张炜在《艾约堡秘史》中一反过去的写作方法,小说的通俗性和可读性都非常强。小说的开头写道:"艾约堡主任蛹儿又一次低估了自己的风骚,犯下了难以挽回的错误","清晨要做的第一件事就是伏在镜前,以犀利的目光细细挑剔一番,花上三十分钟的时间从额头看到脚踝,不放过任何一个细节。……扭转身体感受腰肌的柔韧,打量自背部而下的曲线。臀部过于突出

---

① 贾平凹:《带灯》,人民文学出版社,2013 年,第 55 页。

了,因为韧带及皮脂股骨肌之类的组合,生生造就了一种致命的弧度和隆起,它收敛而又炫耀,于沉默中显现出活力四射的挑衅的品质。可以说,这是一个令无数人滋生愤怒的部位。"①小说中一次又一次描写和呈现蛹儿的身体,"她就在镜前微张嘴巴,露出洁白晶莹的牙齿,翘起比一般人丰厚的上唇,忽闪着不输于假睫的浓密长睫,发出一声若有若无的叹息。未见随时间演进的衰变痕迹,一丝都没有。光阴在这儿停滞了,一直停在许多年前的那个阶段:丰腴紧实,水润鲜滑。没有办法,无论做出怎样含蓄的表情和沉稳庄重的举止,都透出一种巨大无匹的风骚气"②。张炜用"巨大无匹的风骚气"来形容蛹儿,通过一次又一次的书写强化,以此来呈现欲望的书写。

实际上,让蛹儿无比惊讶的,不仅是来自淳于宝册的身体、激情与纯洁,而且是其集团积累的巨大财富。狸金集团"实力及规模当在数省区之首,产业分布海内外,囊括矿山、钢铁、房产、远洋、水泥、造纸、运输、医药、金融……真正的巨无霸"③。蛹儿和淳于宝册这两个镜像叙事焦点,一个是"巨大无匹"的风骚气及其所激发的巨大"愤怒"式欲望,一个是"大动物"的"巨无霸"式的惊人财富,代表了 21 新世纪中国社会的最突出、最鲜明、最具代表性特征的两端——欲望和财富。而在淳于宝册看来,"人世间的一切奇迹,说到底都是由男女间这一对不测的关系转化而来,也因此而显得深奥无比。有些家事国事乍一看远离了儿女情愫,实则内部还是曲折地联系在一起,不过是某种特殊的转移和反射而已"④。正是小说的三组巨面镜像叙事及其两个叙事焦点,映现出了当代中国社会最大现实与最大隐秘。

作为具有"当下现实主义"意义的文学作品,《艾约堡秘史》不仅写出了欲望、财富,同时写出了批判、忏悔以及寻求救赎的可能。小说中写到了一场爱情危机,淳于宝册在兼并海边矶滩角村时,爱上了来这里搜集拉网号子、具有非凡气质的民俗学家欧驼兰,然而他在追求中遭受了挫折。在一次深谈中,欧

---

① 张炜:《艾约堡秘史》,湖南文艺出版社,2018 年,第 1 页。
② 同上,第 2 页。
③ 同上,第 46 页。
④ 同上,第 167 页。

驼兰告诉淳于宝册,狸金集团是她和吴沙原以及当地百姓的"敌人",他们不会成为"伙伴",更不会是恋人。而淳于宝册的事业同样遇到了危机,他对矶滩角村的占领遭到了抵抗,村长吴沙原誓死要捍卫村庄的自然历史风貌,拒绝交换、赎买和改造,他对淳于宝册说,狸金集团的"恶"远远不止这些,"过去有个词儿叫'巧取豪夺',今天已经过时了,因为太麻烦,不如'豪取豪夺'。可以说狸金的巨大财富中,占绝大比例的都是不义之财!你们毁坏了水、空气和农田,还把财富转移到国外!可是真正的大罪并不是这些"①,在吴沙原看来,而更大罪恶"是因为有了狸金,整整一个地区都不再相信正义和正直,也不信公理和劳动,甚至认为善有善报是满嘴胡扯⋯⋯"②。在这里,张炜对狸金集团进行了更深层次的批判,淳于宝册的罪不仅在剥夺财富的罪恶,更大的罪在对人心的破坏,使人们不再相信正义和善良,哀莫大于心死,一个地方人们的"心坏了"、"死了",这才是最大的可怕与最大的悲哀。

另外,在张炜在《艾约堡秘史》中还有涉及了"救赎"这一深层主题。正是欧驼兰和吴沙原的批判,让淳于宝册意识到他的罪恶。他开始向他的老师忏悔,我到底错在哪里?我为什么会是这样?我什么时候开始投降了呢?我怎么才能重新回到过去,怎么才能得到救赎呢?至于淳于宝册能否得到救赎,小说没有给出答案,但是救赎的寻求依然是非常宝贵的。这是张炜的《艾约堡秘史》所呈现的"当下现实主义"的精神特征,是一种精神批判,这是非常可贵的一种当代文学品质。

四、梁鸿《中国在梁庄》《出梁庄记》:
非虚构写作的"当下现实主义"

"当下现实主义"文学创作体现在新一代作家身上。"70 后"作家梁鸿的梁庄书写,就是非虚构写作的"当下现实主义"文学创作。在《中国在梁庄》

---

① 张炜:《艾约堡秘史》,湖南文艺出版社,2018 年,第 313 页。
② 同上。

《出梁庄记》这两部非虚构作品中,梁鸿创造了一个以往文学没有呈现过的中国村庄——梁庄。我认为,梁庄将是中国文学史、文化史、思想史中一个很重要的存在,它将像中国一些具有文化意义的村庄一样,成为一个标记。正如中国作协副主席李敬泽提到的:"不曾认识梁庄,我们或许就不曾认识农村,不曾认识农村,何以认识中国?"这就是梁庄的意义和价值。梁鸿叙述的"梁庄",是重新认识这个庞然大物般正在发生着"千年未有之巨变"的古老乡土中国现代转型的一把精神钥匙,是照亮面目模糊、杂乱无章而又混沌幽暗的被现代性遗忘与遗弃存在的一道精神之光。

在今天,生活现实远比小说还要精彩、生活荒诞远远超出小说荒诞的时代,文学还有何用?作家为何创作,如何创作?这是作家必须追问和思索的当代性课题。正是在这个意义上,作家梁鸿以《中国在梁庄》和《出梁庄记》这两部非虚构作品回应了新世纪乡土中国文学所亟须回答的问题,向我们展现了古老的乡土中国在当代文化剧变语境下跳动的脉搏、沉重的呼吸与裸露的伤痕累累的灵魂。梁鸿恰恰是把不可见的、混沌的、迷茫的、忧郁的中国呈现给了读者。梁庄是一个变质的梁庄,"村庄里的新房越来越多,一把把锁无一例外地生着锈。与此同时,人越来越少,晃动在小路、田头、屋檐下的只是一些衰弱的老人。整个村庄被房前屋后的荒草、废墟所统治,显示着它内在的荒凉、颓败与疲惫。就内部结构而言,乡村不再是一个有机的生命体,或者,它的生命,如果它曾经有过的话,也已经到了老年,正在逐渐失去生命力与活力"①。这是一个从外在到内在陷落的梁庄,而梁庄人的陷落,是小说中更内在的陷落。另外,在《中国在梁庄》中,梁鸿直接以"今天的'救救孩子'"为题,发出了沉痛的声音。吴奶奶的孙子被河流带走了生命、九岁黑女被六十多岁老头性侵、王家少年强奸了八十多岁老太太。新时期以来乡土中国创造了无比辉煌的、前所未有的经济奇迹,但是我们何曾想到这是以无数乡土中国农民的妻离子散、骨肉分离为代价的,又有哪位经济学家把这种来自极度的本能压抑、强烈的生命隐疼、惨烈的内在精神创伤计算在内?留守儿童内在的生命忧伤和

---

① 梁鸿:《中国在梁庄》,江苏人民出版社,2011年,第21页。

精神隐痛谁来呈现？那些没有父母守护在身边的孩子们,他们遭遇的创伤性记忆,在未来的成长发展中,一定会渐进地呈现出来他自身存在的精神黑洞。正是由于故乡环境的、社会的、经济的到人心的危机,我们看到一个村庄的溃败,故乡已经沦陷。梁鸿在小说中写了一段话语非常好,"村庄的溃败使乡村人成为没有故乡的人,没有根,没有回忆,没有精神的指引和归宿地。它意味着,孩童失去了最初的文化启蒙,失去了被言传身教的机会和体会温暖健康人生的机会。它也意味着,那些已经成为民族性格的独特个性与独特品质正在消失,因为它们失去了最基本的存在地。村庄,在某种意义上,是一个民族的子宫,它的温暖,它的营养度,它的整体机能的健康,决定着一个孩子将来身体的健康度、情感的丰富度与智慧的高度"[1]。这段话是非常有意义的。乡村文化母体的根性在哪里？母体还有没有存在的可能性？这是一个巨大的疑问。中国几千年都是以村庄为根基的庞大文化母体,今天正在失去它的根和源,这是它最大的危机,也是梁鸿所描述的《中国在梁庄》的危机。

正是带着这样的焦虑和疑问,梁鸿离开梁庄,来到离家的梁庄亲人所到的城市之地,书写关于新生农民命运的作品,就是《出梁庄记》。乡土中国进程的农民工希望能在异乡的城市把焦虑困顿的心灵安放下来,但遗憾的是,农民工之于城市而言,是一种陌生化、他者性存在,无法"心安"也从未"理得",反而是不断地被污名化、被区隔与遮蔽。对于梁庄人来说,谈起故乡来,第一代农民工他们依然有故乡,故乡是明媚的、温暖的、充满希望的;但是对于第二代农民工来说,他们从小在城市长大,显然故乡对他们来说是一个无比模糊的、从未抵达过的空间。他们从小在被歧视和压抑的文化中长大,他们的未来又在哪里？小说中,梁鸿以"我"的身份对第二代农民工 18 岁的民中说,"你要好好的",明年来见。民中"嘴角牵起一个诡异的微笑",说"什么好不好的,再见我,说不定就在监狱里了","他看我时的眼神,是另一个世界的眼神。我无法进去,也无法打破"[2]。民中对自我未来的可能性走向无比清醒的绝望感,呈现

---

[1] 梁鸿:《中国在梁庄》,江苏人民出版社,2011 年,第 221 页。
[2] 梁鸿:《出梁庄记》,花城出版社,2013 年,第 55 页。

了新一代农民工与现代城市、被侮辱生活的无可和解性。今天的中国乡土文学如何呈现庞大的农民工群体,尤其是二代农民工群体,越来越成为一个巨大的存在,这是我们必须面对的问题。

梁庄的路在何方?无论是坚守梁庄的人,还是出梁庄的人,他们都在寻求未来的道路。梁鸿也向我们展现出她探寻的路径。面对黑色淤泥之殇的梁庄,留守的梁庄人依然每天都要承受,都要继续生活下去。失去孙子的芝婶没有把她的痛苦跟别人诉说,她把泪水流在心里,把痛苦咽在肚子里,生活依然得继续。《出梁庄记》的结尾部分描写了一个99岁"老党委"奶奶的去世,梁庄的儿女们都回到家里参加葬礼,一个老人的去世,把人们重新凝聚起来,死亡在此时也意味着新生的可能性。梁庄如何凝聚起来,并且重新获得新生,这依然需要亲情和乡情的凝聚,才有让梁庄又重新成为梁庄共同体的可能性。今日中国知识分子能够做什么?梁鸿以她的作品向我们证明,如何呈现今日之中国,如何阐释今日之中国,这是我们最迫切、最重要、最根本的问题。作为一个学者型的作家,梁鸿的"梁庄书写"提供了这个时代鲜活、微观和精神深度的"非虚构"文本,描绘了"梁庄"乡土世界中的最卑微、最孤苦无依而又最被忽视和遮蔽的"梁庄人",为我们呈现了乡土中国百年来最为细致真切的灵魂蜕变史。梁鸿的"梁庄书写"已经实现了"让'乡土中国'具象、个性、丰富","'梁庄'再度成为符号,成为'乡土中国'的隐喻"。作为当代知识分子,梁鸿以其"梁庄书写"诠释了她对"新命"的担当与思考。这正是梁鸿这一代"70后"作家当下现实主义文学书写的意义和价值。

实际上,当代中国的"当下现实主义"文学书写依然是不够的,依然是问题丛生的。我们呼唤具有"当下现实主义"品格的文学作品,呈现出当下急剧变幻的时代,为我们思考历史、总结现在、展望未来提供一种文学的景象,让文学再度引领这个时代的精神发展,为时代提供原创性、精神性、引领性的价值,这是我们对"当下现实主义"文学的期待。

随着时间的推进,中国新一代的作家们正在成熟起来,特别是一些"70后"作家,像徐则臣的《耶路撒冷》、刘玉栋的《年日如草》、付秀莹的《陌上》,他们呈现出了书写"当下现实主义"故事的精神光芒。我认为,经历了时代历史巨变的这一代作家,完全有可能写出具有"当下现实主义"品格的故事来。因为他们经历了从人民公社到市场经济,再到 21 世纪,这一个完整的乡土中国的社会转型和历史巨变,他们是具备体验、情感和经历的。事实上,急剧变迁的当代中国现实已经为"当下现实主义"的伟大文学提供了极为宝贵的艺术土壤和现实。一方面,"当下现实主义"作为一个重要的挑战,其丰富的、庞大的现实,让人无法琢磨;但另一方面,正是时代的丰富性、复杂性和独特性,滋养了当代中国故事的原型和土壤。所以我认为,当代中国作家应该迎接这个挑战,书写"当下现实主义"中国文学,这是我们的使命和担当。

网络文学研究

态度与方法： 略说介入网络文学 20 年的学术资源

夏　烈①

一

转眼间,中国网络文学 20 年了。最近这话题,由上海市作协推选"网络文学 20 年 20 部优秀作品"的榜单引起。

固然,以 1998 年作为网络文学的起点依然有事实上的争议——稍加考察就可以发现,不仅 1998 年之前台湾地区已经有像样的网络小说如奇幻的《风姿物语》、武侠的《英雄志》等名篇问世,直接影响了大陆暨整个华语网络文学的创作;而且,要再往前溯,1990 年代初由北美留学生在互联网 BBS 上所揭橥的文学创作社群,亦可谓华语网络文学的发端——但 1998 年由痞子蔡的《第一次亲密接触》所卷起的大陆网络小说创作潮和大众阅读的标志性事件,后来

---

①　夏烈,杭州师范大学文创学院教授、中国作协网络文学研究院副院长。

被网络、新闻媒体、社会活动和文学史家反复提起、议定，逐渐成了约定俗成的中国网络文学元年。即便如我这样早知道这个起点不甚靠谱的（如 2009 年我写《网络文学三期论及其演进特征》一文时就说过这个事），但多数情况下为了不纠结于这位"少年"出生年月的问题，就一概顺着 1998 年的断点往下说。不纠结的一个原因是，我和介入这一领域的不少学者都清楚地意识到，网络文学作为"一时代之文学"，其发展、场域、属性、特点、价值、未来趋势等，可研究并迅速刷新着的品质面貌实在有太多新鲜有趣的地方，甚至还因为我们的介入仍可发生重要的变化。那么，它是出生在 1991 年或者 1998 年目前有那么重要吗？换言之，一个新现象足以演变为学术新焦点时，如围棋之布局和中盘的搏杀肯定更为紧要，年龄的问题可留到收官的阶段。

20 年来，当大众读者为中国网络文学着迷的时候，很多人文学者却表现出巨大的疑惑，他们一度无法忍受愈来愈被热议的网络文学，明里暗里地认为这是创作的堕落、时代的病相。既然这样，他们也就无法理解（遑论享受）我上面所谓的"新鲜有趣"和介入式的快乐——我突然意识到，如果网络文学为时代大众所提供的是一种"代入式"的想象（幻想）沉浸，那么，对于研究者和批评家而言，最大的乐趣绝对是"介入式"的工作场域。如果人文学者和批评家没有办法借助时代占主潮的创作现象和代表性文本有效与当下场域对话，而是选择视而不见、听而不闻的态度，那就是工作伦理的失职、人文兴趣的衰败以及最终能力上的退化。换言之，如果是由于时代其他部分的强力影响所致的文学稳定结构的震荡乃至标准的失范，恰恰就需要我们的工作需要我们勇于介入其中来重新调校；而这个过程，同样意味着我们将反思过往一段时长内对于世界和文学关系的看法，由此充实人文和文学研究、文学批评的生命力，再造一种观念的宽度。所以说，这是一个知识分子的态度问题。网络文学这一时代创作的庞然大物足以考验作为人文和文学守护者的知识分子们的态度与智慧。

二

20 年中，参与到网络文学研究和批评的文学知识分子主要来自中文内的两大学科:文艺学(文艺理论)和现当代文学。

前者是哲学和科学在文艺领域具体作用的体现,始终保持着理论地看待世界、解释文艺变迁的思想性、逻辑性和审美意识,因此,该领域的一些学者呈现出良好的理论敏感性和创意力,网络文学诞生之初至今,以欧阳友权、黄鸣奋、陈定家等为代表的文艺学学者,开拓性地出现在网络文学和更为广泛的网络文化、媒介批评的处女地,有相当的活力、影响力和团队规模。

后者是文学创作的另一翼,从一般说文学批评与文学创作两翼齐飞的形象譬喻,到广义的现当代文学学科作为正在发生中的文学史的研究者、提炼者、方案提出和实践者,事实上与当下文学保持着最一线、最密切的交流,成为其结构的重要部分。白烨、邵燕君、夏烈、马季、庄庸、王祥、黄发有、周志雄、何平、肖惊鸿、黄平、桫椤等,大多都是从纯文学研究和批评的队伍过渡到网络文学,或兼治纯文学和网络文学二者。这支队伍还可以扩及类型文学和创意写作的葛红兵团队,以及偶作论述但在网文研究界有一定影响力的李敬泽、陈崎嵘、南帆。

然而貌似人数和名家不少,但20年来,无论文艺学还是现当代文学学科,始终对网络文学的研究、批评抱有怀疑、警惕和另类眼光。客观地讲,一方面是网络文学从互联网平台、民间草根写手出发的非传统路径、非经典序列训练,构成了已然成熟稳定的过往当代文学秩序的新挑战,陌生和紊乱是人所不喜的,这也是人之常情,所以主动包容非常困难——况且这些新的作品还与大众消遣、市场生产、资本推动等因素直接有关。换言之,很长一段时间内,专业读者(人士)不会相信网络文学起步的创作可以诞生经典,并且成为中国文学史的一部分,这一点至今还是很多学者坚持的判断。另一方面,由互联网媒介所带来的平台飞地,跃出了旧媒介与传统文学的结盟即血肉联姻,完全不在他们视野之中,但又逐渐为广大时代读者(用户、粉丝)所占有、使用,形成了崭新的场域环境和新的权力结构。在新时期(20世纪80年代)以来经过一二代文学特别是现当代文学学者的辛苦经营,先后厘清了文学与政治、与经济、与建国后、与西方、与文坛代际关系等具体问题,形成其文本细读下的结构与秩序之时,忽然间一个"当代文学"史述的共同体可能因为巨大的异质内容、异质经验，瞬间面临"重写"乃至解释权的更迭，这自然是愈加艰窘的处境。所以，对于网络文学的不喜欢转化成对于网络文学研究者、同情者的不喜欢，边缘化或者压抑之，某种意义上也成了圈内心照不宣的普遍态度。

三

作为一个 70 后的文学评论者，对于哺育我们、深切影响我们志业和知识结构的"当代文学"史述共同体，我始终抱持不断学习的崇仰之情，事之如师、如父，并且认为面向网络文学这样的新世纪来蔚为大观的创作现象，确有必要思考其在"现当代文学"学科内部的归根问题，即对它的研究要回归到中国文学的现代转型历程中去，反哺于学科自身、学科内部。

也因此，我很自然地想到作为中国文学现代性发源的一种学术观点，即由范伯群先生花费半生精力深耕苦劳的近现代通俗文学研究和史述成果——他所面对的晚清以降的近现代通俗小说及其现代性、大众性、市场化，即被新文学作家"扫出文艺界以外"的巨大创作存在，与今天的网络文学、类型文学的情况、遭际何其相似！？甚至可以说是真正的嫡亲。而同时，海外有分量的当代文学史家和批评家中，哈佛大学王德威教授《被压抑的现代性：没有晚清，何来"五四"？》的宏文，曾在世纪末"重审现代中国文学的来龙去脉"，提出了"我们应重识晚清时期的重要，及其先于甚或超过五四的开创性"，"中国作家将文学现代化的努力，未尝较西方为迟。这股跃跃欲试的冲动不始自五四，而发端于晚清。更不客气地说，五四菁英的文学口味其实远较晚清前辈为窄。他们延续了'新小说'的感时忧国叙述，却摒弃，或压抑其他已然成形的实验"①。范伯群与王德威从近现代的通俗小说、类型小说中，分明看到了中国文学现代性的"多重可能"，"知识精英文学和大众通俗文学双翼展翅翱翔"是中国现代文学史观的"两个翅膀"。

---

① 王德威：《被压抑的现代性：没有晚清，何来"五四"？》，《想像中国的方法：历史·小说·叙事》，三联书店，1998 年，第 11 页。

　　这些前辈学者的鲜明观点和华硕成果是有益于我们今天研究网络文学而后反哺于文学学科本身和内部的重要启发,是网络文学研究可资借鉴、仿效的重要学术资源,从而使得一方面我们就近现代的通俗文学和当下网络文学的同异有所比较和分别,取得文学史内百年以来"传统的延传变体链"(chain of transmitted variants of a tradition)上的参照辨析;亦使得我们自现当代文学学科出发的研究者和批评家获得上代学者的传承和精神烛照,即便别是一家,仍属渊源有自,在习见和压抑中划出只问本源、不计顺逆的学统和道统。

　　如果要稍加说明二者的异同、特征,我个人以为有这样一些点是非常生动的。比如二者在不同的历史时期所遇到的媒介机运。晚清开始的通俗小说与报纸、杂志、图书出版的纸媒印刷技术紧密联系,由此让李伯元、吴趼人、包天笑们不再需要按照旧科举的路千里为官,他们可以选择在上海从事新闻、出版业而兼职写作通俗小说获得丰厚的生活物资,恰如范伯群说,"李伯元、吴趼人根本不想去考特科,也不是他们的清高。一方面,他们经济上有较丰厚的收入,另一方面,他们在新闻工作中看到了自己的人生价值"。"这些后来被称为'旧文学作家'的人已在传统小说的外壳中显示了自己作品的新质,那就是时代的启蒙精神。他们兼报人与作家于一身,以启蒙中下层民众为己任"①。而网络作家们,通过媒介跃迁至互联网,有意无意地形成了自己的发展优势,如果没有1995年后中国互联网民用和商用的普及,很难想象大量的无法通过纯文学期刊筛选迈入文坛的"文学青年"和"故事青年",最终会以网络文学的名义脱颖而出,演绎一番个人创造力、生产力和产业价值、社会影响力的宏大作为。

　　又比如,在创作类型化的大流中生成"类型文学"的叙事范式和类型传统。陈平原对于近现代通俗小说的类型研究形成了包括《二十世纪中国小说史·第一卷(1897—1916)》《中国小说叙事模式转变》《千古文人侠客梦:武侠小说

---

　　① 范伯群:《论中国现代文学史起点的"向前位移"问题》,《多元共生的中国文学的现代化历程》,复旦大学出版社,2009年,第46页。

类型研究》《小说史：理论与实践》在内的诸多探索建设①。而今天所谓网络文学的主流正是类型小说，由互联网、当下社会发展和中西文化所导出的新旧小说类型、次类型、类型元素，依旧是今天中国小说研究的新材料、新创造。葛红兵团队就曾于此用力做了系列的类型文学研究著述②；我也在《网络武侠十八年》一文中专门讲了，"与纯文学的文学性不尽相同……类型小说是一种坚持以类型化技艺体系作为其文学性指归的，并在此基础上呼唤个体创新和求变、不断丰富其风格的创作方式"③。所以，文学立场讲，今天狭义理解上的网络文学，其文学性就是类型性。

而但凡召唤近现代通俗小说入文学正史的，一般都会强调通俗小说亦具备了现代性和启蒙性，这毫无疑问是为了说服"新文学"到"新时期文学"占主导地位的精英史述能给予认同。但今天面对网络文学，我觉得另一个话题同样有意思甚至更易于凸显，那就是百余年来始终不曾断绝的"颉合旧制"即与中国古典小说更多继承性，又雅俗共赏而与大众更亲和的"通俗文学—网络文学"脉络，是否在事实上说明着骨血基因中的"中华性"记忆。这构成了"五四"以来文学话语主流的"西顾"和民众集体无意识的"东藏"间巨大的张力效应，也多少构成了知识精英和普罗大众的取向、兴趣、价值观和文化治理方案的不同。当然，这样的问题对彼此都是潜在的，流动的。可当今天网络文学和网络作家若自觉向"中华"核心聚拢的时候，映射着什么，趋势会如何，我们应怎样应对或引导？

---

① 陈平原如此花费精力于晚清近代小说类型学或者一个类型（如武侠）文学文脉的梳理辨析，与他"平视晚清与五四"的主张直接有关，而具体的晚清小说及其类型学、叙事学研究则反哺了他将晚清小说实践与"五四"新文学共同看作中国文学现代化进程的认识。他说，"这不仅仅是具体的论述策略，更是作者一以贯之的学术立场。谈论'五四'时，格外关注'五四'中的晚清；反过来，研究'晚清'时，则努力开掘'晚清'中的'五四'。因为，在我看来，正是这两代人的合谋与合力，完成了中国文化从古典到现代的转型"（《触摸历史与进入五四》，北京大学出版社，2005 年，第 3 页）。
② 葛红兵主编"小说类型理论与批评丛书"七种，上海大学出版社，2012 年。
③ 夏烈：《网络武侠小说十八年》，《浙江学刊》2017 年第 6 期，第 61 页。

四

在中文学科内部盘桓费心那么多，实际上折射了我所处的"中间物"或者过渡者的状态。另一些来自艺术学、传播学、社会学的青年学者很容易地就逾越了这种学科边界——在 4 月份的一次网络文艺论坛中，青年学者直接从粉丝、二次元、佛系等亚文化词汇，或者同人、文本盗猎、IP 改编等互联网创作现象入手，直接绕过了什么"现当代文学"学科及其传统，他们对我的沟通企图和反哺愿景表示理解和尊敬（同情？），但也明确说对于他们而言已无须纠结于旧法统的解释权，因为有更多国际化的学术资源可供采用，以融合现实。

这些年的网络文学研究中，马歇尔·麦克卢汉《理解媒介》为圭臬的"媒介革命"、"媒介引渡者"和结合了二次元文化、超文本等的"网络性"提法成为颇景气的知识背景。其次，亨利·詹金斯《文本盗猎者：电视粉丝与参与式文化》所引出的"学者粉丝"以及粉丝对于文本创建的专业性、同人性为包括网络文学在内的互联网文艺产品创制提供了共通的知识参照。

我个人的另一理论学习兴趣则在于布尔迪厄的"场域理论"，打算以此处理和消化围绕着网络文学所形成的时代各动态力量的博弈过程，并确切地相信文化绝非理论家（知识精英）单方面主导定夺的，而是由包括底层草根、专业技术人员、商业和资本等共同参与创制和实践的。2014 年，我用《影响网络文学的基本力量》为题构建了网络文学"场域理论"的四维：读者、产业与资本、国家政策、文学知识分子①，至今仍在此基础上继续推进其合力矩阵的研究。这实际上就突破了传统的学科边界，使我向文学社会学和马克思主义的文艺观靠拢。

同样属于马克思主义阵营的理论资源来自安东尼奥·葛兰西。如何面对网络文学这样的时代材料，形成某种"文化领导权""意识形态领导权"，是少

---

① 参见《影响网络文学的基本力量》，夏烈：《观念再造与想象力重建》，北京大学出版社，2017 年。

数智库派网络文学研究者的取径。这无疑为网络文学的研究及其主流化带来了丰富而强势的发展可能，对于文化战略的制订、海外传播的作用等都有推波助澜的作用。

此外，即便在中文学科内部，文艺理论阵营的学者们，早已经由法兰克福学派和伯明翰学派面对大众文化及其美学问题的观点、方案之争，领受过自本雅明"机械复制时代的艺术作品"至麦克卢汉"媒介即讯息"的理路、遗产，特别是结合了中国社会自身进入改革开放以来的文化市场大发展、2000 年后文化产业的全面推进进程，对于网络文学在其中的出现和存在，也就远较现当代文学领域的一些本质主义为开阔。上述理论学说因此也就常常成为目前网络文学研究的资源，并直接为中文学者从文化产业角度研究网络文学打开了通路。

所以说，事实上在网络文学 20 年的历程中，各类同时代知识分子已经进场，他们为文化来源"混生型"的网络文学带去了更加混生的基因和建议。我个人总体上是乐见这种"介入"的，却也时时刻刻看顾着网络文学的生态场，良好的生态是这个年届弱冠的少年走得更远长，尽其使命而成为"一时代之文学"的美好保障。——目前的文学现场中，没有什么会比网络文学更迷人的，它像台面上的一粒白球，用它可以击打开僵化的其他球体，让台面色彩绚烂。

中国网络文学海外传播产业链图谱解析： 文化与传播

摘　要　21 世纪以来,中国网络文学的出海始于东南亚,发展于欧美,足迹逐
　　　　渐遍布全球,其海外输出已走在世界前列,并成为堪与美国好莱坞大
　　　　片、日本动漫、韩剧相媲美的独特文化现象。而伴随全球媒介革命的
　　　　发展和市场化运作下的 IP 改编,中国网络文学海外传播产业链已渐
　　　　臻完善,"网络文学作者"和"海外读者"位其两翼,"网络文学内容提
　　　　供者"充其内核。构建网络文艺批评机制,实现"流量为王"到"内容
　　　　为王"的转变,是当下中国网络文学海外传播的痛点。何以增强中国
　　　　网络文学海外传播的影响力、讲好中国故事以及加大中国优质文化
　　　　的输出力,或可从"网文内容的挑选"、"阅读平台的搭建"以及"翻译
　　　　渠道的挖掘"三个维度寻找突破口。以切实提高中国网络文学海外
　　　　影响力和辐射力、充分实现优质中华文化的海外输出、不断提升中国
　　　　国家软实力。

关键词　网络文学　海外传播　媒介　翻译出版　中国文化

中国网络文学海外传播产业链图谱的建立标志着中国网络文学海外市场初具规模,表征着中华民族的文化软实力正不断增强。邵燕君等在《媒介革命视野下的中国网络文学海外传播》一文中谈及中国网络文学,认为其"有望与美国好莱坞电影、日本动漫、韩国电视剧等全球流行文艺一样,成为具有国际

---

①　尹倩,上海大学 2018 级文艺学博士研究生。

竞争力、能够代表本国特色的文化输出力量"①。据《2017 年中国网络文学出海白皮书》②数据显示，从 2015 年至今，海外翻译网站兴起，俄翻网站 Rulate、英翻网站 Wuxiaworld、Gravity Tales 等纷纷崛起，相继有数百个海外翻译网站出现并不断谋求中外间的合作。另外，商业模式的市场化运作也是激励创作、拉动传播、创新经营的推手，是中国网络文学海量增长的经济支撑。随着互联网经济的发展以及新型媒介的更新换代，中国网络文学在海内外产生了不可估量的影响力和辐射力；但是中国网络文学仍然存在版权意识不清、内容同质化和空心化严重、翻译团队专业度不够、缺乏成熟的传播机制等问题。实现网络文学作品从"流量为王"到"内容为王"的转变、提高中国网络文学作品的质量、讲好中国故事、不断扩大中国网络文学在海外市场的影响力变得至关重要。因此，在此基础上深入研究中国网络文学海外传播产业链图谱中的"内容链"具有重大意义。

中国网络文学海外传播产业链图谱主要分为三个模块，如图(1)所示：第一个模块是"网络文学作者"，第二个模块是"网络文学内容提供者"，第三个模块是"海外读者"。结合 M. H. 艾布拉姆斯于 1953 年《镜与灯——浪漫主义文论及其批评传统》③中提出的文学四要素理论，"作品"、"艺术家"、"宇宙"和"观众"分别对应"网络文学内容提供者"、"网络文学作者"、"政府和企业"和"海外读者"。其中，影响中国网络文学进一步传播的关键环节在第二模块，"网文内容的挑选"、"阅读平台的搭建"和"翻译渠道的挖掘"三者缺一不可。网络文学借助全球媒介革命的力量，具有辐射范围大、受众群体广、年轻化趋势明显、娱乐性强等特点；能切实突破纸质书数量规模和类型细分的限制，解决生活在数字化媒体时代"网络人"的难点，并以其"快感"和"爽点"牢牢把握住海外读者的补偿心理和猎奇心理。金元浦曾说过："电子媒介引起传播革

---

① 邵燕君、吉云飞、肖映萱：《媒介革命视野下的中国网络文学海外传播》，《文艺理论与批评》2018 年 2 月，第 119 页。
② 《2017 年中国网络文学出海白皮书》，数字来源：艾瑞咨询研究院自主研究并绘测。
③ ［美］M. H. 艾布拉姆斯：《镜与灯：浪漫主义文论及批评传统》，郦稚牛、张照进、童庆生译，北京大学出版社，2015 年。

命,又一次引起了文学自身的变革。文学面临着又一次越界、扩容与转向。"①
网络文学的文本特点和生产机制特征使其被数字技术进行应用分析成为可
能,透过电子出版物的出海趋势,或可窥见媒介革命对中国网络文学海外输出
的作用及影响。另外,网络文学作为一种"新媒介文学",在一定程度上借助媒
介革新和互联网技术的发展,促进了"中国文化"的海外传播。郭竞在《也谈
中国文学翻译出版"走出去"——以中国网络文学欧美热为例》一文中谈到,
"中国文学的翻译出版是中华文化'走出去'这一国家战略的重要组成部分,
是世界了解中国的一扇窗口,它对我国文化软实力的消长有着举足轻重的影
响"②。而进一步开拓中国网络文学的海外市场,切实解决"中国网络文学内
容"维度相关问题则是关键。

中国网络文学海外传播产业链③				
网络文学作者	网络文学内容提供者			海外读者
	内容平台	阅读渠道	翻译渠道	
	• 创世中文网 • 起点中文网 • 中文在线旗下的晋江文学城	• 海外网文阅读平台 • 粉丝翻译网站	• 海外网文译者 • 海外网文编辑 • 海外网文翻译组	
	政府和企业			

图(1) 中国网络文学海外传播产业链图谱

综上,从"中国电子出版物的出海趋势"到"中国网络文学的海外传播",
从"中国网络文学海外市场的进一步开拓"到"中国文化的海外输出",对这两
个现状的深入分析,利于进一步厘清中国网络文学海外传播产业链图谱下的
"文化"与"传播"问题。因此,本文主要从以下三个维度进行阐释:一是网文

---

① 金元浦:《文化研究:学科大联合的事业》,《社会科学战线》2005 年第 1 期,第 250 页。

② 郭竞:《也谈中国文学翻译出版"走出去"——以中国网络文学欧美热为例》,《出版广角》2017
年 2 月,第 85 页。

③ 中国网络文学海外传播产业链参考自《2017 年中国网络文学出海白皮书》,http://www. useit.
com. cn/thread – 16499 – 1 – 1. html,2017 – 09 – 14。

内容的挑选：聚焦网络文学海外传播产业链图谱解析及潜在问题；二是阅读平台的搭建，重点阐释中国网络文学出海主要传播介质及翻译渠道的助力情况；三是分析和预测媒介革命下中国文化输出与传播，重点关注文化输出对国家形象建构的意义。

一、网文内容的挑选：网络文学海外传播产业链图谱解析及潜在问题

网络文学借助媒介革命的力量，在中国独具本土特色的环境中充分发展，展现出网络媒介环境下文学可能具有的繁茂形态；其海外传播历程也进一步印证了网络文学作为"新生力量"的魅力。网络文化的特性，即以互联网的网络技术特性为基础，在人们的使用中形成的思想、情感、语言、行为方式和价值趋向。中国网络文学海外传播的过程、借助媒介所传达的情感和价值趋向，以及由网络文学衍生的一套根植于娱乐文化和粉丝经济的产业链。在消费文化语境中，由于受商业化的规则的影响，文学的生产、阅读和传播方式发生了深刻的变革。目前，我国网络文学的海外传播"更多仍是商业和市场行为，如何更精准地把握中国文化的价值定位与海外受众需求的现实契合点"[1]，是谁在挑选网络文学作品，又是谁直接影响了网络文学作品能在多大程度上为海外读者所理解和接受？

（一）网络文学海外传播产业链图谱解析

网络文学海外传播行业产业链按照网络文学系统下的文学活动范式，可以大体分为三个模块：第一个模块是网络文学作者，其主要负责提供作品和获取报酬提成。第二个模块是网络文学电子阅读文本提供方，主要分为三个部分。一是内容平台，网络文学作者向该内容平台提供作品。中国网络文学

---

① 董子铭、刘肖：《对外传播中国文化的新途径——我国网络文学海外输出现状与思考》，《编辑之友》2017 第 8 期，第 18 页。

的内容平台主要有阅文集团旗下的创世中文网和起点中文网，以及中文在线旗下的晋江文学城。二是阅读渠道，将内容授权给起点国际以及"武侠世界"（Wuxiaworld）和"引力传说"（Gravity Tales）等粉丝翻译网站。三是翻译渠道，由海外网文译者、海外网文编辑以及海外网文翻译小组进行翻译和校对，这也是把控网络文学内容的关键。第三个模块则是将翻译好的作品提供给海外读者；其中，海外读者可以打赏或付费额外章节。

"中国网络文学内容提供者"是中国网络文学海外传播产业链的内核，提高中国网络文学作品海外传播质量的关键在于确保网络文学文本和译本的质量。在中国网络文学的出海过程中，译者在传播翻译中占有较大的主体性和独立性。译者选择的翻译文本，是否符合大众审美趣味，是否违背基本伦理道德，是否弘扬中华民族优秀的传统文化，译者在翻译文本的过程中，运用的是什么样的翻译策略，遵循什么样的翻译理念，是否能正确表示出原作的意义，都是十分重要的问题。一方面，从文本维度来看，在中国网络文学出海过程中，以玄幻、武侠、修仙等题材的类型小说为主，普遍受到海外受众群体的喜爱和接受。另一方面，从译者对网络文学作品题材作用的维度来看，可以从三个维度进行阐释：一是译者自身的兴趣，二是文本接受度，三是作品可译性强。

首先，译者可自主选择其感兴趣的文本进行翻译。中国网络文学作品最初在海外传播时，正是由海外一些武侠小说粉丝群自发组织的翻译小组，对网络小说文本进行译介，为更多海外读者所接受。例如，2012 年正式成立的俄语翻译网站 Rulate[1]，是由一个热爱中国网络文学的俄罗斯网民自发成立的翻译组织。2014 年 12 月建立的"武侠世界"（Wuxiaworld），其创始人美籍华人赖静平在接受《南方都市报》采访时谈及其成立"武侠世界"的契机在于武侠小说《盘龙》[2]。他一边阅读一边翻译，300 多万字的小说竟吸引了大批粉丝群体，反响强烈；后来其索性专门为《盘龙》建了一个网站，名叫"武侠世界"。而后谈及译本的选择，他说道，"我们不挑选小说，我们挑选译者。让译者去选择他

---

① Rulate 网址：https://tl.rulate.ru/。
② 《好好的外交官不干，他辞职专门翻译中国武侠小说给外国人看》，http://static.nfapp.southcn.com/content/201705/30/c453147.html。

们喜欢的书"。从中或可窥见译者在很大程度上决定了译本内容和译本质量。而译者的兴趣也是海外翻译网站兴建的基础,如果说俄语翻译网站 Rulate 的成立倾向于个人趣味和偏好选择,那么英翻网站"武侠世界"(Wuxiaworld)的成立则是建立在"社群趣味"的基础上。从"个人趣味"到"社群趣味"的转变,正表征着中国网络文学出海的"本土化"倾向。而"本土化"趋势的发展,正是"中国文化"海外输出的具体表征之一。

其次,译者可基于海外读者对网络文学文本的接受度,对网络文学文本进行严密筛选;即基于读者对作品的喜爱程度进行选择。一般而言,译者会根据作品点击率的高低、读者留言表示支持或是反对、读者捐款意愿强烈等信息来判断海外读者的阅读倾向,进而选择更具有市场潜力的作品进行翻译。一方面,在选择译本的过程中首先应该考虑的是海外受众的阅读习惯、文化习惯、兴趣偏好等。赖静平在接受采访时曾表示,"《三体》是所见中国当代文化输出最成功的案例"。确实,《三体》作为科幻文学作品,宇宙、时空、外星人等元素与海外文学中的理念十分契合。另外,国外读者对传统神秘的东方文化充满向往,特别是一些典型中国元素,例如"道"、"修仙"、"轻功"、"武功"等东方文化概念对海外读者极具吸引力。另一方面,"武侠世界"(Wuxiaworld)、"引力传说"(Gravity Tales)和"弗拉雷翻译网"(Volaro Translation)作为全球三家最大的网络翻译网站,已经翻译和正在翻译的不同类型的中国网络小说已近百部,月活跃数已达 550 万①。且很多阅读翻译网站都设有小说排行榜,从排名可知目前最受关注的网络小说作品,从而了解到海外读者的阅读兴趣和偏好。至于读者捐款意愿强烈等信息均可通过网站数据得知,例如,"武侠世界"在网页设计上和国内外收费阅读网站类似,能显示的章节均为免费阅读,另外网页专门设置"捐赠/赞助"选项,有些译者会在网友捐赠满一定费用后加更"赞助章节"。其中,"武侠世界"上的小说《天火大道》的捐赠选项,捐赠总额每满 60 美元,翻译组就会加更一章。因此,对捐赠额度小、点击量小、关注度

---

① 数据引自网页,中国文化传媒网: http://www.ccdy.cn/guancha/201712/t20171211_1366427. htm。

少的网络文学作品,译者会根据数据反馈即时停止或减缓相关网络文学作品的翻译速度;而对于捐赠额度大、关注度大、IP 改编力强的网络文学作品,译者会适当扩充与此主题类似的网络小说作品。

最后,译者会选择翻译可译性强的网络文学作品。作品的可译性强是文学作品得以海外输出的关键,也是传统中国文化很难"走出去"的痛点。其中,这里所说的"可译性"并不只是指译介文本时的难易程度,而是指译文作品在被翻译输出的过程中原文本中的创作风格、表现手法、言语中的韵外之致的可传递性。其中最为关键的环节是完成译介后的作品能被海外读者所理解并接受。例如,赖静平在接受邵燕君采访时谈及其第一部小说时的选择问题,"《盘龙》创作风格西式化明显,接受度高。即便同时是玄幻小说类型,猫腻的作品涉及太多中国传统文化元素,文化负载量过大,不容易被英语读者接受"①。例如,《三体》之所以能在西方主流文学圈引起共鸣,关键也在于其采用科幻小说的创作手法去"加工"取自西方世界的"原始材料",因而,译者能轻松找到恰当的外文专有名词进行译介,既能拉近与目标读者的距离,也能得到广大读者的接受和理解。"武侠世界"（Wuxiaworld）所收录的网络小说类型中,中国元素强的文本比重小,"中国性"元素较强的小说引起的关注度很低,从中不难发现以玄幻为题材的网络小说中,"中国性"的强弱直接关乎海外读者接受程度的高低。诚如赖静平和邵燕君在对话的过程中谈及网络文学出海问题,"快感是文化输出的基础"②以及"越是中国的,可能越难走出去③。换言之,中国文化负载量小,内容通俗易懂的武侠、修仙、修真、玄幻类的网络"爽文"成为海外翻译平台译者的主要选择。

（二）网络文学海外传播产业链潜在问题

"网络文学作者"和"海外读者"是中国网络文学海外传播链条的两翼。

---

① 邵燕君:《美国网络小说"翻译组"与中国网络文学"走出去"——专访 Wuxiaworld 创始人RWX》,《文艺理论与批评》2016 年第 6 期,第 110 页。
② 同上,第 108 页。
③ 同上,第 110 页。

除了译者对译文内容的相关作用外,目前存在的亟待解决的三个问题分别是:对网络文学作者权益的保护;对网络文学作品版权的保护;引导和培育海外读者的阅读兴趣和付费阅读习惯。

首先,对网络文学作者权益保护的相关问题。谈及网文作者的权益,即类似作家的报酬。而网络文学自身的魅力除了其自由的话语情境外,也给广大群体以充分写文的平台,且此平台的文本以数字文本的形式提供给广大受众阅读;另外,还可以获得相应的报酬。例如,2005 年 1 月 1 日,起点中文网在网站经营方面与签约写手约定:每一份收入按照三七开的比例进行分配,作者拿七份,网站拿三份。到 2005 年 5 月止,起点中文网继创造出近日 PV6000 余万的流量奇迹后,单月发放稿酬首次突破 100 万人民币,逾 20 位作者稿酬过万,真实开创了娱乐小说写作的一个奇迹。面对利益的驱使,尚未完善的网络生态系统机制容易被滥用。又比如同年 7 月 11 日,起点中文网(玄霆公司)一次性解禁了云天空《邪神传说》全部 VIP 章节,共 197 章 100 余万字。在云天空试图寻求解答的时候,这一以他的名字命名的事件,已经震惊了网络。网易、新浪等媒体都给予了详尽的报导,关于作者权益如何保障的话题,一时间也讨论得异常火爆。另外,赖静平在接受《南方都市报》采访时,谈及作品的版权问题,这样说道,"版权这方面和国外不太一样,作者没有多大权力,版权掌握在平台手上"①。因此,随着中国网络文学市场的不断开拓,许多海外翻译平台也开始与中国网络文学网站寻求合作。例如,英文翻译网站"引力传说"(Gravity Tales)则是通过"企业合作"、"强强联手"的方式谋求未来的发展。2017 年 8 月,英翻网站"引力传说"与阅文集团海外门户起点国际取得合作,双方将共同致力于让中国网络文学海外传播不断向精品化和正版化方向发展。

其次,是对网络文学作品版权的保护。从上述网络文学海外传播产业链图(1)可知,翻译、文化壁垒、版权、盈利等问题的出现阻碍了网文出海前进的

---

① 《好好的外交官不干,他辞职专门翻译中国武侠小说给外国人看》,http://static. nfapp. southcn. com/content/201705/30/c453147. html。

脚步,也在一定程度上阻碍了海外读者对中国网络文学的接受度。有关文学作品版权问题,一直是数字经济时代常见的问题;目前网文翻译网站主要存在版权问题,且日后网站作品数量势必受到版权因素限制。网站翻译稳定性差,自身规模受限,影响作品翻译更新速度。网站产品体验亟待优化。换言之,因为强有力的网络文学生态系统机制还未完全建立,目前仍存在许多问题亟待解决。例如,2012 年 9 月 6 日,盛大文学旗下百位作者发表联合声明,呼吁搜索引擎积极保护著作权人合法权益。声明中称:百度、360、搜狗、搜搜等搜索引擎(含 WAP 等移动终端)应正视其社会责任、履行其法律义务,保护网络环境下著作权人的合法权益。如今,面临中国网络文学海外传播浪潮席卷全球,大量海外本土粉丝翻译网站在没有获取网文版权的情况下,仍进行翻译和海外输出。海外网文盗版侵权情况严重,跨国维权又十分艰难。因此,构建一套保护机制,制定相关版权法十分有必要。而 2017 年成立的起点国际网站,在一定程度上打破了盗版网文泛滥的情况,树立了一个以规范化、体系化、正版化为基准的海外传播路径。

最后,引导和培育海外读者的阅读兴趣和付费阅读习惯,是加大中国网络文学海外传播的影响力和辐射力,提升西方主流文学圈对中国网络文学作品的"好感"度与认可度的关键。为了迎合海外读者对网络文学的阅读趣味,亟待解决的是翻译问题和文化壁垒问题。有关翻译问题,网络文学的出海对翻译的要求较高,小说中中国专有名词及诗词、古人、俚语等的翻译成了一大难题。此外,海外翻译专业人才的缺失、翻译质量无人监管、翻译效率难以把控、难以保证长期延续的更新驱动力等均成为网文出海的阻碍因素,影响其在不同的国家、文化间传播。有关文化壁垒问题,中国出海的网文题材主要以仙侠、修真、魔幻等类型、受众地域及翻译小说数量十分有限,而外国读者在观看过程中对于小说中的中国文化及小说构建的世界观均无法完全理解。这样一来,对翻译的要求更加苛刻;但从另一维度来讲,这也是对外输出本土文化特色的坚实力量,打破国外人对中国一直持有的刻板印象。有关海外受众付费阅读习惯问题,相较国内的文学站点成熟的月票、VIP 等制度,中国网文在海外尚未有成熟的盈利模式,大的翻译网站能靠广告获取一定收益,而译者团队则通常依赖于读者打赏。而在海外实行与中国一样的付费阅读模式,不被接受的同时也可能导致读者减少。欧美国家目前的主流出版市场仍然是实体书或者电子版模式的实体书,因此,目前最为关键的是通过什么样的方式提高中国文化在各个方面的知名度、提升海外读者对中国文化产品的好感度,进而引导和培育海外读者的付费阅读习惯。

综上,与其说是译者直接影响了网文内容的遴选,倒不如说是市场运行机制和潜在消费需求决定了"爽文"的出现。如何进一步优化中国网络文学海外输出的作品? 如何进一步扩大中国网络文学海外市场,离不开政府和相关企业充分发挥其合力作用。在不断细化、完善和积淀现有传播优势的同时,政府在战略上应当给予足够的重视,同时相关企业和组织者应当将政策扶植和规范引导落实到实际操作层面,从而构建一整套符合国际传播现实,具有中国特色的对外文化传播体系。

二、阅读平台的搭建：中国网络文学出海主要 传播介质及翻译渠道的助力

如何实现中国网络文学从"流量为王"向"内容为王"的转变? 除了对"网文内容"的把控,还需要"阅读平台"的搭建以及"翻译渠道"的助力。海外网文阅读平台及有关粉丝翻译站提供需要翻译的网文作品,海外网文译者、海外网文编辑和海外网文翻译组合力翻译网文小说;随后,译文在海外网文阅读平台或者粉丝翻译网站(Wuxiaworld, Gravity Tales 等)中供海外读者阅读。中国网络文学的足迹遍布全球,兴起于东南亚各国,之后在欧美取得突破。不同地域、不同文化滋养的不同粉丝群搭建的翻译阅读平台对中国网络文学的海外传播起了至关重要的作用。

(一)中国网络文学出海的主要传播介质分析

中国网络文学的海外传播的介质主要依托海外粉丝群体的力量。这批网文爱好者通过成立网络文学翻译网站、组织专门的翻译团队,不断吸引更多的

海外读者阅读不同题材的网络文学作品,不断提高网络文学在海外的知名度和好感度,进而不断增强中国文化在海外的影响力。其中,最具有代表性的粉丝翻译网站有俄罗斯翻译网站 Rulate、英语翻译网站 Wuxiaworld 以及英语翻译网站 Gravity Tales。具体如表(1)所示:

表(1) 中国网络文学主要海外传播介质

地 区	类型细分	翻译网站	其 他
以东南亚为中心	女频小说为主	书声 Bar、Hui3r	实体出版,影视化,言情和都市
以北美为中心	男频小说为主	Wuxiaworld	武侠男频小说为主
		Gravity Tales	与阅文集团海外门户起点国际取得合作
	女频小说为主	Volare Novels	差异化发展模式
	小说导航为主	Novel Updates	将亚洲地区小说的英文翻译进行汇总,联通译者和读者
俄语平台	男频小说为主	Rulate	翻译-捐助体系付费模式
法语平台	男频小说为主	Fyctia、Wattpad L'Empire des novels	先网站连载-后协商出版模式

俄翻网站 Rulate 是一个热爱网络文学的俄罗斯网民自发将海外网络文学作品翻译为俄文后发布的网络平台。此俄文翻译网站上已经翻译完成和正在翻译的中国网文多达 400 余部。其中,排名靠前的几部小说有高坡的作品《蛮荒风暴》(*Storm in the Wilderness*)、起点中文网白金作家跳舞创作的《天启之门》(*Gate of Revelation*)以及由耳根写作的、连载于起点中文网的古典仙侠小说《我欲封天》(*I Shall Seal the Heavens*)等类型小说。此外,很多外国网文爱好者会对相关作品点赞留言,并认真评论。中国的网络小说在海外引发的关注和反响越来越大,甚至有些外国人为了阅读中国网络小说而努力学习中文,和当今人们为了追韩剧而学习韩语,为了追日漫而学习日语的社会情状比较类似。随后于 2014 年 12 月建立的英翻网站 Wuxiaworld 依

托其先发优势和首创的翻译-捐助体系,在 2015 年和 2016 年两年中获得了爆发性增长。根据 Alexa① 数据显示,截至 2018 年 11 月,英翻网站 Wuxiaworld 的全球排名为 1 273 名;且全美网站排名更是进入 1 000 名以内,而这个网站仅仅诞生了 4 年,凭借已完成和正在更新的 40 余部作品,每日 UV(网站独立访客)在 24 万左右,日浏览量超 350 万次。而相比之下,起点中文网的全球排名则在 4 600 名左右。另外,在 Wuxiaworld 网页中也设置有更新榜(Most Recently Updated),不仅显示目前小说最新的更新章节,也有译者的代号以及网友对此翻译章节的满意度。从这种意义上来讲,Wuxiaworld 不再仅仅是供海外读者阅读网络小说的平台,更是译者和读者互相监督、相互交流的媒介,而网页大数据则成了双方互相了解的中介。2015 年 1 月,英翻网站 Gravity Tales 建站,作为仅次于 Wuxiaworld 的中国网络小说英文翻译网站,其"最高单日点击量超 250 万,最高日访问用户超 15 万,最高月来访用户近 120 万"②。之后由于起点国际上线后的冲击,在激烈的行业竞争中处于不利地位。因此,于 2017 年 8 月,网络文学英文翻译网站 Gravity Tales 与阅文集团海外门户起点国际取得合作。海外本土翻译网站和起点国际小说平台的合作,跨数字媒介合作、资源共享,以打造正品化、精品化、规范化的网络小说平台为目标;同时起点国际提供跨平台互联网服务,除了网上 PC 端阅览,同时也支持 Android 版本和 IOS 版本的移动 APP,正致力于不断完善用户的阅读体验。

除上述三个极具代表性的翻译阅读平台外,以北美为中心的还有 Volare Novels③ 和 Novel Updates④,2015 年 12 月建立的 Volare Novels 是主要翻译网站中建立最晚的,目前翻译更新的小说主要以"另类"小说和女频小说为主。"另类"小说主要指科幻、搞笑等非主流类型的中国网络文学。同时 Volare Novels 也是第一个寻求差异化发展道路的翻译网站,和以"男频小说"及"主流

---

① Alexa 是一家专门发布网站世界排名和基本数据的网站,在同类网站中拥有最好的准确性和信誉度。

② 邵燕君、吉云飞、肖映萱:《媒介革命视野下的中国网络文学海外传播》,《文艺理论与批评》2018 年 2 月,第 123 页。

③ Volare Novels 网站网址:https://volarenovels.com/novels/。

④ Novel Updates 网站网址:https://www.novelupdates.com/。

类型"为主导的 Wuxiaworld、Gravity Tales、起点国际有所不同,Volare Novels 独辟蹊径,充分发挥"女性向"和"另类向"的特色,主打翻译迎合女性心理的言情、穿越、仙侠等作品。而 Novel Updates 又称为 Dictionary of Asian Translates Novels,即亚洲地区小说的英文翻译汇总的导航网站。读者可以根据 Novel Updates 上的每日即时更新,了解不同翻译平台不同类型小说的翻译进度,以及不同翻译平台热度最大的小说。例如,2018 年 6 月,Wuxiaworld 一直在更新推进的小说《武极天下》(*Martial World*)、《符皇》(*Talisman Emperor*)等;Volare Novels 最近在更新的小说是《纨绔小萌煮》(*Little Prodigal Alliance Head and Cook*)等。除了类似 Wuxiaworld 和 Volare Novels 等大型翻译阅读平台外,目前还存在数以百计的体量较小的翻译组存在。有些小翻译组可能在网站上只有一到两部的翻译作品,关注度少、点击量小、读者粉丝少,这样译者很难寻找对小说译本感兴趣的读者,读者也很难找到小说译本。因此,Novel Updates 切实成了联通译者和读者的桥梁。读者通过在 Novel Updates 官方网站点击感兴趣的小说译本名字,可直接跳转到翻译网站追更,同时和其他翻译阅读平台一样,其也提供读者交流区,实时反馈小说译本的质量及小说内容的热度;从中或可窥见不同于其他翻译网站的一种新的传播和生产机制。

其中,以东南亚为中心的翻译阅读平台主要有书声 Bar[①] 和 Hui3r[②]。书声 Bar 创建于 2012 年 8 月,为"主要面向以越南为主的东南亚国家,集中介绍中国言情网文的英文网站"[③]。书声 Bar 是一个力求"亲读者"的小说平台网站,采用"书评区"和"链接区"两者相结合的形式。读者既可以在本网站书评区中进行交流讨论、发表意见、浏览有关译本的见解和评论,还可以通过网站给出的链接,链接到专业翻译者或翻译组的网站,可浏览不同译文作品、加入翻译组或者欣赏由小说改编的二次创作作品。另外,Hui3r 和书声 Bar 一样以言情小说为主。其翻译的第一部小说是《华胥引》(2013 年),站点内翻译的小说

---

① 书声 Bar:简称"SSB",网址 http://www. books. shushengbar. com。
② Hui3r 网站:www. hui3r. wordpress. com。
③ 《星辰大海 | 外国读者的言情网文清单:书声 Bar 调查报告》,https://www. sohu. com/a/165458512_784263。

大多以顾漫等同类型的言情小说家的作品为主。网站内容除了翻译,还有影视剧改编的相关新闻、明星视频、粉丝剪辑、网文同人等。因此,Hui3r 的建立和发展与"国产言情剧"的发展密切相关。

海外翻译网站从兴起到发展,实现了中国网络文学由内向外的"在地化"历程,海外粉丝群体也实现了从"自发"组织到"自觉"组织的阶段。而中国网络文学的海外传播在进入"非自发性"发展阶段后,"网络文学通过产业升级将已有'自发性'转化为规模优势,成为政策与企业的关键接入点"①。换言之,在阅读平台的搭建过程中,随着中国网络文学在海外引起广泛关注,除了海外粉丝站搭建的阅读平台外,政府和企业在助力平台建设方面也发挥着举足轻重的作用。在政府扶持方面,2015 年 1 月,原国家新闻出版广电总局印发《关于推动网络文学健康发展的指导意见》;2016 年和 2017 年,文化部相继出台了《"一带一路"文化发展行动计划》和《关于推动数字文化产业创新发展的指导意见》。在企业助推方面,国内数字阅读产业蓬勃发展,核心企业的网络文学作品体量庞大、类型多元,加之中国网络文学海外影响力不断提升,也为中国企业完善国际战略布局、提升市场竞争力创造了有利条件。

(二) IP 改编浪潮下新兴多元的文化输出介质分析

中国网络文学目前在海外主要以翻译平台、数字出版和实体书出版的形式活跃在海外读者面前,但随着热门作品的不断涌现,IP 价值开始被挖掘,输出形式将变得更为多元化,中国网络文学作品开始以影视剧、动漫等形式呈现给海外受众。因此,除了研究主要翻译阅读平台传播介质外,对 IP 浪潮下新兴多元的传播介质也应当有一定了解。

媒介更新带动文学转型,网络文学和影视 IP 改编浪潮兴起。网络文学 IP (Intellectual Property,知识产权) 的实质即指"拥有一定价值基础并且有能力超越媒体平台进行多种形式开发的优质内容的版权,其中开发形式包括影视、

---

① 《网络文学"出海"记,从"野蛮生长"到布局升级》,http://baijiahao. baidu. com/s? id = 1603032570752889348&wfr = spider&for = pc。

游戏、动漫、周边衍生品等"①。新媒体,400年前是报纸,90年前是广播,70年前是电视,20年前是互联网,10年前是手机短信,现在,新媒体是Iphone、Ipad、Twitter、智能手机、电子书等。即时互联网时代的特点是:网络文学、网络动漫、手机游戏、数字媒体、复合出版、移动阅读等新兴业态迅猛发展。新兴业态促使网络文学商业模式不断创新,这些充满活力的传播方式,充分拓展了文学的表现空间,快速塑造出各种新的文学形态。而无论是网络文学,还是新媒介文学,凭借其自身的媒介特质,均使得中国网络文学不断"吸粉"的同时,也不断"吸金",已然形成了一条相对成熟的产业链,最为人所熟知的一环是影视IP改编。由网络小说改编的影视、游戏、动漫、舞台剧、有声读物及其衍生品带火了整个文化娱乐市场,打造出以网络文学为源头的"互联网+"产业。提及近几年比较火的热播剧,比如《甄嬛传》、《琅琊榜》、《何以笙箫默》、《三生三世十里桃花》等,实际上,这些收视率超高的电视剧,最早都是以网络文学的形式出现的,并且已赢得了一批忠实粉丝。

自2013年后,伴随着网络小说改编的热潮,网络小说和由网络小说改编的影视剧在东南亚相互助推,并得到广泛传播。东南亚国家对中国影视IP剧的敏感度和接受度较高,例如越南和韩国均引进了在中国大热IP穿越剧《步步惊心》,《仙侠奇缘之花千骨》在泰国一上市便被抢购,3D网游《诛仙》相继出口到亚洲多个国家和地区;美版《甄嬛传》也落户美国Netflix视频网站进行首播,尽管反响不太好,但却是网络文学影视IP出海的大胆尝试。因此,影视IP引进、网络文学电子文本以及纸质文本等均成为中国网络文学海外传播的重要渠道。当数字媒介将电子文本、视频和音频等都连成产业链后,网络文学海外传播带来的影响才真正不容小觑;就像美国好莱坞文化面向全球输送其文化及价值观,辐射力是如此之广,影响力是如此之大,受众面又是如此之宽。

另外,除了网络文学、网络动漫、手机游戏以外,许多热衷网文的海外粉丝自制文化衫来纪念对网文的喜爱。比如《我欲封天》粉丝自行设计和制作的仙侠主题文化衫的图案;2017年4月1日,已经出海的中国网络文学在新加坡第

---

① 艾瑞数据:《中国网络文学IP影响力研究报告》(2018年)。

一次直面读者,成功举办中国网络文学首场海外粉丝见面会。这些娱乐行为和活动都是在强大的互联网时代,由网络文学衍生出来的相关经济和娱乐项目。霍华德·里德恩戈德(Howard Rheingold)曾在其著作《虚拟社群》里强烈主张,"会有一种新型的社群产生,以共享的价值和利益为中心,将人群聚集在线上"①,即网上虚拟社群。但在数字化媒介发展的今天,虚拟社群②的力量逐渐强大,初具规模,正逐步实现从线上走向线下,最终在多元新兴的文化艺术样式中,实现尼葛洛庞帝所说的"无界面"的充分自由。

约翰·哈特利在《数字时代的文化》一书中阐释创新文化产业时曾谈到,"在现今的商业、经济和政策话语中,创新,尤其是创造性的创新,是先进国家和企业维持国际竞争力的总纲领和实现过程,同时加快发展中国家走向繁荣"③。因此,伴随全球媒介革命时代和创新型经济时代的到来,从纸媒时代到互联网时代,再到数字时代,中国网络文学出海过程中阅读平台的构建,已不仅仅是翻译阅读网站的搭建,也包括对一系列优质网文 IP 衍生产品的开发。例如,根据中国热门网络小说改编的电视剧《花千骨》曾一度风靡东南亚,原著小说在泰国、越南卖到脱销。从中或可窥见,网文 IP 改编也是促进中国网络小说海外传播的关键介质之一。

(三)网文翻译渠道的开掘与助力

结合中国网络文学产业链图谱分析,中国网络文学的海外传播若实现"流量为王"到"内容为王"的转变,关键在于加强对"网文内容的甄选",其次在于"阅读平台的搭建"和"翻译渠道的开掘"。从前文不难得出,译本的内容和翻译的渠道有很多重合部分。一般而言,翻译渠道包括海外网文译者、海外网文编辑及海外网文翻译组。因此,若想实现网文翻译渠道的开掘,则需汇聚优秀

---

① [美]曼纽尔·卡斯特:《网络社会的崛起》,夏铸九等译,社会科学文献出版社,第334—335页。

② 网上虚拟社群:有些论坛、网刊和社团,都是自发的非官方的海外民间团体,他们以文学的名义在网上聚集,自由、随心地用汉字书写胸臆,交流生活体会,逐渐形成了一个文化现象。

③ [澳]约翰·哈特利:《数字时代的文化》,李士林、黄晓波译,浙江大学出版社,2014年,第20页。

的翻译人才向翻译阅读网站靠拢。换言之,企业和政府需要对中国网络文学的海外输出给予相关经济和政策上的支持,使之有计划、有组织地规划中国网络文学的出海模式。

一方面,从翻译平台的运营模式来看,聚焦当前中国网络文学的海外传播趋势,通过政府与企业的通力合作,中国网络文学海外传播的"官方路径"日渐显现。国内多家网络文学上市企业和公司向海外读者提供万余种网络小说的版权内容,并尝试依靠在国外增加本土化内容及参加各种国际展览来服务海外读者,从而进一步获得海外读者对中国文化的好感度和接受度。例如,掌阅科技股份有限公司从 2015 年开始向海外用户提供了 30 万余种版权内容;阅文集团于 2016 年 12 月开始与 Wuxiaworld 进行版权合作;截至 2017 年,起点国际上线作品 90 余部,累计更新量超过 25 000 章,总量超过所有翻译中国网文的独立站点。① 因此,如果说此前海外粉丝群体自发性阅读和翻译中国网络文学是"无心插柳",那么如今众多国内数字阅读企业亮相国际市场,则可以称之为"有心插花"。因而,在尊重和适应海外市场的前提下,国内企业不断探索对用户更友好、对行业更有价值的"专业化、正版化、泛娱乐化"的海外传播模式。

另一方面,从具体翻译组的情况来看,"引力传说"(Gravity Tales)翻译组创立者孔雪松(GGP)在接受《澎湃新闻》采访时谈到"引力传说"(Gravity Tales)的构成,"我们的翻译主要分为两类:翻译和高级编辑。成员来自世界各地,其中包括新加坡、新西兰、英国等国家,大部分成员来自美国,年龄主要分布在二十到三十五之间"②。俄翻网站 Rulate 直接采用"社群自助式"翻译运营模式;Wuxiaworld 则以社群趣味为导向,建立强大的专业翻译队伍;随着互联网技术的发展,网络文学 3.0 时代的到来,"众包翻译"模式也逐渐被运营到网络文学的译介过程中。而在谈及翻译过程中遇到的难题时,孔雪松表示遇到的最大阻碍就是翻译仙侠小说中妖魔鬼怪的昵称,"比如狻猊、蛟龙这样

---

① 《网络文学"出海"记,从"野蛮生长"到布局升级》,http://baijiahao.baidu.com/s? id = 1603032570752889348&wfr = spider&for = pc。

② 《中国网文在海外:爆款网文背后的"民间翻译组"们》,https://www.thepaper.cn/newsDetail_forward_1579344。

需要中国文化底蕴才能理解的词语，想要翻译成可以让读者们简单易懂的英文十分困难"①。因此，在翻译"中国性"比较强的小说文本时，直译和意译间的度显得尤为重要。孔雪松也表示"如何在真实展现中文原意和便于读者理解之间找到平衡点"②至关重要。

总而言之，"翻译渠道的开通"除了翻译模式的选择、转化、完善，翻译结构的调整、优化外，还需要在政府和企业的合力作用下形成一套翻译模式。既能保证译者稳定可观的收入，也能保证译本的质量。笔者以为，可分别从海外网文译者、海外网文编辑及海外网文翻译组三个模块出发，首先是"海外网文译者"的招募，因是翻译极具中国传统文化的仙侠小说，对译者的要求应涵括以下三点：一是兴趣使然，译者自身热爱武侠、仙侠、修真、言情等网络文学作品；二是对中国传统文化有深刻的体悟，即要求译者能在翻译的过程中保留原作中的意蕴；三是专业英语知识背景，能灵活调用恰当的词汇对原作内容进行英语转述。其次是对"海外网文编辑"的要求，重点在于整体把握译者在翻译过程中的节奏，形成一套完整的、专业的网络文学用语语词库，提前做好对译者的培训等工作。比如在开始译介一部网络文学作品时，编辑应加强与译者的沟通，强调翻译的整体风格、专业术语、人名、地名翻译等细节工作。最后则是对整个翻译组的要求，译者和编辑应各司其职，严格落实每一项具体要求，从根本上提高网络文学文本的质量。

诚然，随着网络文学热在我国掀起一阵阵浪潮，人们易于陷入"网络文学出海"热的无限美好中。在《网络文学"出海"记，从"野蛮生长"到布局升级》③中，作者谈及"中国网络文学已由'小船'变为'巨轮'，承载着中国文化漂洋过海，与美国好莱坞大片、日本动漫、韩国偶像剧并称为'世界四大文化奇观'"。确实，不可小觑中国网络文学出海的影响力，承载优秀、传统的中国文化走向世界。但是，也应该对两个方面的问题引起重视。一方面，中国网络文学的海外传播，虽

① 《中国网文在海外：爆款网文背后的"民间翻译组"们》，https://www.thepaper.cn/newsDetail_forward_1579344。
② 同上。
③ 《网络文学"出海"记，从"野蛮生长"到布局升级》，http://baijiahao.baidu.com/s?id=1603032570752889348&wfr=spider&for=pc。

然发展迅速,但仍未被西方主流文学圈认可;另一方面,很多学者认识到了中国网络文学海外传播中的"娱乐化、商业化、浅薄、价值观不正"等问题,认为应该摒弃,大力发扬优秀的中国文化。但事实上,从上文分析不难看出,实现中国网络文学"流量为王"向"内容为王"的转变,旨在加强对"文本内容的挑选"和"译本质量的把控"。随着政府和企业的合力作用,正逐渐形成一条"专业化、正版化、泛娱乐化"的海外传播模式。从中可看出,网络文学与中国文化价值内涵的融合路径并不是一蹴而就,而需要精英批评的介入和引领;在保留"泛娱乐化"、"爽点"、"快感"的基础上,仍需要建立基本文学创作原则和底线。

三、加强文化的输出:全球媒介革命下
中国文化的输出与传播解析

在中国网络文学的海外传播过程中,优质的内容是对外传播的基础和核心;而阅读平台的搭建和翻译渠道的开掘则是中国文化对外传播的关键。中国网络文学承载着中国传统文化,从价值观、宗教哲学到行为处事模式,都渗透在武侠小说文本中。而伴随全球媒介革命的发展,依托中国网络文学的中国文化,在政府和企业的多方支持下,究竟能"走出去"多远? 何以能吸引更多海外受众的关注? 因此,研究全球媒介革命下中国文化的输出和传播对中国网络文学的发展大有裨益。

媒介与文学总是相辅相成。从口头、手抄、印刷到电子与网络,每一次媒体更新转型,都带着文学转型。互联网的普及,"读书"变成"读屏","执笔"变成"敲键盘",再加上媒介更换之后,网络带来便利、快捷、自由、即时互动等优势,逐渐在日常生活中占领重要地位,无论读者还是作者都被它打上深深的烙印。在这个新的传媒链上,被改变的包括写作和阅读的习惯;知识和资讯系统;文化价值理念;审美取向等。曼纽尔·卡斯特在他的专著《网络社会的崛起》也曾谈到:各种沟通模式整合进一个互动式的网络中。或者换句话说,通过"超文本"和"元语言"的形成,历史上首次将人类沟通的书写、口语和视听模态整合到一个系统里。他强调,"将文本、意象与声音整合进同一个系统里,

在开放且可以获取路径的条件下,于不同的地点和选定的时间里在全球网络上互动,这种做法确实彻底改变了沟通的特性"。① 数字化媒介的更迭,网络文本海外传播的载体也会呈现多种形式,研究学者在解决现有问题的前提下,也能预设不同媒介在网络文学海外传播中的可能性和重要性。

（一）文化输出现状：中国电子出版物进出口贸易逆差问题

如果我们将中国电子出版物进出口贸易逆差的问题作为网络生态系统下的一个存在的社会环境因子,从中也可以发现中国网络文学海外传播的一些问题。根据《2017 年新闻出版产业分析报告》,如表（2）中所示,2017 年全国音像制品和电子出版物进出口存在严重的贸易逆差。从数量上来看,音像制品和电子出版物累计出口 10.01 万张/盒,累计进口 16.74 万张/盒;存在 6.73万张/盒的贸易差额。从贸易金额来看,音像制品和电子出版物累计出口61.11 万美元,累计进口 6 527.06 万美元,存在 6 465.95 万美元的贸易差额。根据 2011 年到 2016 年的新闻出版产业分析报告,保留全国音像制品、电子出版物、数字出版物累计进出口贸易在数量上和金额上的总量,绘制如下表（3）。

表（2）　2017 年全国出版物进出口经营单位对外贸易情况②

类　型		累计出口	累计进口	总　额	差　额
图书、报纸、期刊	数量（万册、份）	885.16	2 794.53	3 679.69	-1 909.37
	金额（万美元）	3 437.72	24 505.27	27 942.99	-21 067.60
音像制品、电子出版物	数量（万盒、张）	10.01	16.74	26.75	-6.73
	金额（万美元）	61.11	6 527.06	6 588.17	-6 465.95
合　计	数量（万册/盒/张）	895.17	2 811.27	3 706.44	1 916.1
	金额（万美元）	3 498.83	31 032.33	34 531.16	-27 533.50

表(3)　**2011—2016 年全国音像制品、电子出版物、数字出版物
累计进出口贸易情况**①

单位: 万册(份、盒、张)、万美元

年份		2011	2012	2013	2014	2015	2016
音像制品、电子出版物、数字出版物(出口)	数量	8.32	26.15	12.12	9.58	11.98	11.75
	金额	1 502.43	191.5	2 346.96	2 214.41	2 542.97	3 225.66
音像制品、电子出版物、数字出版物(进口)	数量	39.62	18.56	28.51	13.44	11.62	10.81
	金额	14 134.78	16 685.95	20 022.34	21 000.13	24 207.67	25 859.38

2011—2016 年全国录像制品、电子出版物、数字出版物累计进出口贸易数量和金额情况,结合图(2)和图(3)可得,中国电子出版物和数字出版物进出口贸易始终处于贸易逆差地位不变。在数量上,进出口贸易的数量从刚开始的存在较大差距,到 2015 年的基本持平,再到 2016 年进口数量和出口数量相

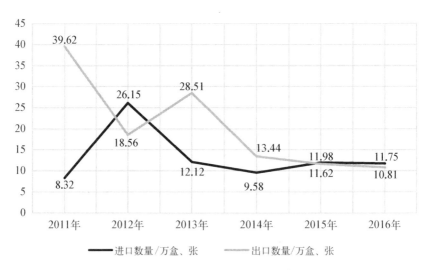

图(2)　**2011—2016 年全国音像制品、电子出版物、
数字出版物累计进出口贸易数量情况**

---

①　根据 2011—2016 年新闻出版产业分析报告,笔者自绘。

图（3）　2011—2016 年全国音像制品、电子出版物、
数字出版物累计进出口贸易金额情况

近,但进口数量略高于出口数量。在金额上,进口金额远高于出口金额,且贸易差额呈不断增大的趋势。

正如韩国偶像电视剧、日本动漫、美国好莱坞大片以及一些社交网站、电子出版物均在中国占据很大的市场。每年引进国内的动漫、影视、电视剧等电子出版物、数字出版物或者音频录像带制品,广受各个群体的受众欢迎。主要体现出进口数量多,进口金额大的特征。学者邵燕君谈过,"其实在网络时代,'最宠爱的艺术'已不是作为'文字的艺术'的文学,而是作用于人的全面感官的视听艺术和更具网络'二次元属性的 AGG 文化'"①。

面对此类长期的贸易逆差的问题,不能短期切实解决,但可以在总体上加以引导和规范。笔者以为一是完善中国网络文学海外传播的渠道和机制,对翻译质量进行严格把关,寻找即时热点的 IP,突破文化壁垒。在保证网文质量的同时,不断加大我国网络文学的出海量,增强网络文学在世界新媒体文化中

① 邵燕君、吉云飞、肖映萱:《媒介革命视野下的中国网络文学海外传播》,《文艺理论与批评》2018 年 2 月,第 120 页。

的影响力。二是持续跟进中国网络文学在海外读者的接受情况,根据其需求不断调整和完善网络文学类型和主题的输出机制。三是尝试加大媒介技术在网络生态系统中的介入作用,沿用尼葛洛庞帝"数字化生存"和曼纽尔·卡斯特的"将文本、意象与声音整合进同一个系统里",不断完善我国网络文学的呈现形态,吸引更多的受众。四是制定严格的准入机制,不是所有的动漫、偶像剧以及影视都进行引进;随着文化全球化时代的不断深化,应制定严格的标准,以规避其他文化和价值的输入和对广大青少年精神的侵蚀。

(二) 新媒体环境下网络文学出海实践中国家形象的建构

2004 年,网络文学第一次整风。2004 年无疑是网络玄幻文学发展最快最迅猛的一年,然而正是由于这种飞快的发展,造成了网文内容良莠不齐,于是第一次网络文学作品清查工作在各省网监的要求下悄无声息地展开了。诸多个人站在这次网络作品清查过程中被勒令关站,其中尤以天鹰文学为最。经过 2017 年网络文学海外传播取得的历时性成绩,2018 年,国家新闻出版署和全国"扫黄打非"办公室联合部署各地从 5 月至 8 月组织开展 2018 年网络文学专项整治行动,重点整治网络作品导向不正确及内容低俗、传播淫秽色情信息、侵权盗版三大问题,进一步规范网络文学传播秩序,更好地满足人民群众精神文化需求。截至 6 月 15 日,相关部门已关闭 400 余家境内外违法违规文学网站。

据《中国国家形象全球调查报告 2016—2017》,"海外对中国整体形象好感度稳中有升"[1],其中发展中国家对中国的印象总体好于发达国家。海外年轻人主要聚焦于科技和经济领域参与全球治理的表现,对中国内政外交表现评价更高。而中国网络文学海外传播热作为一股有力地进行文化输出的路径,应当在其发展期阶段尽快建立一套相关的规范、标准和秩序。文学作品始终是西方了解中国国家形象的一个重要窗口,翻开西方文学史,在西方视野中

---

① 《中国国家形象全球调查报告 2016—2017》,http://www.gov.cn/xinwen/2018 - 01/06/content_5253734.htm.2018.6。

中国形象有好的评价。了解我国在西方国家眼中的国家形象,有助于我们反省自己的不足,更好地自我定位。

在新媒体环境下,通过文学作品建构国家形象,输出本土文化自信力,目前存在的主要问题有三点:一是缺乏文化自信"他者化"倾向。西方国家按照自己的标准选择性地引进中国文学,网络文学中潜藏的娱乐化、商业化、批量生产的机制会在一定程度上影响中国印象。"他者化"倾向对中国文化的发展有着一定的负面影响,随着网络文学的发展,也应当大力弘扬中华民族优良的文化,比如用宏大叙事取代单纯言情,用充满中国化的背景讲好中国故事。二是网络化媒体时代"浮躁化"生产倾向。在商业经济、娱乐消费的刺激下,批量化、套路化的文学生产,使得网文市场作品质量良莠不齐。事实上,网络文学内部有其自身的一套评价标准,应努力建立一套针对网络文学的评价体系和判断机制,从而进行严格筛选,进一步规范网络文学市场。三是传播力欠缺与经典文学作品输出弱化。在全球传播背景下,传播能力是一个国家综合国力的重要组成部分,只有传播能力强大,才能将本国的信息进行及时传播。当然,传播力是一方面,接受力才是更重要的一个维度。从题材上看,网络文学的出海主要以玄幻、仙侠及历史虚构小说为主,走出去的仍然是很小的类别;从地域来看,主要以北美和东南亚地区为主;从受众来看,主要是青年学生群体,目前还没有进入西方类型文学的主流市场。因而,中国网络文学海外传播的两大难题始终是文化壁垒和对中国化和中国元素网络小说的精准翻译。

目前看来,主要有三条路径突破文化壁垒。一是接受西方经典文学的传统,在高质量精准翻译的前提下,通过亚马逊等出版系统,进入西方类型文学的主流市场。二是加快热点 IP 开发,让海外主流读者了解中国网络小说。三是加强媒介的介入,进而强化以网络文学为核心的产业链的联动性。例如开发热门游戏作品或者制作具有国际影响力的电影。

结　　论

本文结合中国网络文学海外传播产业链图谱,力图解决中国网络文学如何实现从"流量为王"到"内容为王"的转变,从译者、政府和企业的视角阐释"网文内容的挑选"、"阅读平台的搭建"以及"翻译渠道的挖掘"。目前,我国网络文学的对外传播更多还是商业和市场行为,需要发挥政府和企业的合力作用以更精准地把握中国文化的价值定位与海外受众需求的契合点。依托中国网络文学的中国文化,"走出去"的道路并不容易,面临的困境也很多。由于篇幅限制,本文只简要提出,作为引子以供参考。一是文化传播遵循由强势文化向弱势文化辐射和渗透的规律,文化的逆向传播本身就阻力巨大。中国文学在西方文化输出强国受众面较小,也是中国网络文学很难被西方主流文学圈认可的原因之一。二是,中国与西方世界意识形态、政治体制以及其所依附的历史观、价值观、行为方式等都存在巨大的差异。欧美等强势国家对我国网络文学作品存在歧视性接受的情况。三是,中国网络文学译作更多是泛娱乐化的产物,强行使其与我国主流文化相融合,可能适得其反。失去网络文学自身的魅力,制造"爽点"、"快感",以满足海内外读者的猎奇心理和补偿心理。因此,未来,或可尝试走"专业化、正版化、泛娱乐化"的海外传播模式。

参考文献

［ 1 ］ ［美］尼葛洛庞帝著.胡泳,范海燕译.数字化生存[M].北京:电子工业出版社,2017. 2.

［ 2 ］ ［澳］约翰·哈特利著.李士林,黄晓波译.数字时代的文化[M].浙江:浙江大学出版社,2014. 5.

［ 3 ］ ［美］M. H.艾布拉姆斯著.郦稚牛,张照进,童庆生译.镜与灯:浪漫主义文论及批评传统[M].北京:北京大学出版社,2015.

［ 4 ］ 欧阳友权.数字媒介下的文艺转型[M].北京:中国社会科学出版社,2011. 4.

［ 5 ］ ［美］曼纽尔·卡斯特著.夏铸九等译.网络社会的崛起[M].北京:社会科学文献出版社.

［ 6 ］ 金元浦.文化研究:学科大联合的事业[J].社会科学战线,2005. 1.

［ 7 ］ 邵燕君,吉云飞,肖映萱著.媒介革命视野下的中国网络文学海外传播[J].文艺理论与批评,2018. 2.

［ 8 ］ 郭竞著.也谈中国文学翻译出版"走出去"——以中国网络文学欧美热为例[J].出版广角,2017. 2.

［ 9 ］ 邵燕君.美国网络小说"翻译组"与中国网络文学"走出去"——专访 Wuxiaworld 创始人 RWX[J].文艺理论与批评.2016(6).

［10］ 董子铭.刘肖著.对外传播中国文化的新途径——我国网络文学海外输出现状与思考[J].编辑之友.2017(08).

虚拟时空里的现实世界

龚江辉①

摘　要　网络文学中纯写实的作品比重很低,即便是现实题材的作品,也往往会使用重生、异能等元素,从而构建出一个虚拟的时空。网络文学正是在这样的虚拟时空中,展现出了与生俱来的现实主义精神。网络文学因其进入门槛较低而吸引了大量草根作家,他们植根于生活,对现实世界有着敏锐的感受,无须刻意便可还原出现实生活中的典型人物和细节,这些人物和细节并不会因为置身于一个架空的世界而失去其现实主义意义。此外,网络文学中特有的读写互动性质使读者能够参与到作品的创作中,这也是网络文学现实主义精神的一个重要源泉。

关键词　网络文学　虚拟时空　现实主义

近几年来,受国家政策以及读者阅读口味变化的影响,现实主义这个概念在网络文学创作中得到了不断的强化。由上海市新闻出版局支持、阅文集团主办的网络原创文学现实主义题材征文大赛目前已经开展到了第三届,2018年9月在北京举行的第二届中国"网络文学+"大会上,网络文学"现实主义创作"也成为最受关注的议题之一,许多文学大家都对这一话题发表了颇有见地的评论。

在传统的观念中,网络文学总是与神怪、志异相联系的,玄幻、修真、穿越、异能等网络小说的构成要素与现实主义似乎存在着天然的格格不入。而事实

---

①　龚江辉,笔名齐橙,北京师范大学经济与工商管理学院副教授,阅文集团签约作家,代表作《工业霸主》《材料帝国》《大国重工》。

上,网络文学从未忽略过对现实的关注,现实主义精神和现实主义创作手法从来都是网络文学的鲜明特征,神怪志异不过是承载这种现实主义精神的工具而已。在网络文学中,纯写实的作品比重非常低,即便是现实题材的作品,也往往伴有重生、异能等金手指,从而构建出一个虚拟的时空。而至于玄幻、武侠、历史等题材,就更与现实世界存在着巨大的差异。然而,网络文学恰恰是在这种虚拟的时空中,展现出了与生俱来的现实主义精神。

一、草根创作所特有的现实主义基因

与传统文学相比,网络文学天然带有现实主义基因,这种基因来自网络文学作家的草根特征。网络文学的特点是门槛较低,许多未受过文学创作训练的作者也能够登堂入室,将自己凭借本能创作的作品发布出来,接受读者的评判。网络作家的身份千差万别,绝大多数网络作家都不是出自大学中文系,而是有着不同的专业背景。相当一部分作家甚至并未上过大学,仅仅是普通的文学爱好者。网络文学作家与专业作家不同的地方还在于他们往往是非专业创作的,至少在开始网络文学作品创作之前,他们都有各自的职业。这种特征决定了网络文学作家接触生活的范围要比传统专业作家更为宽泛,相比专业作家短短几个月的"体验生活",网络文学作家有着十几年乃至几十年的生活积累,这就是现实主义创作的丰富源泉。

现实主义的两大要素:细节与典型人物,都来自作家对生活的观察。在不同的生活环境中,细节与典型人物也是不同的。一位常年生活在高知识人群中的专业作家,很难理解普通草根群体的思维方式,他的目光也无法投射到这一群体的日常生活细节上去。而本身即来自草根群体的网络文学作家,无须刻意便可真实地反映出草根的生活状态,写出他们日常生活的行动细节和语言细节。

例如,在《全职高手》中,作者塑造了十几支游戏战队里的数十位人物,每一位人物都有自己的特色,有血有肉,若非长期接触游戏玩家群体,很难举重若轻地把如此众多的人物写得栩栩如生。以兴欣战队的"包子"为例,他是一位在网吧里帮人看场子的社会青年,游戏角色是流氓,喜欢使用抛沙之类的下三滥技法,无论是在游戏中还是在生活中,他的思维都处于一种经常"脱线"的状态。在他第一次以真人身份出现时,作者是这样写的:

"怎么回事,这是有人要砸场子吗?"

一个一头长发挡了一半面容,从露出的另一半来看很有些卖相的青年,此时站在了兴欣网吧的门口,手握着手机,和兴欣网吧的招牌很是认真地对照了一番后,迈步进门。结果黑压压的一片人群,立即让他发生了如此的感慨。

但显然对于砸场子什么的他没有产生丝毫畏惧,很从容地来到了收银台前,酷酷地一甩长发,张了口正要说话,突然停下又是去翻手机,一边朝收银小妹招呼了一声:"等一下啊,我忘词了。"

在这一小段文字中,涉及许多细节,看到很多人就联想到有人砸场子,进门之前先认真地对照招牌,酷酷地甩完头发之后却发现自己忘词了,接着又并不以忘词为耻,这些细节让读者忍俊不禁,同时也记住了这个具有鲜明特色的典型形象。如果换成一位专业作家,恐怕不会有时间去与这种处于社会边缘的游戏玩家接触,更遑论成为朋友,而如果从未接触过这个群体,仅仅凭着一些媒体报道来书写这个群体,应当是很难写出这种栩栩如生的感觉。

网络文学中的现实主义精神还体现在作家对于生活的思考上。专业作家是置身于现实生活之外的,他们走出书斋去观察生活,然后基于自己的观察进行思考,解读生活的意义,再将其用文学作品表现出来。而网络作家不需要观察生活,因为他们本身就处于生活之中,他们是工人,是农民,是军人,是摆地摊的小贩,是游戏代练者,他们对于生活的感悟来自自己的日常体验,这种感悟远比外人观察得来的感悟更为真切。

网络文学中不乏逆势崛起的情节,许多作品中的主角出场时都处于被歧视、被凌辱的状态,有的因为家道中落而遭退婚,有的因为资质平平而被家族冷落,面对着冷酷的命运,他们大声呐喊:莫欺少年穷!这样一种情节设定,其实是网络作家内心理想的投射。相当一部分网络作家来自社会底层,收入低,没有社会地位,因为从事的职业卑微,甚至在自己的亲友面前都抬不起头。但他们不愿屈服于命运的安排,期待能够有一个机缘让他们得以实现壮志凌云,他们把自己的白日梦付诸文字,便有了如此众多的"废柴流"、"退婚流"作品。在所有这些作品中,都反映出了一种这样的情绪:今天你对我爱搭不理,明天我让你高攀不起。

由于长期处于受歧视的状态,一些网络作家的作品中难免会流露出一股深深的戾气。他们设想自己是一位家境贫寒的中学生,在学校里遭受着权贵子弟的白眼;他们设想自己是一位没有背景的职场新人,勤勤恳恳工作却难逃奸诈同僚的暗算。于是,各种"打脸"情节便应运而生了,借助于某些奇遇,穷小子变成了高富帅,丑小鸭变成了白天鹅,曾经欺负过自己、打压过自己的那些势利小人一个个栽倒在自己面前,得到了应有的下场。这种绝地反杀的桥段在网络文学中经久不衰,原因正在于它反映了弱者的内心渴望。

除了出身于底层的作者之外,网络文学作者群中也有各行各业中的成功人士,包括官员、学者、企业高管等,他们对于自己所处的行业有着深刻的认识,其见解高于常人。具有这些背景的作家所创作的网络文学作品,往往大气恢宏,能够展现行业全局的风云变幻,揭示高层人士的喜怒哀乐,同样让读者喜闻乐见。

网络文学作品的题材之广泛、视角之多元、层次之全面,远远超出了传统文学作品的范畴,形成了对现实生活的全景式展示。文学史上从未有过如此庞大的作家群体,这样一个群体的存在,为现实主义精神的成长提供了肥沃的土壤。

二、金手指与现实主义精神

穷小子要脱胎换骨,需要有贵人相助。在网络文学作品中,让穷小子摇身一变成为高富帅的是主角意外获得的金手指。金手指几乎可以说是网络文学的要素之一,缺乏金手指的网络文学作品往往很难获得读者的青睐。所谓金手指,是指主角相比凡人所拥有的特殊能力,这种能力可能来自穿越、重生所带来的先知先觉,也可能来自主角偶然获得的某种超能力或者法宝,正如传统武侠小说中主角跌入山谷偶然发现失传多年的武林秘笈,它能够满足读者的白日梦要求,从而提高作品的吸引力。

金手指的存在,使作品所反映的世界与现实世界发生了某种偏离。例如,由于穿越者的影响,一些超越时代的发明创造得以实现,于是唐朝的骑兵用上了燧发枪,异世界的修真者能够借助于元素周期表鉴定宝物,原本在官场上被人坑害的官员提前预知了对手的阴谋,从而将计就计,实现绝地反击。

作者通过金手指的应用,构建了一个虚拟时空,并在这个时空中展开自己的故事,这是大多数网络小说的共同特征。然而,不论是穿越到古代,还是穿越到异世界,抑或是通过修真获得了超能力,主角的价值观依然是来自现实世界的,他周围的人和事也仍然是现实世界的反映,这一点是非常重要的,也是网络文学中现实主义精神的体现。

例如,《赘婿》中的宁毅是一位穿越到异时空古代的现代商人,他所面对的世界在真实的历史上并不存在,与现代社会更有极大的差别。但是,宁毅始终在用现代人的目光观察所处的世界,而他周围的人物也同样在用与今天的人们相似的方式生活着。宁毅与女强人妻子苏檀儿的感情,与红颜知己聂云竹若即若离的纠葛,苏家与乌家的商战,如果切换到一个现实的时空中来表现,也并不需要进行太大的修改。阅读这本书的时候,读者完全可以将自己的生活体验代入到小说的氛围中去,产生与小说人物的共情。

用虚拟时空来反映现实主义精神,并非网络小说的专利。所谓魔幻现实主义、荒诞现实主义等流派,都具有这样的特点。在古典文学中,同样有这样的处理方法。《西游记》便是一部在虚拟时空中表现现实生活的经典作品,例如在第二十五回"镇元仙赶捉取经僧,孙行者大闹五庄观"中,唐僧埋怨行者时说:

你这个猴头,番番撞祸!你偷吃了他的果子,就受他些气儿,让他骂几句便也罢了;怎么又推倒他的树!若论这般情由,告起状来,就是你老子做官,也说不通。

　　这几乎就是现实市井中人们的思维方式与叙述方式,读者在读到这段的时候,并不会因为神话中的人物说出现实生活的话语而觉得不适,相反,却会因为这些话语中的烟火气息而产生出更多的代入感。

　　虚拟时空的应用,帮助作者建构出一个理想的典型环境,以便其在这个典型环境中展现自己所创造的典型形象。在没有金手指的情况下,一个穷小子不可能与富家小姐邂逅并擦出感情的火花,也不可能手提重兵与敌寇决战沙场,作者设计了一个雄姿英发、谈笑间樯橹灰飞烟灭的英雄形象,这个形象必须借助于金手指才可能出现,否则作者将不得不在故事的合理性上花费大量的笔墨,而这无疑将削弱作品的吸引力。

　　以《官仙》为例,这是一部完全架空的官场小说,主角陈太忠是一位得道的仙人,因为情商太低,在仙境得罪了同仁,遭到围攻,被劈下凡,回到现实世界。为了磨炼情商,陈太忠决定进入对情商要求最高的官场,开始自己的修炼历程。借助于各种法术,陈太忠能够做成许多常人无法做成的事情,从而在官场上混得风生水起,也搅动了无数风云,使各路人物粉墨登场。全书刻画的官员多达数百人,而且千人千面,每个人物都富有真实感,堪称一部现时代的《官场现形记》。

　　对于这部作品而言,得道仙人这个设定恰恰是表现现实主义精神的重要手段,许多在现实中不可能出现的场景,借助于这个设定都能够轻松地实现自圆其说。有了这个设定之后,作者便可以自如地展现人物,为每一个需要刻画的典型形象提供一个典型环境,让他们有充分的表演空间。可以设想,这部作品如果采用完全写实的方法,许多故事是不可能展开的,因为在现实中一名普通官员所能够接触到的领域和层级都是有限的,而且在正常情境下,许多人只会表现出自己日常的假面,难以有入骨三分的表演。

　　与《官仙》一样,《回到过去变成猫》也是借助于一个虚拟的设定,串起了许多原本难以同时出现的故事。《回到过去变成猫》中的主角是一只名叫黑炭的猫,它的灵魂被一位名叫郑叹的少年占据了,从而具有了思考能力。郑叹借助于猫的身体进入人类的生活,观察人类世界,惩恶扬善,交朋结友。少年变成猫,这无疑是一个超越现实的设定,这个设定的妙处在于它提供了观察生活的另外一个视角——猫的视角。由于主角只是一只猫,许多人物在它面前可以抛开自己的假面,展示更为真实的面孔。作者正是利用了这种超现实的设定,实现了现实主义写作。

三、读写互动所带来的现实主义需求

网络文学区别于传统文学的另一个特征是其具有超强的互动性,绝大多数网络小说都是即时创作、即时发布的。小说发布之后,会在数分钟至数日内被读者阅读,同时获得来自读者的反馈。读者的反馈可以表现为书评,也可以表现为订阅数字。一个情节的崩坏就可能导致读者大范围弃书,作者为了避免出现这种情况,必须时刻地关注读者的反应,并且按照读者的意愿对情节进行调整。

读写互动使读者能够参与到作品的创作之中,读者的要求与见解直接影响了作者的创作,许多网络文学作品便是由作者和读者共同创作出来的。读者的参与增强了作品的现实主义成分。与作者相同,读者也同样属于草根群体,有着朴素的价值观以及生活感悟。切近读者生活与内心的作品,能够获得读者的共鸣,进而转化为读者对作品的支持,这将鼓励作者继续保持创作风格。相反,脱离生活的作品,难以获得读者的青睐,最终必将难以为继。

网络文学中的男频作品(即主要面向男性读者的作品)曾经一度存在多女主的倾向,在 2010 年之前的作品几乎都有两个以上的女主,甚至不乏出现十几个女主的情形,被称为"后宫文"或"种马文"。而到 2010 年之后,这种倾向逐渐弱化,到目前,单女主的纯情小说已成主流,多女主反而成为另类。这种变化的背后是男频作品的女性读者不断增加,而女性读者对于多女主作品往往是较为抵触的。此外,90 后、00 后的新生代男性读者也较他们的前辈更为用情专一,对多女主的滥情作品缺乏兴趣。读者价值倾向的变化,可以从作品的书评区中得到反映,作者为了迎合读者的需要,不得不对故事设定做出调整。

在今天的中国社会,民族自信、守护家人、忠于朋友、扶弱抑强等成为社会公众普遍接受的价值观念,网络文学作品必须符合这样的价值观念才能赢得读者的接受。作品中的主角不仅仅是作者内心理想的投射,同时也是读者心目中英雄形象的投射。通过对成功的网络文学作品的分析,可以对当前社会主流价值观有一个全面的认识,对主流价值观念的反映无疑也是一种现实主义的要求。

四、从源于生活走向高于生活

网络作家的草根化特征导致了网络文学作品存在着过度原生态的缺陷,许多作品中的人物与细节完全源于生活,只是对现实的全盘复制,缺乏凝练,从而不能实现源于生活但高于生活的现实主义创作要求,这是网络文学发展中存在的弊病。

网络文学作品缺乏凝练的一个重要原因在于网络作家缺乏系统的写作训练,许多作家只是出于对文学的爱好,其写作基础来自以往的阅读经验,而且相当一部分作家的阅读范围局限于通俗文学,未曾涉猎过文学大师们的经典作品,这导致他们驾驭文字的能力不足,无法随心所欲地建构出内心设计的宏大叙事。文学评论家们对于网络文学的批评也往往集中于此,他们认为大多数网络文学作品存在着文学性方面的欠缺,且不提遣词造句上的粗陋,在讲述故事的时候,也往往会因为缺乏技巧而流于平铺直叙。一些网络文学作品在改编为影视剧的时候,经常需要进行较大幅度的修改,以便使矛盾冲突更为突出,故事节奏更为紧凑,其原因就在于网络文学作品存在着技巧上的天然缺陷。

写作技巧的不足还仅仅是一种表象,网络作家更重要的不足之处在于理论水平和生活阅历上的浅薄。网络作家以年轻群体为主,有一些是在校大学生,有一些甚至只是中学生,这些人没有生活经验,对社会的了解仅来自他人的叙述或者媒体报道。他们在描写自己身边的人物和事件时,能够有较好的把握能力,而当描写的范围扩大到全社会,进入官场、职场、商场的时候,就难免会出现凭空臆造的情况,皇帝用金扁担的情节在网络文学中并不罕见。例如,有的网络文学作品中写到总裁扔出五百万现金让一个下属滚蛋,显然作者并没有真正地见识过五百万现金是一个何等庞大的存在。一些作品在描写商战权谋的时候,那些跨国企业市场总监的行为形同儿戏,这显然也是作者的阅历不足,无法想象高端的商战是什么情形,只能用宿舍里的同学矛盾来进行模仿。

理论水平的欠缺不仅是网络作家的致命伤,对于相当一部分专业作家来说也同样是巨大的缺陷。现实世界是感性的,但作家不能完全凭着感性写作,而是需要思考现实世界背后的逻辑与意义,从平凡中寻找出伟大,从淡漠中挖掘出激情。一些专业作家自诩为批判现实主义,但他们的批判仅仅是廉价的同情与廉价的愤怒,对于现实世界的痛苦与无奈缺乏深层次的剖析。这种情况在网络文学中自然更为普遍,许多草根出身的网络作家因为自身的境遇而对现实充满了敌意,进而在作品中肆意宣泄情绪,一味以仇官仇富作为卖点,这无疑是违背现实主义精神的。

当今时代是一个浅阅读、浅思考的时代,微博、朋友圈中的各种文章大多流于肤浅,追求迎合民粹。许多网络作家习惯于从网络段子中汲取营养,所创作出来的作品能够在短时间内哗众取宠,但却经不起时代的检验。有些作品在几年后重新阅读,会发现其中的许多桥段已经成为笑话,这就是思维浅化的结果。

网络文学作品缺乏凝练的另一个原因在于其创作的即时化特点。绝大多数网络文学作品都是即写即发的,为了保证每天的更新量,网络作家需要见缝插针地进行写作,往往是凑足 2 000 字或者 3 000 字就立即上传,甚至连检查错别字的时间都没有。即时化写作的最大问题在于作者对内容缺乏冷静的思考和反复的推敲,有时候想到一个情节就马上写出来,而至于这个情节是否能够为故事服务,尤其是是否能够为塑造人物性格服务,往往是疏于思索的。有时一个当时看起来非常不错的情节,却与人物的性格完全相悖,这种情节出现在作品中,将会导致人物人设的崩坏。在一些作品中,经常可以看到作者颠覆此前的某个情节,把主角在那个情节中的所作所为解释为某种迫不得已的应对,其实这只是因为作者意识到了这个情节的失误,在努力挽回人设的扭曲而已。

　　网络文学还处于快速成长期,在经历了初期"大水漫灌"式的野蛮生长之后,网络文学正在逐渐进入自我反思、自我修复的阶段。单纯追求感官刺激的创作方式已经让读者感觉到审美疲劳,为了赢得读者,作家们不得不调整自己的创作风格,开始对题材进行更为深入的思考,在作品中融入更多的理性成分,在忠于现实主义的基础上实现思想价值的升华。

谈《艾约堡秘史》

张　炜①

文 艺 青 年

1988 年春天我遇到了一位老板。他是我十几岁时遇到的一个文艺青年，那时我们曾彻夜交谈文学。他当时有二十五六岁，已经写了许多作品，一个字都没有发表。我现在仍能想起几十年前的初遇、那时的兴奋和惊讶。他是我从过去到现在所看到的最能写的一个人，是所谓藏在民间的"大写家"，一位不知疲倦的写作者。我当年确信他就是未来的大作家，整个人身上有一股不可遏止的生命力量。记得那是一个下午，我到了他家，他从柜子里、炕头上搬出了一沓沓稿子，它们都是写在粗纸上的，几乎没有一页方格稿纸。那个年代纸张缺少，他为了节省，所有的字都写得很小，密密麻麻。这是我们的初次相识：整夜谈文学，读稿子，主要是听他读。我记得他的作品中有很多方言，这构成了阅读障碍，可他对此引以为傲。

---

① 张炜，中国作协副主席、山东省作家协会主席，代表作品有《古船》、《九月寓言》、《家族》等。

二十多年后的再次相逢,他竟然成了一位大老板,时代为我们变出了一个戏法。可我总觉得他还是文学中人,问他以前写过的那些作品怎样了、以后还写不写? 他回答得豪气:"当然要写。我还要把所有写下的东西用小牛皮烫金的装帧,印成一大排。"他伸长两臂比画。那种壮志和心气令人难忘。这是个有才华有魅力的人,深深地吸引了我。这个人超出了一般意义上的"老板",值得探究。

我写下了当年游荡中与之相遇的一些场景,留下了笔记片段。但这离一部长篇的完成还差得远,只算一个萌芽。

今天的暴富阶层写起来很难。要写一位"巨富",就要做多方面的准备,比如阅读他们的传记、中外一些所谓大实业家的资料,了解他们的内心世界、生活及爱情,等等。这是很复杂的工作,仅有阅读还不够用,要有实际的接触交流。这是个漫长的过程。其实"巨富"与否并不重要,重要的是某一类人,他们身上迷人的魅力和人性的隐秘。

这个人心智丰富,很不一般,绝顶聪明,是很浪漫很有内容的一个人。他活得不庸俗、不概念化、很自我。我只把他当成这样的人,"巨富"这个身份对他来说只是一种巧合而已。他不过是一个引发点,引发我们对人性本身去作深刻探讨。对写作来讲,巨富的身份不重要,不过对于社会层面和一般读者,可能就不同了。因为巨富更能够改变一些人的生活、干涉一些人的生活、影响一个地方的发展路径,显得很重要。

现在,我交出的是1988年开始谋划的、有些冒险却也充满了写作快感、深深沉浸于其中的一部作品。

屈辱的纪念碑

宝册这个人受了很多苦,内心很倔强,很刚,从不向黑暗的东西低头认输,不求饶。但我们似乎能感受到他内心里的呻吟,"哎哟"之声很大。他一路上九死一生,只是把求饶声隐藏下来了。他心里的哀求只有自己知道,现在,敏感的读者也会知道。

他心里"哎哟"不断,所以才建起一座居所,并且那样命名,以纪念和提醒自己。有人说实际上淳于宝册是为自己建造了一座"屈辱的纪念碑",很有道理。

宝册九死一生,经历了那么多苦难,几次活不下去,到了花甲之年却遇到最大的考验、最大的坎。原来他苦斗一生拼尽所有,今天也仍然没法超越:爱情问题、形而上问题、生老病死以及被财富异化。活到现在,对世界的见识太多了,隐秘也洞悉了,却像进入了一座迷宫,再也转不出来。最大的告饶和哀求,原来不在昨天,不在流浪之路,而是到了所谓的人生辉煌期,他听到了午夜里灵魂发出的哀求:"饶过我吧!"就是这绝望的声音在回荡。

我们了解的很多巨富和所谓的成功人士,他们的生活和爱,已成概念。一方面被写成了概念化,另一方面这一类人本身就活得很概念化。这次要写这样一个人,面临的难题很多。

荒 凉 病

他是一个极其复杂的人,既虚荣又虚伪,但有时又非常真挚,极其善良或残忍。所谓的"伟大人物"也难免如此。比如他的"君子远庖厨",就是中国传统文化中对仁和善的定义与要求,这对他深有影响。说他虚伪也好,一种恪守也好,有时就那么单纯和复杂。他公开愚弄别人,像孩子一样作假和撒谎。把这样的一个人写到真处,每一个角落都加以挖掘,是有难度的。比如怎样把巨大的虚伪和超人的真挚,还有下流,一起呈现?淫秽却又纯洁,不顾一切地热烈追求,都在同一个人身上了。

"荒凉病"是现代医院看不出来的一种病,所以一位老中医只能这样命名了。有一点点寓意:一个人活到花甲之年,人生却如此荒凉。精神的状态、心灵的状态是这样,走到了一个不毛之地,这种荒凉什么药都治不了。是一个浅显的比喻,没有多少意思。

在　午　夜

吴沙原这个人在书里不是个主要人物,可能排第三、四的样子,但是很重要。有时候我们会想,主人公淳于宝册是一个所谓的成功者,但他心里的某个时候一定渴望拥有吴沙原的灵魂。吴沙原是他的对手,但在某个时候他渴望成为那样的一个人。

有人讲,《艾约堡秘史》看完了以后,觉得里面并没有惊人的"秘史"。他们主要想从社会层面寻找隐秘,它当然有,从字里行间看得细一点,会发现。真正意义上的"秘密"不能大吵大嚷,它要以自己的方式存在。这书命名为"秘史",主要还指人性。要上升到这个层面。一般读者重视社会层面,像财富和权力对社会的作用之类。

但写作者最终还是写人:人的魅力、人的奥秘,要写出一个有魅力的、复杂的人。一部长篇中至少有三两个这样的人物,这是最值得重视的。如果作者面对淳于宝册这样一个重量级人物,能够面对他人性里的所有隐秘,也一定会揭示许多社会的秘史。这个时期所有的难题,主人公遇到很多,而且作为一个敏感的人,他比我们痛苦,并且不会因为自己的成功和辉煌而减轻痛苦。

这样的一个人在九死一生的过去经常发出哀求,现在成功了,哀求之声却变得更大,那大半是在午夜。这就是隐秘。

大家注意到他是一个巨富,其实这个身份并不重要。他的价值不在于是一个巨富,而在于他的极其丰富性和复杂性。他怎样对待昨天、荣誉、爱情、权力,如果把这一切呈现出来,所有期待回答的社会问题、道德伦理问题,其他各种问题,都包含其中了。这个阅读过程,是一次人与人之间的深度对话,是关于人性隐秘的共同探索。

巨 人 很 难 写

淳于宝册是第一流的人物,所以无论做什么都会做得很好。现在阴差阳错成了一个巨富。假如他是一个社会管理者、一个著作家、一个情种、一个银行家,以其心智的丰富性,都会达到很高的量级,注定了是一个不凡的人。

他今天的位置是一种偶然,他自己也理解这种生命的偶然性;实际上他完全可以做很多事情,最大的痛苦是没有时间了。爱情方面、著作方面,许多。面对生老病死、爱恨情仇,许多大事都等待他去完成和尝试。有个电视连续剧里说到一位帝王的奢望:还想再活五百年。他们不甘心来到人间短促地走过这一趟,因为是一个巨人。巨人很难写,很难满足,也很难表达。

很多人常问一个问题:作品为谁而写?回答只能是为那些具有文学阅读能力的人。因为对方没有这个能力,书是白写的。要具备这种能力不一定拥有很高的学历之类。文学阅读是一个复杂的审美过程,审美能力的缺失,如对语言不够敏感,对文字没有还原力,再多的知识也难以弥补。有时一个人刚能够磕磕巴巴地读书,但那种感悟性敏感性是原来就有的,对细节、幽默、场景、意境与词语,很能心领神会。所以有时候听一个孩子谈文学,他虽然不会使用时髦的术语,但一听就知道他深深地领会了感知了。可见这是生命中天生拥有的一种能力。

所以一个对于美、对于文字、对于诗性迟钝的人,读再多的书也没有用。审美力每个人都有,怎样保持它的鲜活,使之生长,不致枯萎,却是都要面临的一个大问题。写了许多东西,读了许多书,会有很多经验。经验固然好,可是也会变为成见。所以有时候将一本书交给那些有了成见的人,反而是不可期待的。如果心里装了许多教条和术语,怎么会自由自在地感受?文本是自由的,它是活生生的鲜活的生命。

文学阅读要从语言开始,因为它是语言艺术。所以一定要贴着语言走,一个词汇、一个标点都不要忽略。有人以为大体一翻就可以了,对不起,那不是文学阅读。如果不喜欢扔掉就可以了,真正意义上的好书可不是那样读的。

真正意义上的文学阅读太有魅力了。多大的魅力?让人几个月之后,脑子里仍然回荡着一本书所描述的旋律和意境。有时阅读中最怕的事情,是这本书快要读完。好书越厚越好,可惜这种书太少了。不能说《艾约堡秘史》就是这样的书,但可以说作者近二十年写作最沉浸的有两本书,一本《独药师》,一本《艾约堡秘史》。它们准备与那些具有文学阅读能力的人,进行一次饱满的对话。

从这里开始

就一个阶段来讲,写作者需要在一个封闭的文学世界里进出。多次往返、进出,这叫写作。封闭日久之后,出来会眩晕。每一部长长的作品写完,可以长时间离开那个封闭的世界,这时将感到极度的疲惫。每次写作之后都会有这样的感觉,需要慢慢地缓解,犹如苏醒,让自己慢慢地进入下一个生命流程,重新变得生气勃勃。

《艾约堡秘史》当然是诞生在一个封闭的世界里,那里是阴郁的,尽可能地隔离了世俗的强光。在世界外边展读,人们从中能读到自己:每一个人物身上都能找到作者或读者本人。那个世界里活动着非同一般的人物,他不是一般意义上的"企业家",他不过是碰巧做了实业的某种顶级人物。我们现在看到的不是一般的巨富,也不是一般的爱情,而是在看高级人物的精神历险,是关于精神的叙事,而主要不是物质的叙事。

前年在一个学校讨论陶渊明,讲了这么几个感受:一是大家都在讲魏晋"风度",何为"风度"?二是都在讲"尊严",何为"尊严"?正是这两个词汇将陶渊明纠缠了一辈子。岂止是他,每个人要活得好,就要有一点尊严,然后才多多少少谈得上一点"风度"。这方面我们在现实中真的很难能做到。书中的主人公最多地在为这两个词汇痛苦地呻吟,那才是真正的苦。生活中,凡是最高级的人物,都会被这两个词汇缠上一生。所以说只有写了精神方面的敏感的东西,才是最有意义的。

人有了钱有了权,有了地位以后,有些东西就不再相信了。这真是悲哀之极。想什么办法把人心底的敏感撩拨、激活,让他重新相信爱情,相信道德,让其觉得正义可以有,尊严可以讲?这在有些人那里,在物质主义时代,这真的是最难最难的一件事。这部书想做的,就是这样的难事。

这样一部书在社会层面当然会很冒险,但最大的风险对写作者来说却是语言,是技术层面。不从这里开始,一切都不能抵达,都谈不上。

典 型

我们通常说一个人物很"典型",实际上,只要觉得一个人物"典型"了,他很可能就是一个概念化的东西了。我们平常讲"典型环境中的典型人物",好像是文学理论中的初级问题,却仍然没有多少人真正理解,只是望文生义而已。那是指从人物活动的环境到人物本身,都不会重复的真正意义上的心灵创造,是崭新的个人艺术。这个创造出来的文学世界,在人们的普遍经验中重复率越高,就越不是什么"典型",而是一种概念化,是写作的失败。真正意义上的杰出的作品,必须是读者个人经验的扩大和延伸。如果读了作品以后,只觉得符合自己的经验,这仅是第二流的作品。有时,一些概念化的表述也不乏生动,但它们只能满足于我们的个人经验,这是远远不够的。真正的杰作会将读者的个人经验加以扩大和延伸,也就是强力突破了他们原有的经验范畴。

这部书的冲突重心不在于物质层面,而是精神层面。

发 生 了 什 么

我们提倡"写现实",从文学和专业的角度去谈,又是另一个层面的东西。一般讲生活跟文学的关系,说生活是源泉是基础,没什么可质疑的。从写作学和诗学的角度去理解,将稍稍复杂一点。刚才讲到了酿酒,这个比喻其实很专业。谈到现实与创作的关系,好像是文学初步,实际上并不简单。许多人会认为作品就是将现实生活剪裁组合一番,做得巧妙,就是成功的文学作品了。这是一种误解。

从现实生活到文学作品,它们中间一定发生了什么,到底发生了什么,怎样发生的,需要认真研究。这就是写作学的问题、诗学的问题了。经过深入考察会发现,这个过程中发生了"化学变化",而不是"物理变化",所以不仅仅是什么"剪裁组合"之类的工作,也不是什么"归纳和选择"的工作。现实生活是粮食,作家就是一个酿酒器。现实生活进入作家这个酿酒器之后,经过复杂的酿造而发生化学变化,再倒出来就是酒。酿造的技术与技能不同,酒的成色也就不同,于是有了杰作与劣作的区别。一切没有经过作家这个酿酒器,没有发生化学转化的现实生活,无论如何都不会成为文学。

从非专业的视角去看,也许会觉得时下的"文学"不过是优劣之别,即有的好一些有的差一些而已。实际上其中占相当大的比数的,并不属于文学,没有进入文学创作的门槛。文学写作需要经历复杂的酿造过程,这个过程常常因为无以言表的繁琐甚至神秘,所以最好留待个人思悟。

《艾约堡秘史》不是什么"主题创作",文学作品不是论文,它没有"主题",只有人物和心灵。

稀 缺 之 物

书中择要写出了他的异性朋友,真实情况可能稍稍复杂一点,这些在文字缝隙中透露过。他在情感上比较专一,基本上没有滥情的毛病,总算避开了时代顽疾。他这一类人很固执,能恪守,在生活中总是讨厌轻浮的言行。他认为色鬼在人类历史上创造不出什么真正的价值,正因为深谙于此,所以才羡慕"情种",而要远离色情。

这个时代"爱情"太多或太少,终成为人类历史上爱情最为稀缺的一个时期。许多人不再相信爱情,像主人公这么聪明的人,他的疑心更重,轻易不会相信这种稀缺之物。然而他知道这种元素对人所具有的致命之力,那简直是性命之需,所以也就全力以赴地投入了辨析和寻找。今天,貌似爱情的东西像灰尘一样多,只在深埋的下层才有几颗金粒。主人公于是用力地开掘,很倔强,不服输,像现代社会里硕果仅存的一个古典主义者。他这一辈子注定了是一个苦命人。

发 射 力

主人公好像是一个企业家的样本,实际上不完全是,而只是一个天资很好、经历十分丰富的特异"人物"。他的暴富不过是一种偶然,他不凡的生命质地却是由先天和后天诸多因素自然而然地汇成的。书中最感兴趣的方向不是他的物质,而是令他始终不能睡去的自尊和正义,还有爱的渴望。这样的一个人不缺女人也不缺财富,却极为缺乏那些心底念念之物:它们本来生而有之,后来却遗失了。他知道这遗失的比金子还珍贵,所以拥有了金子之后,他差不多急到了疯癫的地步,得了无可疗救的"荒凉病"。向上的和向下的力之间开始了无休无止的征战、缠斗。"地心引力"无时不在,灵魂的发射力不够,飞得再高也要垂落,来个一百八十度的转弯。

他最终发现自己不过是滚动在传统尘埃之中,且已难以更改。这让他陷入绝望。全书都在写他的这些艰难时刻、他的挣扎。

芳　　心

这个人敏锐过人,在情感方面更是如此。他是一个有大能的人,欲望强烈,非常自尊,易受伤害。他心头充满了屈辱的记忆。他堡垒的名字其实只等于写了两个大字:昨天。在那些黑暗的日子里,在当年一些人的眼里,他这样的人连依偎一头母牛都不配。

他深知,获得芳心没有什么规律,而获得财富是有的。它们二者的不同是前者太过复杂,永远没有现成的药方可用。芳心不一定喜欢寻找外表的英俊和心灵的卓越,反过来也是一样。异性之间是一种千奇百怪的关系,当理性开始介入的时候,就会发现一切都太晚了。有些微妙的元素或因子在两性之间往来渗透,打乱一切情感逻辑和现实逻辑,越是纯粹的爱情也就越是如此。主人公观察到了这一点,但实践起来却无能为力。人生到了他这一步,如此地成熟和有闲,也就开始专注于一些高深的研究。

兵痞之勇

"老政委"是一个罕见的"异数",这样的女人的确更多地出现在战争年代。她经历过武斗,然后竟然迟迟没有走出"战时状态",这既成为她的人生优势,也深深地吸引了主人公。总而言之这是一个很古怪的女人,又因古怪而变得可爱。当然,她也是一个显而易见的罪犯。

这个不在场的人物起码在主人公那儿是魅力四射的,浑身闪耀着陌生而瑰丽的色彩,洋溢出无可比拟的强大生命力。这个女人有战争年代的兵痞之勇,又有女性的别一种妩媚。她不是用绵软柔弱去缚获一个极端成熟的男人,而是用近似于粗蛮和热烈,再加上刚毅果决与超人的见识、直率单纯势在必得的掠取,这一切合在一起,征服了捕获对象。主人公已历尽沧桑,但是在她面前却一再感到惶惑,觉得她是陌生的、力大无穷的。在短暂的接触与尝试中,他折服了,然后半推半就地俯首称臣。

问 题 的 核 心

有人以为取消乡村建筑,以高楼替代一幢幢小房子是一种体面的生活,其实也不一定。谁来取代和取消,谁来做出这个决定,这才是一个大问题。农民离不开土地,却一定要把他们送到空中楼阁,这在那些倾心羡慕的西方也不是经常发生的。让种地的居所离地更近一些,这样才方便。这本来就不是什么难懂的道理。只为了获取土地,然后再以一个美好的名义,把他们一家老少连同各种复杂的农具和鸡狗鹅鸭猫一起送到立体的水泥丛林中,一些砖石格子里,玩笑开得有点大。在北方,由于历史的经济的原因,农民长期居住在军营式的连排小屋中,这当然是困窘的现象;但这仍然构不成送他们到空中楼阁中的理由。我们应该有更好的方法,比如建设美丽的乡村。

没有个性的生活是不值得留恋的。这在一个人、一个城市或村庄而言,都是差不多的道理。有人一定要把自己的生活意愿强加给别人,通常这些被强加者都是手无寸铁的人。事情说到这一步,一切也就清楚了。有时候服从或不服从,并不是哪种方式更对或更好,而仅仅要问:这是对方所喜欢的方式吗? 这才是一个至大的问题,是问题的核心。有人可能说,在物质相当贫乏的时期讲这些是不是太奢侈了? 有可能。不过讲基本权利和自尊什么时候都不晚,都不受责备。再说我们都看到了,书中的那个小渔村并不贫乏,它不过是被时代的强势所胁迫。它像个美丽淳朴的村姑遇到了摇扇子的少爷,有危险了。

拉 网 号 子

第一次听到拉网号子真是震撼。那是海边的齐声大吼,不是表演,不是舞台上发生的。号子有各种各样的,不是想象的那样单调,这是与生产实用密切相关的,却有强烈的艺术感染力。号子在劳动现场很实用,不过有时候真的可用来欣赏,有审美的功用。研究海边号子,今天可以是一门学问了。

如今不需要拉网号子了,因为海上捕鱼都用机器。号子是人力向前的时代,那时候需要用它来协调行动,以集中迸发出大力。现在沿海一带只有最老的渔民才会几句号子,从头听下来,才发觉它是这样深奥。民俗总是蕴藏了大学问,因为这里有无穷无尽的创造力。

柔 弱 的 属 性

人的堕落常常是从不再相信爱情开始的,颓废也从这里开始。爱情是生命的强大依赖,没有它当然不会有什么好结果,会变得更糟。对爱情最具腐蚀力的是权力和金钱这一类东西,可见它们不是什么"正能量"。一个人会以为拥有了物质支配力就可以妄行、可以在情感上为所欲为,这就露出了浅薄相。反过来,能为爱情舍弃世俗的巨大拥有,比如盖世的财富和权力,倒有可能是最值得尊敬的。爱情也不等于简单的好奇和倾慕,虽然它可以从这里起步。如果越来越多的人对爱情不再信任,纷纷丢弃它,那就一定是进入了一个道德低下的时代。

一个人给予另一个人难得的慰藉,又是发生在异性之间,就会被当成爱情。但爱情不光是彼此慰藉,还有更多。异性之间相互都有强烈的需要,这只有对方才能给予,所以他们就再也分不开了。如果出现了比慰藉更重要的东西,它们难以名状,彼此都在感受,爱情的深意就进一步被领略了。爱情发生和递进的层次,只有杰出的文学作品才能呈现出来,这也是写作的要务。当然,生活中的爱情会变质、流失和陈旧,它不会是一块永久不变的金刚石。有人试图培植出新的爱情,让其产生出更崇高的东西,因此就出现了爱情的理想主义。

在爱情的两人空间中,一方比另一方更清醒和更超脱,这一方就是冷静的人、不简单的人。如果她(他)压根就没有陷进去,发生在对方身上的就是所谓的单相思。文学作品中写到的单相思者,都是一些可怜的人。不过这一类人在许多时候又会是十分强悍的,而被爱者的优越地位常常只是一种假象,只不过在这次双边关系中偶然占了上风:之所以被苦苦地追求,可能是因为自身某种柔弱的属性。

意 犹 未 尽

现代作品讲述故事的时候,偶尔也会犹豫起来:不再肯定它一定发生过。还有一种情形,就是故事的主线讲完了,它的局部、更细致的部分还需要重新讲一遍。补充进来的故事不同于正文,也不同于第一次讲述,它或许起着重新加固或探究的作用,把人的思绪引向更深处。这里还有结构的问题:如果放到正文里讲述,或者就失去了艺术的均衡性。作品的附录有许多功能,但无论怎样,还是起着辅助正文的作用。一部好的作品读完了,一定是意犹未尽,读者会觉得怅然若失,想寻找与之有关的文字。那么作者如果自信,就会设法满足他们。读者不读附录也完全可以,不过读了,一定会觉得非常值得。

现 实 身 份

读者通常非常重视作品中人物的现实身份,由此做出种种分析,这都是可以理解的。但这里有必要提醒,不能因此而忽略最主要的东西:生命的本来质地。虽然不同的社会身份会影响它们,影响其表现方式,但二者仍然有个主次问题。身份的不同会制造出许多表相,将内在的核心给遮住。一个人处于权高位重的位置,或处于财富的顶端,并不能改变深刻或肤浅的生命品质,因为这些品质属于先天铸成,外加后天经历的全部综合,当下只是一个小小的部分。透过表相看本质,是我们一直被告诫的方法,既然如此,也就需要从人物的全部行为中去分析他的心智和天资,如灵魂的性质,思维力,道德状况,等等。所有这一切会最终起到决定作用。他的现实身份具有很大的偶然性,这要引起我们的注意。

宝　　贵

时代一日千里,这是人们常说的话。尽管如此,有些古老的价值和意义并没有随之改变。人们在生活中容易迁就一时的风气,习惯以新为美,乐于否定过去,认为是思维的进步。其实守住一些古老而恒定的常理和常识更为重要,也更需要勇气。在生活中,那些相对谨慎的人比起动辄激动不已、冲动求新的人更可信赖。经验是从无数次的尝试中、从漫漫时光中获取的,一代代为此付出过沉重的代价。商业主义和物质主义者对精神的恪守是不屑一顾的,由此造成的巨大灾难却有目共睹。在许多人笑贫不笑娼的时刻,仍然要允许一部分人说出笑娼的理由。诚实、勤恳、清洁、勇敢、正直,这些老词所包含的内容,仍旧值得坚持和追求。

爱情和大自然一样宝贵,也一样容易遭到玷污和破坏。一些道德观念方面的挑战者会对传统的爱情大加挞伐,一些物质主义者对大自然的破坏也从不手软和怜惜。这两种人都是毁坏者,也常常被冠以“勇士”或“开拓者”。这是最荒唐不过的事情。

写作者维持正常的感知力和是非观并不容易,很难做到,这真的是一件极困难的事。比如有的地方,为了一点点钱把自然环境搞得一片狼藉、把人与人之间的信义如数摧毁,反而因此受到了一些人的作文歌颂。

当下文艺创作的"流俗化"现象反思

张光芒①

摘　要　当下文艺创作并没有有效地回应生活的挑战,也没有满足人们的期待视野,究其根源,在于它远离了生活的本质,甚至造成了"文学低于生活"的问题。反思当下文艺创作,回到文学与生活的关系本身是必经之途。在这一反思方向上,当下文艺表现出从世俗化到"流俗化"的问题,即流于世俗,流于世俗生活的表层面相。具体表现为文艺中社会生活的表相化、道德生活的虚无化、个体生活的欲望化。社会生活的表相化表现为创作与真正的现实生活多有隔膜,视域狭窄,不能致力于探析深层矛盾,无力观照生活全相,甚至成为一种模式化、概念化的写作。道德生活的虚无化表现为根本性生活意义的缺席,道德相对主义、实用主义盛行。个体生活的欲望化则表现为本能、物欲、情欲等大张旗鼓地登上文艺舞台,摇曳着霸占"C 位"的荣耀。总之,重构文艺与生活的关系,将是别无选择的救赎之路。

关键词　当下文艺　"流俗化"现象　社会生活表相化　道德生活虚无化　个体生活欲望化

一、从世俗化到流俗化——以文艺与生活的关系为方向

随着改革开放的推进和社会经济文化的新发展,如何增强文学叙事的当

---

①　张光芒,南京大学中国新文学研究中心教授,博士生导师。

下性,对日新月异的社会生活进行审美地分析、把握与描绘,是作家们面临的全新挑战。而更多的读者和观众在新的文化语境下,也对当下的创作产生了更高更新的阅读期待。人们期待着,有更多的作品能够深刻细腻地反映出新的社会生活矛盾与文化结构,有更多的作品能够将现代性的审美体验、现代人文主义的浓厚情怀与现实主义的思想深刻性结合起来,有更多的作品能够给人以思想启悟和价值导引,从而对置身其中的当下生活及生命的意义产生新的认识和理解。但是,总体上说,当下文艺创作并没有有效地回应生活的挑战,也没有满足人们的期待视野。

这的确是值得人们深刻反思的问题,近年来也的确出现了大量的批评反思当下创作症结的研究成果。不过,在我看来,许多文章的批评路向和反思方式本身就成问题。人们在反思当代文学创作缺陷的时候,常常有这样一个特别重要的理由,即缺乏思想。我们的文学史或文学教材也一直习惯于首先讨论文学创作的思想主题是什么。可以说,我们太急于看到作家在作品中反映出的思想是什么,太想知道文学作品到底提出了怎样的思想和主题。但对于文艺创作来说,这样的追问方向和检验方式是非常成问题的,甚至有些胶柱鼓瑟的意味。当我们讨论当代文学的思想在哪里的时候,我们首先追问的应该是作家创作是怎样写生活的,它在审美世界中为我们展示了怎样的生活。只有在它给我们提供的文学与生活的独特关系中,我们才能感悟到它隐藏了怎样的思想。

这也就是说,我们不应该直接向作家作品要思想。其实,当代文学有不少创作存在的问题不在于它有没有思想,也不是艺术技巧高明不高明的问题,而在于它远离了生活的本质,甚至出现了"文学低于生活"的现象。我们从不少当下的文化热点或写作现象中可以看到个中端倪。比如,当下的非虚构写作非常发达,较之以虚构为特质的文艺创作更受读者的欢迎和追捧。像"爸爸去哪儿"节目长期热播,"非诚勿扰"节目影响巨大,各种"真人秀"深受追捧。比如,人们现在更多地是从各种新闻热点、网络事件中了解社会,体验自我与他人的关系,反而从文艺作品中感受不到更多的教益和启示。比如,越来越多的活跃于文坛的作家开始意识到,生活比文学更具有戏剧性,更像文学。也有作家自我解围和慨叹道,现在,文学跟不上生活的步伐,是因为生活的变化太迅疾了,太复杂了。似乎文学落后于时代,是因为生活,而不是因为作家。

因此,当我说我们不应该直接向作品要思想的时候,同时也就意味着,我们应该向作家要的首先是生活,是故事。社会生活的审美表现作为一种结构从来都不是单一的和平面化的,它总是立体的,是深层结构与表层结构的复杂图式。作家创作的最高成就就是用文本发现并审美地反映出生活本质的真实。所以,这里"向作家要生活"的说法,更准确地说,是向作家作品要生活背后的生活,故事背后的故事,如果只是表面的生活摹写,那反而是没有生活,反而是虚假的。

进一步说,我们反思当下文艺创作的时候,回到文学与生活的关系本身是必经之途。在当下生活日益复杂化多元化的语境下,这显得尤其必要。就此而言,真正能够满足当下读者接受期待的文艺创作也许应该是这样的:一方面,作家笔下的故事吸引着你去读,去品味,去反复咀嚼,这时候,作家笔下的故事使你对真实的世界面貌不得不进行反观。你突然发现,我看到的或者我感觉到的生活原来是虚假的表相或虚幻的镜像。原来我们置身其中的生活是这个样子,原来这个世界上曾经或者在某一个时空内有着这样的生活。另一方面,你也突然感觉到,人性原来并没有你想象的那么简单,无论是人性之善还是人性之恶,都有你想象不到的更大幅度,更极限的状态。也就是说,在社会与生活、人生与人性两种维度和两个层面上,你都有了全新的认识、反思和启迪。在此前提之下,那些思想深度,那些哲理内涵等,才能够自然油然而生,也才能有文艺的高下优劣之辨。

在中外文艺发展史上,伴随着人性觉醒和思想解放运动的进程,伴随着对于宗教的祛魅,文艺创作与世俗生活之间的关系日益紧密。但是,在商品经济大潮的冲击下,文艺的世俗化长驱直入,一俟走向极端,便会造成不良的后果,走向现代性的反面。这也就是本文所谓"流俗化"的由来。"世俗化"本是偏于褒义的一个概念,或者呈现为中性色彩的一种现象。而"流俗化"却主要显示出贬义的内涵。简单说,流俗化,就是流于世俗,就是流于世俗生活的表层面相。"流俗化"这一说法,也暗含了文艺创作中以世俗化为旗帜、以人性解放为幌子的欺骗性和虚伪性,有时候也会与体现普遍价值需求的世俗化复杂地纠结在一起,这需要人们仔细去辨析和诊断。庸俗、恶俗、低俗等说法,相对显得过于简单和武断,而用"流俗化"就可以比较切合当下文艺的复杂面相及其某些重要本质。

沿此思路,我们看到,当前文艺创作中,消费主义描写盛行,都市文学、青春文学成为文坛主潮;在不少底层写作、打工文学中仍旧渗透着城乡二元对立的模式化叙事要素;近几年霸屏的宫斗剧内隐着职场伦理硝烟的同时又在某种程度上化身婆媳、家庭矛盾剧的翻版,与此同时,各种过度理想化的"大女戏"轮番上阵……上述种种在很大程度上呈现出"流俗化"倾向。这里将从社会生活的表相化、道德生活的虚无化、个体生活的欲望化三个层面展开分析。

二、社会生活表相化

消费主义、网络文化追求感官刺激和时尚梦幻,在这个求新求异的快餐文化时代,图像对文字,表层对深层自然造成极大冲击。不少作家作品急于发言,抢占先机,热衷于搜集漂浮在社会表层的流行一时的炫目碎片,只求瞬间的热闹、好看、有趣;或者只为追求某一阶段盛行的话题热度,比如团圆、励志、二胎、养老等,完成某一宏大叙事目标,却不做深入调查把握,不管情节、结构的设置是不是合乎人物性格或者社会文化逻辑,更不致力于反映探析深层矛盾,对社会生活的把握呈现出表相化特点。

这一点在近年的影视作品中表现尤为明显。比如 2015 年播放的一部获得"电视制片业十佳优秀电视剧奖"的作品《下一站婚姻》,本意是讲述离婚男女点燃爱的希望步入新的婚姻的故事,这也是当下都市人关注的热点现象之一。可是编剧显然并不想对其中的社会、文化、心理现象进行探讨,而只采取类似"过关游戏"的通俗创作方式,单纯表现中年离异男女跨过种种障碍进入婚姻的过程。作为影视作品呈现老百姓喜闻乐见的话题内容,本无可厚非。可是过度追求过关、励志这一正确目标无疑对人物性格及剧情逻辑造成了冲击和干扰。

比如,年仅三岁的儿子由于家长的疏忽眼睁睁被拐卖,五年后方被解救。这样的悲剧故事在任何年代都无疑是影响一个母亲乃至整个家庭、家族的最深刻的心理事件。可是,在该作品中,围绕女主人公这一不幸遭遇的剧情表现却远远让位于她再婚再恋进度的推进。或者说,孩子被拐卖根本上只是为表现后者而设置的障碍之一。孩子被当面抢走之后,作为硕士毕业生的女主人公连打电话报警的细节都被忽略,反而当时还不相识的男主人公在事件发生时有一个飞身追踪抢夺孩子车辆的长镜头与大特写,同时他又在此时恰巧接到妻子要求离婚的电话。这一情节也只是为两人日后的关系发展埋下伏笔。接下来镜头一转就是五年之后,男女主人公机缘巧合相亲结识,在男主人公的联系下警察把被拐五年的孩子送到女主人公的面前。期间的解救过程也是被忽略的,孩子的心理问题的揭示与表现也让位于男女主人公迈入婚姻的障碍性设置的需要。人们对于这样一个曾经遭遇大不幸的孩子的同情,因其不断偷东西、当街要饭、撒谎等行为而消失得无影无踪。而男主人公则在母亲面对这样的孩子手足无措的情况下成功俘获她的芳心。

社会生活中非常重要的精神性事件,包括离异再婚、拐卖儿童、亲子关系、再就业等,在剧作中被消减了深度,只是作为"一定可以化解"的偶然性障碍,其艺术感染力与说服力大大减弱,人物像是只为完成核心任务而存在的提线木偶,呈现为卡通化、无厘头的特点,社会现象的描写更是浮光掠影、一地鸡毛。获奖剧尚且如此经不起推敲,大量更为肤浅地反映鸡零狗碎的生活闹剧的作品,其艺术性则更令人怀疑。

创作中社会生活表相化的另一种表现,就是与真正的现实生活多有隔膜,视域狭窄,无力观照生活全相,致使当下性、多样性缺失,弱化为一种模式化、概念化的写作。我国已经进入经济文化发展的新时代,城乡与区域发展的不平衡性以及土地城市化与人的现代化之间的不同步性成为我国近年来社会矛盾的焦点。新世纪以来城镇化进程的加速推进提出了新乡镇中国经验表达的历史使命。据《国家新型城镇化规划(2014—2020年)》显示,1978—2013年,我国城镇常住人口从1.7亿人增至7.3亿人,城镇化率从17.9%提升到53.7%,城市数量由193个增至658个,建制镇数量从2 173个增至 20 113 个。① 土地现代化取得了历史性成就,偌大的新中国乡土与乡民构成了无数的新风景,也带来了无数的新问题,然而他们在现代化路途中的风貌、品格、气质、心路历程等远未得到应有的文学艺术表现。

除了前面提到的消费主义意识形态、大众文化流行的影响,造成这一现象的一个直接原因就是作家缺乏深入生活深层与探查真实矛盾的意志,艺术触角未能抵达生活旋涡中的急流暗礁。当前活跃文坛的作家既有 50 后、60 后、70 后,也不乏 80 后、90 后乃至 00 后,可谓六代同堂,蔚然壮观。笼统而言,80以后的年轻作家更多倾向于都市化、新媒体写作,其主题往往离不开青春、校园、爱情等,一时间满屏都是《与青春有关的日子》《我们无处安放的青春》《致我们终将逝去的青春》《我的青春谁做主》等"青春旋律"(《青春旋律》)。而前三代中,不少作家在尝试先锋写作后转向现实主义,他们大部分不甘于做消费主义的裙下之臣,仍旧倾向于书写乡土民间。然而此时此地的乡土不再是鲁迅笔下的乡土,也不复是八九十年代的乡土。许多进入中产阶级行列的成名作家,熟悉的依然是自己十几年乃至几十年之前未成名时的乡土生活,最擅长者不过是时空错位的现实。

作为 50 后的代表性作家,莫言便直言"对于我们 50 年代出生的这批作家来说,想写出反映现在农村的作品已经不可能"②。贾平凹也慨叹"旧的东西稀里哗啦地没了,像泼去的水,新的东西迟迟没再来,来了也抓不住","故乡是以父母的存在而存在的,现在的故乡对于我越来越成为一种概念"③。其小说《高兴》立志书写农民"走出土地后的城里生活",可是和大多数描写农民工的底层写作一样,他笔下的农民形象在城里大多只能拾荒、干苦力,根本无法融入真正的市民生活。陈应松《太平狗》、尤凤伟《泥鳅》、孙惠芬《民工》、邓一光《怀念一个没有去过的地方》等作品中,农民工形象也带有这样的"概念"的影子。

---

① 国务院发展研究中心等:《中国:推进高效、包容和可持续的城市化》,中国发展出版社,2014年,第9—15页。

② 田志凌、孙骁骥:《新乡土文学:文学离今日乡土有多远?》,《南方都市报》2007 年 1 月 22 日。

③ 贾平凹:《秦腔·后记》,作家出版社,2005 年。

这样一种绝对化的认知在作品中的大规模呈现无疑对火热的乡镇生活以及新世纪农民现代化历程的鲜活细微的情态造成了遮蔽。换言之,这虽然也是当下农民工的生存状态之一,可是却得到了同一化的表现。审美表达能力较强且有志向反映时代精神风貌的大作家尚且如此,何况那些或随波逐流、追求眼球经济,或眼高手低、将一地鸡毛的生活表象当作现实本质的写作者。个体在现代化路途中经历的酸甜苦辛、曲折跌宕等偶然性际遇遭到绝对化不幸命运的弱化,俨然成为后者的客观、单一的官方说明书,悲剧审美性丧失沦落为失败流水线的终止符。

有学者指出,当下值得期待的是令人"震惊"的"文学现实"。"忠于生活并不等于亦步亦趋地忠于日常表象。它也可能意味着拆解表象。"他借用伊格尔顿的这一观点分析道,许多作家"并非不了解现实",他们的小说"也并没有歪曲现实",他们笔下的现实确实是"中国式"的,"是改革中国时代的浮世绘"。真正的问题在于,"作家由于峻急的主题表述和过于显豁的批判指向,而使这种'现实'成了主题演绎的某种道具、布景"①。但在我看来,这样的"现实"表现,不仅是因为作家急于表达主题,同时更因为作家本来就不了解真正的现实,或者说,作家了解的是表相化的现实。

三、道德生活虚无化

人与人之间、人与自我之间的伦理关系和道德关联,从来都是与人的生命存在须臾不可离的生活层面。与社会生活表相化的创作倾向密切相关,当代文艺也正在遭受另一个层面的流俗化的重创,那就是道德生活的虚无化。这样一种倾向的内在根源基于现代精神生活的虚无化。正如越来越多的专家学者所深切意识到的,现代精神生活遭到了来自虚无主义的极大困扰与挑战。虚无主义依托现代价值哲学,排斥一切社会生活原则,将价值化的人生观作为现代性精神生活的核心,正如尼采所言,"虚无主义是迄今为止对生命价值解

---

① 沈杏培:《期待令人"震惊"的文学现实》,《长篇小说选刊》2018年第5期。

释的结果"①。"虚无主义不外是这样一种历史,在其中关键的问题是价值,价值的确立、价值的废黜、价值的重估,是价值的重新设定,最后而且根本上,是对一切价值设定之原则所作的不同的评价性设定。最高的目的、存在者的根据和原则、理想和超感性领域、上帝和诸神——所有这一切被先行把握为价值了。"②

在现代价值哲学的规训下,生活的普遍性意义被价值取代,致使道德生活陷入相对主义乃至虚无主义的泥沼之中,有用无用、经济利益、个人关切等成为最高生活准则,天然带有适用范围的价值对普遍性意义的消解最终使得美丑、好坏、有无也消弭了区分的意义。

这种价值唯上的道德相对主义、虚无主义对文艺创作叙事伦理的侵害是显而易见的。如前所述,改革开放以来我国社会经济文化经历历史性变革,取得辉煌成就,人们的生活、思维方式也经历着深刻变化。作为这场伟大变革的参与者,现代个体感到荣耀的同时也会有迷茫、焦虑的困惑。在一味追逐名利的消费主义迷梦之外,根本性生活意义的缺席,思想资源的匮乏和信仰的缺失,造成道德相对主义、实用主义盛行。

在严歌苓的小说《芳华》中,刘峰是大家公认的好人,是人们心目中真正的"道德标兵",还得到了"雷又峰"这样的美誉度极高的绰号。但久而久之,别人将他的无私和奉献视为当然,甚至会将本不属于他的不幸转嫁给他。这正是道德实用主义的社会化弥漫现象。每个人都不想因为自己行使道德行为而受损,像"小悦悦事件"中人们因躲避灾难而选择见死不救的冷漠,像人们热衷于讨论的老太太跌倒了应该扶不扶的问题。

但另一方面,人们又希望也需要别人有不计利害的道德行为发生,因为由此自己可以从中受益。一个不讲道德的人在讲道德的人那里会收获意想不到的利益。这时候,道德被利用,也被劫持。当每个人都这样想、这样做的时候,道德就会远离人群,这时候,人与人之间的关系就会发生道德的缺席,造成社

---

① ［德］尼采:《权力意志——重估一切价值的尝试》,商务印书馆,1996 年,第 199 页。
② ［德］海德格尔:《林中路》,上海译文出版社,2004 年,第 240 页。

会道德生活的虚无化。

阎真在反映知识分子精神堕落历程的长篇小说《沧浪之水》中,借助"将过去的自己杀死"的主人公池大为在父亲墓前的一段话,吐露了自己被迫成为虚无主义者的心声。在现实利益面前"随波逐流",缴械投降,这是绝大多数实用主义者的必然选择。吴玄小说《发廊》中的大学教师"我"面对妹妹出卖身体的行为更是觉得天经地义,"纯属个人行为,跟道德有什么关系"。道德又算什么?从实用主义到虚无主义,从被迫虚无到主动虚无,文艺创作的道德航标日益倾斜。

与上述比较明显、公开化的"好人无用"、"道德无用"的叙事伦理相比,另外一种较为隐性的道德虚无主义倾向则更加具有迷惑性,在这里,道德原则被物质或者其他价值原则悄然转换并解构,道德评判缺席。

这里不妨以陈应松引发热烈讨论的中篇小说《母亲》为例加以重点分析。《母亲》叙述了一个偏瘫病重的母亲被亲生子女们"搞死"的故事。母亲历尽艰辛、忍辱负重、含辛茹苦地把子女抚养成人,当自己因病成为子女们的拖累的时候,却死在他们的手里。这篇小说应该说有着一定的生活真实性,对于底层苦难有着震撼人心的现实主义揭示。但是,从小说的叙事伦理来看,却隐含着较大的"流俗化"的问题。这是一个关于苦难的故事,但同时更是一个残酷的人伦悲剧。小说的叙述将这一悲剧的根源主要指向乡村的贫穷及恶劣的医疗环境,而漠视伦理道德层面的开掘,或者说在基本价值层面上默认了故事中表现出的道德虚无性,对于这种"寒意袭人"的伦理趋势流露出不得不接受的无奈感。

说到乡村的医疗,小说叙述的批判色彩十分明显,比如:"钱一下子就花完了,针打不了了,就征询医生的意见。医生觉得再榨不出他们多少油水来,干脆地说,那就办出院手续。"比如,写"眼睛像奸商一样"的医生见"引诱不了这几个农民进 CT 室",就敷衍一下,离开了"这鬼一样叫唤的简陋病房,去寻安静去了"。有一天,二哥对着护士的背影说:"我好想把医院炸了,把医生捅几刀,还有护士。"对于医生、护士等的用词和描写,显示出小说叙事先在的倾向性。涉及乡村干部,二哥说出的话是:"没看到他们一个个肥头大耳跟乡干部一样了么?你看他那个肚子,不要几十万才能吃出来;他那口黑牙齿,该要好多烟熏出来——他抽的精黄鹤楼,十几块钱一包啊,还不是吃的病人的!"这更是先入为主地就存在着强烈的对立和愤怒的情绪。给母亲治病,五个子女尽管把"盐罐子都涮干净了",仍然无能为力。如果妈再不死,"青香可能就会拖死,大哥可能就会累死",每家都会"家破人亡"。穷途末路之下,他们痛苦地合谋让母亲得以解脱。小说的叙事表明,经济击败了人伦,贫穷压垮了孝道,贫穷和弱势是悲剧发生的基本根源。在苦难叙事的主线之下,小说虽然仍然保留着一点道德叙事的色彩,但却是极言子女们那强烈的负罪感,极言他们是真的已经"尽了孝道"了。

对于《母亲》这样的小说叙事,甚至有些评论家也赞赏其"震撼人心"的现实主义效果,而无视其道德相对主义和虚无主义的可怕倾向。可见,这种倾向在当下文艺领域弥漫之广之深。在"谋杀",而且是"谋杀母亲"这一事实面前,小说表现出的道德辩解显得苍白至极。从本质上说,任何辩解都是反道德的。不杀人,是人之所以为人的最基本的道德准则。恪守这一道德律令,是无条件的,是不分时空的,与具体的社会、历史、民族、文化亦无涉。文艺创作当然应该反映社会矛盾,批判社会不公,当然应该以人道主义的视野反映老百姓的苦难,设身处地地倾听和诉说弱势群体的心声。但,这绝不意味着可以认同贫穷击败人道的逻辑,更不能违反道德上的绝对价值。

这是一种基本的现代性叙事伦理,如果文艺创作中缺乏这种基本的伦理意识,可以称为"道德判断的缺席"现象。刘国欣的中篇小说《夜茫茫》叙述了一个叫海燕的妇女被老公抛弃后去城里给一位很有身份的老人做保姆的故事。这位有权力又有威严的老人不但要求海燕完全按照他的生活习惯转换角色,后来又要求海燕陪睡。海燕想的是,这么一个死了妻子的可怜人,这么一个受人尊重的人,他应该得到他的满足。如果不去满足他,而是反抗他,那反抗有什么好处呢?继续衣不遮体食不果腹地回到自己在农村的房子里,刨着黄土给儿女攒钱上学?或者再换一家当保姆?等待新的人的调戏?即使换了,也未必比得上这里。甚至,海燕还心甘情愿地想到,"即使一开始他让海燕陪床,海燕也不会反抗。他也会料到海燕不会反抗吧。男人找个做饭的,无异于找个老伴,虽然相差三十多岁,但一个三四十岁生过三个孩子的农村女人,能有什么选择? 海燕愿意的。"

　　其实,这位体面的老人从来没有真正尊重过海燕,也没有设身处地地为海燕的一生考虑过,他只是需要这样一个女人。但海燕仍然感激他,甚至在他突然死了,他的儿女们赶走她的时候,她"第一次有了患难夫妻的感觉",独自一人为这个男人落泪伤感。这部小说独到地揭示了海燕所经历的苦难和不幸,也挖掘了她所受的屈辱和伤感,就是没有写出一个底层女性基本自尊心的坚守。任何一个女人在任何地位之中都可能会保持的基本的道德感,就这样随着生活的无奈而烟消云散了。

　　可以说,这样的创作在极言生活本身的力量的同时,也人为地夸大了以道德感为核心的人的主体性的消弭。显然,我说的"道德判断的缺席"现象,并不是指一部文艺作品没有流露出道德上的倾向性,而是强调一种"真正的道德判断"的缺失。缺乏真正的道德判断的自觉意识,不仅造成虚无性的道德解构主义倾向,甚至也会流露出对于非道德倾向、反道德本质的道德认同。

　　更需要关注的,这一倾向除了对文艺作品叙事伦理影响甚巨,大众接受、评价体系也出现种种善恶颠倒,是非不分的乱象,严重影响文艺创作的生态环境。在物质主义和虚无主义的狂欢中,一己得失、审美品性与好恶等又成为文艺评判的唯一准则。如此一来,有创作者一味追求点击率、收视率或者热衷于表达非道德、反道德观点,而受众则粉丝化、主观化、绝对化,这两种现象成了文艺园地的两朵"恶之花"。在这两朵"恶之花"的侵袭下,种种枉顾叙事道德、创作道德、传播道德、评价道德,以丑为美,劣币驱逐良币的怪相恶相屡见不鲜,甚至令人瞠目结舌。

　　据媒体报道,一位小学生的母亲在今年不幸遭遇车祸,奄奄一息,孩子却在抖音"直播死妈求赞"。还有一个小学生偷偷在家直播,其母亲在不知情的情况下沐浴后全裸入镜,被网络大肆宣传,造成恶劣影响。另有男子为求高点播率将滚烫火锅汤水直接泼在无辜者头上,将其烫伤,最后锒铛入狱。具体到文艺创作领域,种种违背创作道德的抄袭、抠图、过度替身、摆拍、收视率造假、票房造假等现象也早已成为艺坛痼疾。

著名导演郭靖宇在 2018 年 9 月份便实名曝光"收视率造假"内幕。而与此对应,评价体系也在所谓粉丝、黑子的二元对立生死搏斗中上演出一幕幕吃瓜路人应接不暇的滑稽剧。据人民网报道,"新年伊始,《紫光阁》杂志官方微博批评某歌手教唆青少年吸毒和侮辱妇女。几天后,'紫光阁地沟油'话题登上新浪微博实时热搜榜,随之曝光的截图显示,疑似该歌手粉丝想报复,却误以为紫光阁是饭店,闹出了'紫光阁地沟油'的笑话"①。这位因参加某综艺节目爆红的歌手因不良歌词引起各界讨论评判,但是其部分粉丝却无视其中疑似吸毒、放浪形骸、侮辱女性等内容,仍旧为其摇旗呐喊,冲锋陷阵,从而引发上述笑话。

这种"顺我眼昌,逆我心亡"的粉丝评价体系已经不再将作品的思想艺术审美品格作为评判的第一标准。对于某些极端化粉丝而言,偶像的一言一行都让其趋之若鹜,只要偶像参与创作的作品,无论好坏都全盘接受。而对所谓对家则是无情打击,誓死追击。偶像崇拜蕴含大量的经济利益,因此不少制作公司通过种种包装、人设、设置 CP 等,将力气花费在吸引粉丝、固化粉丝上,而不再追求作品的原创性、艺术性。这说明,道德生活的虚无化不仅仅是文艺创作流俗化的表现,它也弥漫于文艺生产、文艺消费和读者接受等各个环节,不同环节之间的恶性循环将导致道德虚无主义更加积重难返。

四、个体生活欲望化

道德生活虚无化倾向在本质上是对个体社会属性的一种背离,相反地,个体自然属性的地位必然日益凸显。个人试图摆脱社会、国家、民族等话语体系,成为命运、际遇的主体。而现代性打出怀疑一切、质疑一切的旗帜,在解构神权、道德、政治、历史等意识形态之后,则又将理性、自律弃如敝履。加之文学对此前被各种宏大叙事束缚的反驳,当前文艺创作出现了一种明显的个体化倾向。个体化倾向的过度发展又在某种程度上导致欲望化描写泛滥,本能、

---

① 李思辉:《不可低估"紫光阁地沟油"揭开的"黑白莫辨"》,2018 年 1 月 19 日。

物欲、情欲等大张旗鼓地登上文艺舞台,摇曳着霸占 C 位的荣耀。这可以称之为创作中个体生活的欲望化现象。

美国学者凯特·米利特曾指出:"交媾从来不在真空中进行;尽管它本身是一种生物的和肉体的行为,却植根于人类活动大环境的最深处。"①然而在虚无主义和价值哲学的纵容下,现代个体却认为自己可以脱离人类活动的大环境,他可以自由处置自己的身体,就像前面提到的"我"所追问的,身体买卖自由,关道德何事?(吴玄《发廊》)当然也与历史、文化和社会无关。放眼当下,无论是在都市文学还是底层写作中,偷情、乱情、纵欲、性麻木等描写触目皆是。如果说,20 世纪 90 年代的欲望叙事还附带着对宏大叙事和感性压抑的反驳,对冷冰冰的理性主义的声讨,当下它早已经跃升为性意识形态,成为个性的代言人,拥有至高无上、毋庸置疑的绝对权威。

曾几何时,人们还在"何不潇洒走一回"的旋律中自我安慰,在"你总是心太软"的歌声中哀怨自恋,转眼间,新世纪响起了"来呀,快活呀"的呻吟:"来啊 快活啊 反正有大把时光/来啊 爱情啊 反正有大把愚妄/来啊 流浪啊 反正有大把方向/来啊 造作啊 反正有大把风光/啊……痒/大大方方爱上爱的表象/迂迂回回迷上梦的孟浪/越慌越想越慌 越痒越搔越痒/……"仔细推敲,这首由孟楠作词、传唱四野、红遍线上线下的歌曲《痒》,寓意颇深,正是当下无所顾忌放纵自我,甚至懒得放纵还要对方加以诱惑的欲望态度的写照。

从渴望性解放到公开宣扬、大声吆喝,从种种禁忌束缚、扭扭捏捏,到"大大方方爱上爱的表象",欲望是这般地放肆、慵懒、狂荡,呈现出一种放马南山、刀枪入库的悠闲轻佻。窥一斑而知全豹,在这种"越痒越搔越痒"的精神状态的泛滥中,一些美其名曰向外国文化学习的嘻哈歌曲中公然出现诸如"白天睡觉晚上吼,纯白色的粉末在板上走"、"BITCH 都来我的家里住,全部撅起屁股 COS 圣诞小麋鹿,就骑在她肩上把燃料抽精光"等歌词。在"来啊,快活啊"的类似招揽生意却被看做追求自由的幻象的叫卖中,花样繁多、层出不穷的性欲描写自然不难理解。与此同时,物欲和权欲等描写也是大行其道,不遑多让。

---

① [美]凯特·米利特:《性的政治》,钟良明译,社会科学文献出版社,1999 年,第 36 页。

在别尔嘉耶夫看来,色欲对道德、理想、精神信仰的疯狂侵袭"并不利于个性的原则,表相不利于精神自由,表相而可能成为更精制的奴役"①。同样,物欲、权欲的过度膨胀也成为个性发展的枷锁。在现代性视野中,成为一个自由而成熟的个体是我们的成长目标。在艺术虚构的领域内,我们期待血肉丰满、性格各异的人物及其际遇为我们诉说心灵的秘密,在生存的深渊处点燃温暖的篝火。然而道德信仰和责任伦理的缺失使得个人生活窄化为欲望实践的平台,形形色色的欲望表演犹如遍地毒草败坏了文艺百花园的生态和大地的和谐。

泛滥的欲望描写为我们呈现了各色各样物化、异化的标本,他们已经失掉人的尊严,在性欲、物欲、权欲的叠加追逐中堕落为商品、钱奴。在他们眼中,"到处都是商品,表相都是交易"(邱华栋《白昼的躁动》)。"金钱就是法则,成功就是一切"(晋原平《大欲壑》)。"现在是孔方兄的社会,孔方兄主宰一切,离开它你就寸步难行啊!"(田东照《买官》)很多打着反腐名义的作品却或明或暗地隐藏着对权力、金钱的渴望与崇拜,"钱做不到的事还是有的,而权力做不到的事就没有了。"(阎真《沧浪之水》)

我们不由得要追问,在这满眼的异化、变态、非人丛生的欲望的渊薮中,即使有大把金钱、大把时光、大把乌纱帽,人们真的能快乐起来吗?难怪当下很多年轻人失去生活的目标和奋斗的热情,在"葛优躺"、"废柴"的流行、自嘲中,在丧文化表情包的泛滥中焦虑迷茫,荒废大好青春年华。

综上所述,社会生活表相化、道德生活虚无化、个人生活欲望化等种种倾向对文艺创作造成的负面影响已经日益显现。像前面提到的为搏眼球经济枉顾道德的种种抄袭、抠图、过度替身、摆拍、收视率或票房造假、粉丝控评等恶现象已经引起有识之士的极大关注,而只为利益、不求创新的重复、模仿、模式化等不良现象也让观众、读者大呼无趣。以近年大量 IP 剧的流行为例,一种样式的成功会引来无数的模仿者。就像一位记者在调查研究此类现象后所发现的:"几年前的《宫》《步步惊心》《甄嬛传》《武媚娘传奇》《芈月传》……到今年已经播出的《龙珠传奇》《大唐荣耀》《秦时丽人明月心》《三生三世十里桃

---

① [俄]尼古拉·别尔嘉耶夫:《论人的奴役与自由》,中国城市出版社,2002年,第273页。

花》《楚乔传》《醉玲珑》……到尚在制作中的《如懿传》《独步天下》《独孤天下》《赢天下》《凰权·弈天下》《凤求凰》《凤凰无双》《将军在上》《帝王业》《独孤皇后》《扶摇皇后》……国产'大女主'戏终于从'玛丽苏'进化到了'玛丽苏、苏、苏'。"这不禁让人追问："国产剧'玛丽苏'都晋级到 3.0 了，你看腻了吗？"①

"玛丽苏"女主人见人爱，花见花开，这种过度理想化、意淫化的创作模式，表面上反映帝王将相推动历史风云的强大意志、女性奋斗成长的励志过程与忠贞不渝的爱情向往，实际则以其神圣的"主角光环"将历史、人性、道德的力量一一消解，大多数作品因循重复，观点庸俗，逻辑混乱，情节老套，以迎合观众尤其女性观众一时的观赏心理为能事，抢夺资源，以次充好，最终将造成劣币驱逐良币的恶果。当然，在这一流行模式之外，上述种种"流俗化"倾向均无益于文学艺术的多元化、深度化发展。

苏童在谈到自己的创作理想时曾说，"最优秀的作家无须回避什么，因为他从不宣扬什么，他所关心的仍然只是人的困境"②。他认为，文学艺术不做各种意识形态的传声筒，却也不能忘记关注个体生存困境的使命。的确，作家应当张扬自由的审美风帆，记录并穿越生命际遇的种种激流险滩。然而纵观新世纪文坛，我们发现越来越多的作品只将目光扫过社会生活的表层，复制浮光掠影的表相；只将同情的理解投向自身，枉顾道德评判的缺席；只讲经济的价值、癫狂的欲望，却不能沉潜入生存的深渊，书写那些个人与时代共鸣的悲欢和眼泪。

文学最大的敌人是"彻底丧失现实感"。如果说"流俗化"现象是当下文艺创作最严重的沉疴，那么它最为根本的症结就存在于文艺与生活的关系中。重构文艺与生活的关系，将是别无选择的救赎之路。我们期待在越来越多有识之士的共同努力下，新世纪文学能摒弃道德虚无化与艺术流俗化之流弊，穿越表象，祛除偏见，打破成见，在对新时代世俗、风情、人物的深刻摹画书写中彰显社会生活和现代个体的真实精神风貌。

---

① 余亚莲：《国产剧"玛丽苏"晋级教程》，《南方都市报》2017 年 8 月 27 日。
② 苏童：《短篇小说，一些元素》，《读书》1999 年第 7 期。

回望与觉悟：新世纪
乡土文学的精神面向
——从格非的《望春风》说起

黄　轶　杨高强①

摘　要　《望春风》是格非继"江南三部曲"之后的又一力作,这部作品不仅深化了作者从20世纪90年代中期以来"重回故乡"之叙事转型的写作向度,而且也是近年来"怀乡"创作潮流中颇具影响的代表作。小说以江南腹地的儒里赵庄为对象,具象化地描绘了中国乡村在当代近七十年间的命运变迁,为乡土文学书写提供了从"在乡"到"失乡"的写作视向,并在历史的迷雾中对"去乡村化"变革的现代化动因进行了更为深入清晰的辨识,通过乡村变为废墟的悲剧现实启悟乡村治理的时代命题,同时以"返耕复建"的乌托邦式想象提出乡村生态文明修复的构想。《望春风》对新形势下乡土文学创作的现实关怀和精神面向的开掘,不乏启示和参考价值。

关键词　《望春风》　新世纪乡土文学　"去乡村化"　生态书写

新世纪第二个十年的长篇小说创作,显现出某种集体式的转向:以李佩甫的《生命册》、金宇澄的《繁花》、格非的《望春风》、李陀的《无名指》、贾平凹的《极花》和《山本》、姚炜的"乡土中国三部曲"(《富矿》《后土》《福地》)、付

---

①　黄轶,上海师范大学都市文化研究中心、人文学院教授,博士生导师。主要研究领域为中国文学现代转型研究、乡土小说批评,近期出版有《苏曼殊与中国文学现代转型研究》《新世纪乡土小说的生态批评》等。杨高强,上海师范大学人文学院都市文化学博士研究生,主要研究方向为中国现当代文学。

秀莹的《陌上》等为代表,在不同维度的原乡书写中表现出试图重构宏大历史和现实叙述的共同意识。其中,《繁花》和《无名指》分别写上海和北京这两座城市在全球化、都市化背景下不同情形的历史变革,表达了一种知识分子在精神层面渴望回到城市原乡的现代性乡愁;其他作品可同视为乡土题材,虽各有写作向度,但都不同程度地将城市化、工业化等作为背景,"把关注视野投向了正处于现代性围困的中国乡村,表现了这几位作家对于当下时代中国乡村命运走向的深入思考"[1],并且在民间立场和乡土空间中着意追求宏大的历史叙述,甚至或隐或显地表现出某种为乡土、乡村的历史进行"正本清源"的意图。在当前现代中国百年回望的热潮中,格非的《望春风》之于乡土文学的回望具有特别意义。这部小说以回望农耕文明作为情感主线,不仅呼应了当下的"怀乡"社会思潮,也是对百年乡土文学流脉中真正意义上"失乡"(包括地理空间和精神空间的双重"失乡")的"破题"写作,揭示了百年来现代化的命题之一——"去乡村化"在当下局部变现的事实,在整合现代性历史语义的立场上,重新理性地认识不同历史阶段乡村不断衰落、终成"废墟"和"野地"的真正动因,同时也在回望农耕文明中寄托知识分子的觉悟忧思,以乌托邦的方式对乡土废墟化的惨痛现状提出了"返耕"的生态想望。

一、从"在乡"到"失乡":"去乡村化"
历史的完整勾勒

《望春风》是格非继"江南三部曲"之后的又一力作,因为也以"江南"为背景,被视为"三部曲"的续曲,但其写作路径发生了重大变化。"三部曲"的创作计划始于1994年,到2012年完成最后一部《春尽江南》,耗时既久,"所谓的创作初衷也如泥牛入海,变得很不真确了"。当时有人称之为"乌托邦三部曲",格非对此名目并不满意,倾向于称为"江南三部曲"。因为在他看来,"江

---

① 王春林:《被现代性围困的中国乡村——2016年长篇小说创作一个侧面的扫描与分析》,《创作与评论》2017年第2期。

南"既是一个地理名称，是他度过童年时代的长江南岸的小村庄；也是一个历史和文化概念，是其记忆的枢纽和栖息地，书中的人物和故事都取材于江南腹地，作家有着通过文学写作重返故乡的情感动机。不过，"三部曲"的叙事中，作家以故事讲述者的身份"置身事外"，且其时80年代的启蒙话语仍在延续，"返乡者"的身份值得考究，而"返乡"的目的也多被评论界解读为：知识分子的"乌托邦"理想、颠覆文学的革命话语模式，等等，这样的理解应该是恰当的；并且，"三部曲"所搭建的"江南"时空，是近代以来从村镇到县市乃至于勾连外乡都市的历史变迁，所谓的"江南小村庄"，不过是"乡土中国"在格非这里重走现代化的一个叙事起点。而《望春风》则有所不同，它是格非对故乡的一次实写，一次真正的精神还乡。作家以"第一人称"的口吻自述，且褪去知识分子的启蒙意识，真实触摸这个叫做"儒里赵庄"的江南乡村——它的土地和乡民、风情和粗鄙、历史和当下。或许对格非而言，这次重回故乡的心情并不愉快，因为叙事出发的时候，儒里赵庄已经在拆迁后变成一片"废墟"。不过，痛失故乡也许恰恰是触发文学写作真正还乡的情感驱动吧。

在中国的现代化视域中，"乡土中国"既是问题的对象，也是问题的方法。所以在百年来的现代化进程中，"去乡村化"和回到乡村是一个紧紧交织的悖论性命题，由是导引出来乡土文学中两种对话性的基本写作面向：鲁迅式的"离去—归来—再离去"和沈从文式的"离去后的回望"。在后现代主义批评那里，这种现象被阐释为一系列辩证式的乡土方法论，比如"启蒙与反启蒙"①、"批判乡村与乡村的批判"、"改造乡村与乡村的改造"②等。在百年回望中我们会发现，以城市化和工业化为中心的现代化虽然把"去乡村化"作为重要道路，但每一个历史的关键节点，又总是会以"回到乡村"的方式去寻找推动现代化发展的良方，与现代性诉求相伴而生的乡土文学也不例外。从鲁迅的"离去"、京派的"乡愁"开始，回望乡村就成为知识分子书写的一种基本范式，"离去"荷载着寻求图治的启蒙理想，"乡愁"寄寓着精神的还乡，到了20

---

① 黄轶：《生态批判："反启蒙"与"新启蒙"的思辨》，《中国现代文学研究丛刊》2011年第2期。
② 贺仲明：《中国乡土文学的精神发展空间》，《朔方》2009年第10期。

世纪中叶的农村合作化题材创作、80年代的改革文学，甚至世纪之交的"新乡土文学"潮流中的"底层叙事"、"乡下人进城"、"打工文学"等，更是回到乡村、把乡村现实作为基点的文学书写。这说明无论地理上的乡村还是精神上的乡村都并未真正远去，有关"乡村正在消逝"的感喟也不过指出了在现代化冲击与挤压下，乡村从鲁迅体验的"萧索"到更"萧索"、衰落到更衰落的现实境遇，从这个意义上来说，乡土文学不管以哪种方式和立场进行"回望"，都还是"在乡"写作。

当然，不同的作家和评论者对于"乡"的概念存在着认识上的差别，需要作进一步澄清。如前所述，现代化确立的"去乡村化"命题，使得从鲁迅开始将"乡村"分裂为两个所指空间：地理上的乡村和精神上的乡村。这两种形态包蕴的审美现代性在乡土中国形象书写的多个维度中交互重叠、融会渗透，这也导致了对乡土文学概念认识的复杂以及归拢不同创作流脉的困难。不过，由"去乡村化"似乎可以引出一个对应的话题，即"回到乡村"，以此为线索进一步探究地理空间和精神空间的内在关系就会发现：与"城市"对应的乡村概念属于地理空间范畴，而与"现代"对应的乡村概念属于历史时间范畴，前者的空间变化程度是引发后者情感和精神变化的内在动因。换而言之，精神原乡是以历史和记忆作为参照，反观地理乡村的传统留存。那也就意味着，只要地理乡村没有彻底消失，传统留存没有彻底覆灭，精神还乡就还有现实的依凭和寄托，就不会因为失去具象而陷入形而上的虚妄想象。从这个角度来看，以鲁迅为代表的乡土启蒙和苦难叙事中所描绘的前现代乡土中国形象，以废名、沈从文等为代表的田园牧歌式的浪漫乡土中国形象，以茅盾、赵树理、周立波、柳青、高晓声、路遥等为代表的政治化叙事中的现代乡土中国形象，都因其直面乡村现实或在历史参照下审视乡村构成了事实上的"在乡"书写。至于世纪之交的"新乡土文学"所描绘的集合前现代、现代和后现代于一体的乡土中国形象，总体来看"既有前三种形象遗存的旧影，更有现代转型期乡土中国现实的投射"①，仍然处于"在乡"书写的阶段。虽然也有如张炜"回到野地"这样的观

---

① 丁帆等：《中国乡土小说的世纪转型研究》，人民文学出版社，2013年，第115页。

念和文本，但所谓的"野地"，既包括了自然本原的空间，也包括了工业化遗弃的"废墟"经过自然修复而形成的空间（如《三想》中的老洞山），其实都构不成依托传统乡村所指涉的"乡"的形象，更倾向于知识分子在后现代精神危机境遇下将自然空间假想为心灵家园的一种修辞策略。

从具体的审美现代性角度来看，乡土中国的现代化发展具有线性时间的特征。正如沈从文当初的感受那样："'现代'二字已到了湘西，可是具体的东西，不过是点缀都市文明的奢侈品大量输入，上等纸烟和各样罐头在各阶层间作广泛的消费。"①时至今日，这种观感不仅更为强烈，而且也发生了由点到面的变化。因为随着现代化发展程度越来越高，"现代"对乡村社会造成的影响早已不是沈从文时代的那般"点缀"，也慢慢越过世纪之交时的城乡对峙胶着阶段，"去乡村化"的"既定目标"已经在现实生活中渐露端倪。我们不得不接受这样一个无奈的现实：地理意义上的乡村开始局部地消失，由此导引的精神还乡的"着陆点"也已落空。正是在这一背景下，近年来各阶层的"怀乡"意识日益增长，渐有蔓延成为一种社会思潮的态势。格非的《望春风》、叶炜的"乡土中国三部曲"、付秀莹的《陌上》等作品，某种意义上是对当前社会潮流现象的呼应。特别是格非的《望春风》，几乎在 2016 年掀起了一场社会大众集体回望农耕文明的风潮——这部作品被《收获》、《当代》等文学刊物刊发，其单行本经读者评选为"新浪好书榜 2016 年度十大好书"之首，入选了中国新闻出版广电网"2016 年度大众喜爱的 50 种图书"，又被全国近 200 家报纸评介推荐，读者的读评文章和学界的研究评论也形成了持续至今的热潮，这也说明其取材和主题跟社会的当下情感状态确有契合。

《望春风》以第一人称"我"的视角，回顾了儒里赵庄从 20 世纪 40 年代"土改运动"到新世纪第一个十年间近七十年的历史，通过乡人流传、个人亲历的方式，讲述这个江南小村从农耕社会延续状态下的自给自足，经过一系列革命、改革之后的溃败、崩塌直至沦为"废墟"的变迁过程。儒里赵庄的命运史，正像现代化视域中"去乡村化"的历史缩影，在不断衰落、溃败之后，最终走向

---

① 沈从文：《沈从文全集》（第 7 卷），花城出版社，1983 年，第 2 页。

消失。这似乎是现代化进程中部分乡村社会空间的必然命运路径,但也透视出一种文化情感上的颓圮和荒凉。格非回望儒里赵庄历史变迁的前置性话语,即是它当下变成"废墟"的结局,这是一种逆向溯流的叙事策略,也带有以先验进行反思的意味,而第一人称的叙述视角更加剧了客观事实不容置疑的警示性,他所强调的是千万个乡村中"去乡村化"历史终结的"这一个"。不过,作品中的"我"并非是严格意义上的知识分子身份,更像是被抽象化的普通乡民代表,在看似民间化的语境中勾勒出乡村从衰落走向废墟、野地的历史命运。这对"去乡村化"的历史走向既是一种当代续写,也是一种完整性的补充。

儒里赵庄在资本开发、土地征迁的狂潮中一夜消失的悲剧,对于主人公"我"而言,还不仅仅是地理意义上的"失乡"问题。"故乡的死亡并不是突然发生的,故乡每天都在死去",但正如大多数人面对"去乡村化"的迟钝反应一样,"甚至当我第一次听说儒里赵庄将被整体拆迁之后,我也没有感到怎样的吃惊",因为在潜意识里,"我"还是想象着"有朝一日能够重返故乡,回到它温暖的巢穴之中去"。正是因为有这样一个依托记忆搭建的精神原乡存在,所以"失乡"一直只是浪漫的乡愁。但《望春风》通过主人公"我"的感受揭示了失去现实依凭后精神原乡的脆弱和虚妄:"只有当你站在这片废墟上,真切地看到那美丽的故乡被终结在一个细雨迷蒙的春天,我才知道,我当初的幻想是多么矫情、谵妄。"这意味着"我"所失去的,是地理意义和精神意义上的双重故乡。这一彻底的"失乡"情形,不仅揭示了"去乡村化"历史在现实生活中局部变现的现象,而且也破题了乡土文学"失乡"书写的精神面向,甚至在某种意义上唤醒了浪漫的乡愁"旧梦",就像贾平凹在《极花》"后序"中感叹的那样:"虽然我们还企图寻找,但无法找到,我们的一切努力也将是中国人最后的梦呓。"①

二、"废墟"之问：现代化动因的辨识与反思

在"去乡村化"问题的视域中,乡土文学的两种基本叙事面向:乡土现实

① 贾平凹:《极花》,人民文学出版社,2016年,第203页。

和乡土历史,都离不开现代化语义的植入。一般认为,20 世纪 80 年代以前,现代化之于乡村的用力尚处于"亚细亚生产方式"①内部的自我调适阶段,所以乡土文学的现代化景观描绘,最具象的也不过是赵树理为三里湾的未来所设计的"蓝图"、陈奂生在县委招待所沙发上"触电"般的心惊肉跳、《哦,香雪》中在台儿沟停留一分钟的火车等,这一阶段人们对现代化的情感在"想望城市"和"浪漫乡愁"之间并行不悖;而 80 年代以来,中国社会的现代化进程加速,"去乡村化"的现实景象越来越清晰、扩大,由此带来的城乡冲突、农耕文明与工业文明的冲突、乡村社会内部结构失序等现实问题凸显,给知识分子带来了体认"去乡村化"的不安,在世纪之交潮兴的新乡土文学书写中,呈现出"现代性"和"反现代性"的交锋冲突。在这种认识中,"80 年代"就成为现代化语义生成的实质性背景,成为后来乡土文学回望"去乡村化"历史的话语逻辑起点,甚而在某种层面上,"80 年代"构成了当下反思现代化的方法论。事实上,这套看似经过现实经验实证的现代性语义,与当代中国的现代化历史存在着一定的错位,因为世纪之交人们切身感受和面对的所谓"新乡土经验",更多是骤然而至的"当下"现实乱象,未及融进历史整合和深层思考。

"80 年代"作为方法的局限,一是容易在认识上造成对市场经济体制的主观误评,导致时下一些观念中将社会转型过渡时期的现实问题片面地归因于改革开放;二是割裂了现代化历史进程的整体性,往往会忽略对现代化内在逻辑的考察,导致某些反思中的偏激。例如,城乡二元视域中的"文化守成"与"反城市中心主义",生态伦理视域中的"社会发展观"批判、"反人类中心主义"等,虽然对现代化进程中的"盲目开发"、"经济至上"等问题的反思和纠偏产生了一些积极意义,但也引发了不少争论。就像"去乡村化"牵引出的"失乡"问题,如果一股脑地推给"发展"、单纯地归罪于经济制度,而忽略对乡村社会没落的自身因素以及政治文化的"人为干预"等因素的考量,显然就有失"公允"和全面。在追溯当下乡村现实问题的视线中,历史批评的"人文关怀"

---

① "亚细亚生产方式"最早是由马克思于 1859 年在自己《政治经济学批判》序言中提出的。后来一般都认为,劳动密集型、效率偏低的传统农业,是亚细亚生产方式的代表。

不可或缺,因为从根本上来说,乡村问题不仅是一个经济学问题或社会学问题,也是很复杂的政治问题。在这一点上,格非站在儒里赵庄的"废墟"上,怀着失乡之痛的历史回望或许比一般的乡土文学反思得更为深邃幽远。

单从小说的结构比重来看,《望春风》的大部分笔墨用在"我"离开儒里赵庄(1976年)以前的生活描写,即便在此后迁居邗桥的日子里,也仍然以"补记"、"考证"、"答疑"、回忆等笔法不断交叉续写乡村旧事。正当读者沉醉在对这个氤氲着江南烟雨传奇的乡村往昔风情的顾盼流连之中时,"我"的堂哥赵礼平突然使用阴谋将村庄用污水淹没,村民被迫搬迁,这个有着千年文风遗韵、耕读有序且代有风流人物的乡村,一夕荒弃。这种结构安排导致的情节顿挫,一度引发批评。但细究起来,可见格非的特别用意:在缓慢的叙事节奏中无限拉伸儒里赵庄的农耕文明旧影,以此跟其顷刻变成废墟的命运终结形成巨大的时空反差。这种叙事策略带出来的历史悲怆感,不仅能引发更强烈的阅读情绪,也能促发阅读者近乎本能地发问:是谁造成了乡村的悲剧?

回答这一问题似乎并非难事,因为在导致悲剧发生的直接承续关系中,赵礼平是首当其冲的"罪魁祸首"。赵礼平并非小说的重要角色,在类似于"为乡人立传"的故事结构中也没有他的单节单篇,但对解读儒里赵庄的命运而言这个人物又至关重要。少年赵礼平的行为举止已经表现出对儒里赵庄的传统格格不入的一面,通过寥寥几件孩子们游戏般的交往事件,就将他的狡诈粗鄙、贪婪野心、利己自私、无情阴狠、目无法理、不择手段等品性做了直接清晰的交代;作家将赵礼平成年后的人生转为略写或者采用转述,简明了当地勾画了他一路"开疆拓土"最终"雄霸一方"的人生风光:先是在屈辱中继承父业(劁猪倌),通过精明强干发明了人工授精配种法,快速成长为让人刮目相看的技术员,成了县劳模、乡兽医站长,当有划时代意义的1976年到来时,赵礼平从兽医站离职,办起了胶木厂,从此在商海中一路高奏凯歌,建起了自己的"商业帝国",最后在征地开发大潮中一手摧毁了他的故乡。赵礼平的人生表现出来的某些时代特性,比如技术和经济理性、利益中心主义等,与处于暮年衰微的儒里赵庄其人文底蕴中的儒法思想、宗族意识、耕读自足观念和人伦温情,形成了互为冲突的对照。这一情节关系背后所映衬的,是赵锡光和"父亲"的时代,赵德正、梅芳们的时代逐渐过渡到赵礼平们的时代这样一个不可逆改的历史走向。

虽然格非恪守讲故事人的本分,尽量回护对历史本身的超然叙述,但这其中的人、事异动仍然无意间泄露了左右历史走向的内在"机密",赵礼平就好像是撬开这一"机密"的钥匙。在小说开篇的人物出场处理中,有两处对少年赵礼平的预言式评价,一是刀笔赵锡光在为"我"和小伙伴赵同彬、赵礼平开蒙教书的日子里,对赵礼平重复下的定语,"礼平这孩子,心术不正啊。他倒不是笨,只是心思没用对地方";另外一处是"父亲"跟我"诀别"前的"预卜未来"中,通过对村里人事的盘点评价,为"我"今后独立生活留下尽可能"自保"的智慧,在说到礼平时,"父亲"下了这样的断言:"这是一个狠角色。如果我预料不错的话,这个人将来必然会在村子里兴风作浪,做出一番惊天动地的大事来。离他远点,但也不要轻易得罪他。"这两种评价虽然缘由不同,但都暗示了赵礼平身上的破坏力量。赵锡光看不上礼平,仿佛象征着儒里赵庄的传统秩序与新生法则之间的天然矛盾;而"父亲"的卜言,既是对这一矛盾的洞察,也是一种对于未来危机的警示。赵锡光和"父亲"同属于一个时代,他们都具有"乡贤"身份,所不同的是赵锡光是"儒贤"的代表,而"父亲"则属于带有道学性质的"杂家",他们是儒里赵庄千百年文脉传统的缩影和最后遗续。在故事开始的时候,儒里赵庄的历史就已通过土地革命进入到了共和国时代,乡村权力交到了赵德正、梅芳等人的手中。而赵锡光们作为过去时代的优秀代表,虽然失去了话语权力,但仍然能依凭传统文明中的优势力量,在新时代自保其身。而更重要的是,赵锡光们晚年的平静生活也得益于赵德正们的"宽厚"和"保护"。赵德正、梅芳等人,虽然代表着新时代的政权势力,但他们的思想深处仍然葆有传统宗法社会、农耕文明的性情意识,政治极权的威力在儒里赵庄受到一定的修正与调和。但儒里赵庄的文化传统在代际传承中因政治极权的干预而断裂:赵孟舒弹奏《望春风》的古琴被毁,赵锡光因为看不上礼平的秉性放弃对其施教,接连不断的革命运动对传统宗法的破坏、对"父亲"及唐文宽等象征新式现代民主文化的封杀,以政治为中心的社会观念投射出的机会主义价值观滋生蔓延等,这些为赵礼平们的强势出场做了有效的铺垫。

如果说赵礼平的成年时代是乡土中国从前现代到现代、后现代过渡而呈现出外部显性发力的历史阶段,那么赵礼平的少年时代则是乡土中国在前现代向现代转型中内部隐形运作的历史阶段。换言之,赵礼平摧毁儒里赵庄使之变成废墟,其行为虽然代表的是 80 年代以来经济中心主义语境下资本强力的"去乡村化"典型现象,但从观念形成的历史脉络和根源上来讲,政治强力所催生出来的"人为"因素同样值得重视。这两种现代化的动因,本身也分属于两个紧密连续的现代化历史阶段。从这个角度来说,《望春风》对乡村历史的回望、对儒里赵庄现代化命运变迁的梳理和追思,主要用意即在于此,这也可以解释小说为何采用"奇怪"的情节结构和叙述方式。

三、返耕的乌托邦寓意: 伦理修复与
"去乡村化"治理

虽然格非对于"乌托邦"的指认不太满意,但在知识分子的精神面向中,"向前走"的人文关怀与现实境遇中理想陷空之间的矛盾,又客观上无法摆脱其"乌托邦"逻辑。"江南三部曲"回望与反思历史所构成的"乌托邦"假设,实际上无法产生启蒙的有效意义;而面对现代化进程中不断发生的"失乡"境遇,如何回护乡土中国的精神遗存、如何应对乡村变成"废墟"的现实问题,或许正是格非们当下的忧心所在。从这个角度来看,《望春风》回望乡村的方向并非全是历史迷雾中的"来路"清理,还包含着对当下和未来的"去路"想望。作品中对儒里赵庄在沦陷过程中自然环境和生态机体的历史观照,显然还具有现实所指。

现代性反思面对的现实境况之一,是工业文明累积至今造成的自然破坏和生态危机。20 世纪 80 年代中后期以来中国经济上的扩容增量一直反衬着自然环境的过重负载和人们在文化、精神上的委顿失序,社会变革对传统文明带来了一次全局性、不可逆转的致命打击。作为对时代的呼应,"创伤意识"成为乡土文学"去乡村化"主题书写的共性表达。就如诗人苇岸的感喟那样:"在神造的东西日益减少、人造的东西日益增添的今天,在蔑视一切的经济的

巨大步伐下,鸟巢与土地、植被、大气、水,有着同一莫测的命运。在过去短暂的一二十年间,每个关注自然和熟知乡村的人,都已亲身感受或目睹了它们前所未有的沧海桑田性的变迁。"①《望春风》对儒里赵庄历史中自然环境的前后描写,从半塘有史以来草长莺飞、白鹭迎春的盛景到最后水乡枯涸、人迹稀绝的惨况,从姹紫嫣红、情趣盎然的曼卿的花园到断垣的废墟荒野,儒里赵庄从自然生态到人文环境也经历了沧海桑田般的巨变。特别是小说最后写到"我"与春琴在老无所依、居无所处的困境下,回到儒里赵庄的废墟上垦荒返耕、重建家园的情节,让整部作品在精神返乡到身体返乡的完成式中呈现出某种为农耕文明复魅的生态理想意味。

在生态主题中视察"去乡村化"的现代化演进路线,也是符合儒里赵庄命运变迁及其内在动因的一条线索。在赵德正、高定邦主政儒里赵庄的时代,"人定胜天"的思想是主导,大规模垦荒造田成为运动,赵德正领导儒里赵庄乡民完成的"人生第二件大事",就是把磨笄山推平,改造成"新田",这是政治强力干预破坏自然环境的历史行为。继而在1980年代,高定邦主导在变通庵建了一个排灌站,将长江水调入人工渠,灌溉儒里赵庄的每一分田地。这个时候乡村社会似乎失去了政治强力的控制,但在赵礼平的金钱运作下,这个浩大的工程得以顺利而快速地完成。当然,这也为随后赵礼平为推动拆迁而将工业污水倒灌村子的阴谋实施埋下了隐患。儒里赵庄的环境变化,贯穿了整个村庄命运变迁的过程,实际上成为拆解这部作品回乡之路的一个关键情节:它勾连起的过去的人事是"我"这些年一步步走向家乡的情感扭结,并造成了"我"最后"失乡"的苦痛。

如前所述,儒里赵庄的命运变迁史勾画出了三个时代的更迭:赵锡光和"父亲"的时代、赵德正们的时代和赵礼平们的时代,在乡村人事关系的复杂纠葛中具象化地揭示了乡土中国的当代历史走向及其内在动因。而这一现代化的逻辑演进同样投射在乡村的自然生态和人文环境的变化谱系中。从政治强力介入到经济资本开发,儒里赵庄的生产和生活环境不断发生着现代化的进

---

① 苇岸著,袁毅编:《上帝之子》,湖北美术出版社,2001年,第79页。

步,但与此同时付出的是乡村诗意美丽的自然环境的破坏——春天里的狐狸消失不见了,赵锡光每天捕虾的燕塘再也捞不到鱼虾了,曾经为乡民带来粮食增收的"新田"也被工业废水污染而荒草不生,被征迁后满目疮痍、四野萧索的儒里赵庄再也不是那个千百年来春风里琴音悠然、耕读富庶的江南水乡了,这是自然对"强式人类中心主义"思想主导下盲目疯狂的过度开发所做出的反讽式惩罚。作品在从生态主题的向度对现代化后果进行反思的同时,更幽微洞察了千百年来农耕文明所温养的传统文化伦理的沦丧在这一过程中所起到的作用。以人事关系为中心搭建的三个时代,其实就是当代中国长期以来处于前现代、现代和后现代并存的社会转型语境的具象,各层次文明的杂糅、碰撞构成了社会转型发展中的文化内部张力,它们互为作用的同时,也互为反作用影响——赵锡光和"父亲"所代表的是传统农耕社会的精英文化,在小说出场的时候,这种精英文化已经失去了主导地位,但仍然以惯性延续的方式发挥作用,主要体现在农耕生产方式延续状态下宗族意识、人伦道德、乡贤礼法、宗教敬畏等思想传统的留存;赵德正虽然是新政权代表,但思想深处仍然对这些宗法传统保持一定的遵从和敬畏心理,也正是因为这种文明传统的存续,才保障了赵德正事业规划(办学、开荒)的顺利实施。不过,在当时反封建、反传统的政治狂潮中,幸存的传统文化已经完全失去了传播施教的可能,客观上造成了文化层面中的代际断裂,意味着当赵礼平的时代到来时,传统再无施展抱负的机会了。没有了礼法的牵绊,赵礼平的贪婪野心、利己阴狠的品性便得到了充分释放,他先是忤逆父亲,威逼恐吓乡邻,甚至连母亲去世下葬都不见踪影,最后一手摧毁故乡也便是顺势而为了。

乡村伦理文明的沦丧是儒里赵庄生态破坏终成废墟的内因之一,反过来讲,对乡村的回护和情感的坚守也得益于乡村伦理的德性持引。抛开赵德正的时代不谈,即便在乡村伦理几近沦丧的赵礼平时代,虽然随着赵孟舒、"父亲"、赵锡光、老福奶奶等人的离世,农耕社会文明的最后寄存自然消亡,赵德正、梅芳等人的失势也意味着历史"中间物"的社会话语权力丧失,但在儒里赵庄的乡民中仍然还有"我"、赵同彬、春琴等人对故乡的痴情依恋。小说结尾处,当"我"和春琴在同彬帮助下重回村里翻耕复建家园,更多乡民们也借此寄托了"回家"的精神渴求。这一情节在回应"故乡死了"的社会悲剧情绪中表达了"去乡村化"治理的现实主张。虽然当前乡村的生态环境治理已经引起重视，相关政治口号、政策法规不断出台，意味着现代化反哺乡村的进程开始提速，但思想文化层面的人文生态关怀意识仍然淡薄，特别是如何修复乡村的自身文化体系以达到满足乡村重建的适足价值目标仍然是亟须思考的重要命题。格非在《望春风》中表达出对这一问题的个人思考，他以近于乌托邦的方式为乡土文明在儒里赵庄乡民身上的延续保留了一脉寄托，这就是主人公"我"和赵锡光的孙子赵同彬。这两个人物虽然都是赵礼平的同代人，但他们的成长却有着反差巨大的文化背景。某种意义而言，赵同彬在赵锡光调教下，成了农耕社会乡村文明的最后继承者；而"我"的成长则直接受益于"父亲"的言传身教，另外因为"我"的"孤儿"身份，在长期处于社会边缘地位的处境中，恰恰能游离于时代主流思想和文化之外。所以，正如"父亲"当初的"预卜"那样，"我"和同彬成了相交一辈子的朋友，而维系这种关系的，是像"曼卿的花园"那样的故乡的人和事。在"我"和同彬身上，儒里赵庄千百年来的质朴纯性、人情伦常、家园情结、文脉风流仍然一息尚存，所以当同彬悄悄地修复变通庵、孩子般调皮地送给"我"和春琴一处安在故乡的容身之所时，儒里赵庄的春风千里、耕读嬉戏的景观得以复现。

不过，返耕之乐、重建家园的幸福仍然笼罩在"莫名的恐惧和忧虑中"，因为儒里赵庄废墟之上的最后这片"春风"失而复得，只是源于政府的财政出现了巨额负债、赵礼平的资金链出现了断裂，正因为在大规模轰轰烈烈拆迁的惯性中出现的这一个"停顿"，返耕复建故乡家园的乌托邦想望才有了可能。而乌托邦的寓意也在这种"恐惧和忧虑"中作出了面向现实的明确告白："既然我们那不值一提的幸福，与整个社会的发展趋势背道而驰，那么，我们唯一的指望只能是：赵礼平的资金链断裂得更长久一些。"

思想与叙事之间

——石一枫"社会问题小说"的叙事伦理

贾艳艳①

摘　要　石一枫的"社会问题小说"由于将精神问题的思考充分纳入当代中国的社会巨变之中，而引起批评界的关注和认同。对新文学传统的继承与呼应，对时代、社会进行总体性认识的意图，直接影响着他的小说叙事形态与人物形象的塑造。石一枫以高超而富于技巧的叙事，将传统与个人的才能进行了整合与统一。将人物塑造和社会问题的关联作为叙事原则，他的"社会问题小说"得以通过个人的命运，来对当代中国错综复杂的社会矛盾与精神乱象进行反思与观照，但过分执着于"人物与时代的勾连关系"，也导致人物描写的观念化，遮蔽、消弭个人内心的反弹与挣扎。借助层次繁复的多层次叙述，小说叙述的话语将人物的心理动因解释得清晰、确定，却也无形中封闭了人物通向未知的可能。对叙事伦理的细致考察，正是为了不以题材本身的客观意义和观念化的认知取代小说的思想意义，从而抵达对作品更全面、准确的理解。

关键词　叙事伦理　社会问题小说　新文学传统　总体性　观念化

一、批评的共识及问题

如何在自我与社会、历史之间建立有效的联系，如何让语言进入更深广、

---

①　贾艳艳，上海社会科学院文学研究所助理研究员。主要研究方向为中国现当代文学、影视文化研究。

丰富、多义的精神空间,对于当下文学叙事尤其是较为年轻的作家而言,构成了一个普遍性的写作困境与精神难题。在徐则臣、路内、张忌、魏微、乔叶、鲁敏、盛可以等近年来较活跃的"70后"作家的小说文本中,已然可以清晰地辨认出一种朝向整体建构的努力。然而这些创作中,仍不难窥见概念化、技术化的阴影与窠臼,或类似"非虚构"写作的"纪实性困境"①,如此浮动于"概念"与"经验"之间的一体两面,如影随形,构造着当代写作的瓶颈,制约着文学叙事挺进现实的深度。正是在此背景下,凸显出石一枫创作的难能可贵。

石一枫早期的创作,《不准眨眼》《红旗下的果儿》《节节最爱声光电》《恋恋北京》等语言风格上明显地带有王朔式的"顽主"态度,冷嘲热讽的戏谑口气传达着一代青年感知世界、认识人生的方式。评论界多注意到石一枫后来创作在题材上的转向,事实上早期这些青春成长主题的小说中,已然可见后来作品中几乎成为标志性风格的强烈的时代感。如《红旗下的果儿》中,几个青年的成长被清晰地放置于整个时代的变迁之中,小说所铺设的从20世纪90年代中期到2008年的时间轴,密集地嵌入了这一时段的风云变幻与社会事件,不仅作为故事的背景,且为情节的发展提供不可或缺的合理性,成为人物成长及命运变化的节点。这在后来的小说中无疑得到了进一步的发挥。

从发表于2014年的《世间已无陈金芳》开始,石一枫明确打出了"社会问题小说"的旗帜,不再满足于个人化的、青春成长的故事,转而对社会生活进行更为广博的叙述。他陆续推出了《地球之眼》《拯救麦克黄》《特别能战斗》《心灵外史》《借命而生》等作品,大张旗鼓地回归现实主义。这些创作正是由于表现了"正在发生的时代变化","用繁复的故事呈现了当下社会生活的复杂性"②而引起批评界的广泛关注。孟繁华对石一枫的创作给予了高度评价,认为石一枫是新文学社会问题小说的继承者,他以"对新时期以来社会生活所曾遭遇精神难题的触及和有效的文学表达","极大地提升了新世纪以来社会问题小说的文学品格",为"讲述'中国故事'、积累文学的'中国经验',提供了新

---

① 孟繁华:《建构时期的中国城市文学》,《文艺研究》2014年第2期。
② 舒晋瑜:《石一枫:用繁复的故事呈现当下社会生活的复杂性》,《中华读书报》2017年8月9日。

的可能性"，代表了"当下中国文学的一个新方向"①。事实上，关于石一枫创作的评论几乎都将"时代/社会巨变"、"道德/精神困境"作为理解石一枫创作的关键词或核心内涵，注意到石一枫的创作所表现出来的社会问题意识及对现实主义传统的回归，对社会历史图景（宏观）与个体内心世界（微观）的充分兼顾。如认为"石一枫能够出色地塑造出内与外、个体与公共、具体与抽象的双重世界"②；将"个人命运纳入时代转折的整体理解之中"③；其创作的思想维度同时指向"精神史"与"社会史"④；"在单个文本中同时对这两个世界展开'正面强攻'的小说家"，"既能够完整地讲述故事、生动地刻画人物、充分展现个体的内心世界，又敢于直接面对现实社会的诸多关键问题"⑤；不仅提供了对"这个时代人们精神领域问题"的思考，而且通过富于技巧的叙事，将之与"当代中国的'社会巨变'勾连在一起"⑥。种种论述彼此呼应，达致一种共同的理解，与评判。应当说，这种情形对于一个正处于活跃期的、被公认为富于文学性与创造力的小说家来说并不多见。毕竟，"小说的精神是复杂性"⑦，而现实主义更是趋向"无边"。阅读石一枫的小说，几乎难以避免对以上阐释角度的重述。

与此形成映照的是，以上观点与角度事实上都与石一枫本人对创作的阐释高度契合，几近合唱。作为一名学院派出身的"70后"作家，石一枫对于创作有着持续的思考和高度的自觉，几乎对自己的每部小说都做了总结性思考的"创作谈"，清晰而又完整地表达了自己的创作意图。在创作谈中，石一枫反复提到"现实主义"、"社会问题小说"、"典型人物"、"总体视野"、"中国故事"以及"作家的社会责任"等久违的话题。他说："我的文学观特别传统，就是十

---

① 孟繁华：《当下中国文学的一个新方向——从石一枫的小说创作看当下文学的新变》，《文学评论》2017年第4期。
② 李壮：《如此完好的撕裂——谈石一枫近年来的小说创作》，《新文学评论》2018年第3期。
③ 李云雷、石一枫：《"文学的总结"应是千人千面的》，引自石一枫：《小李还乡》，长江文艺出版社，2017年，第338页。
④ 何力：《在精神史与社会史之间——读石一枫的〈心灵外史〉》，《小说评论》2018年第5期。
⑤ 李壮：《如此完好的撕裂——谈石一枫近年来的小说创作》，《新文学评论》2018年第3期。
⑥ 赵牧：《信仰迷失与叙事伦理——读石一枫的〈心灵外史〉》，《新文学评论》2018年第3期。
⑦ ［捷］米兰·昆德拉：《小说的艺术》，董强译，上海译文出版社，2004年，第24页。

九世纪以来的现实主义文学标准。比如人物第一。如果人物没有塑造起来，我的小说就失败了。比如时代性应该强一些，写什么时代要像什么时代。还有人物和时代要发生勾连关系，要有代表性，人物要能说明这个时代。"①在他看来，小说应当讲述"反映了当下中国社会主要变化、主要矛盾"的"中国故事"，"将个人故事与集体故事、阶级故事、时代故事结合起来，变成我们这一代人真诚的、有良知的'中国故事'，应该是每一个作家的责任"②。在谈到《世间已无陈金芳》的写作时，石一枫认为陈金芳"比较像盖茨比"，"其实是文学史早已出现的一类经典形象，于连、拉斯蒂涅都是这种人"，自己在这篇小说里"有意识地梳理了当代中国社会的人物命运变化、阶层变化和社会经济变化"，向茅盾、老舍所代表的新文学传统致敬，试图提供"一个看待社会、看待时代的总体视野"③。观念性的认知，对于石一枫的创作而言是至关重要的。他以自己的创作实绩，不断验证了这一观念。在他的小说中，我们看到不同身份阶层的个人的命运，个人的奋斗史与失败史，不仅对应着具体的社会历史处境，且无一不指向对社会和时代的总体性思考，显现了现实主义文学传统依然葆有的活力。

只是，值得批评者自我警醒的是，在试图对石一枫的创作进行阐释或判断时，如何才能不落入或滞留于对作者创作意图的重述？对批评与创作来说，同义反复的话语重组很容易加固出某种刻板印象，反而有可能成为不必要的窠臼或束缚。尤其值得追问的是，在中心价值溃散、"历史"被宣告"终结"、"不确定性"俨然成为新的"时代精神"的今天，对传统的回归，对总体性的建构，这一切是如何在单个青年作家这里，从叙事文本到思想观念，抵达与实现逻辑上的自洽？或许，这才是谈论石一枫创作的更重要的意义所在。

作为创作者，石一枫对时代的总体认识落实于他笔下所描写的"千人千

① 石一枫、杨晓帆：《石一枫的小说创作与十九世纪文学传统》，搜狐网文化频道 2018 年 9 月 25 日，http://www.sohu.com/a/255993878_100191010。

② 石一枫：《关于"中国故事"》，《文艺报》2014 年 4 月 28 日。

③ 李云雷、石一枫：《"文学的总结"应是千人千面的》，引自石一枫：《小李还乡》，长江文艺出版社，2017 年，第 338 页。

面"的"文学的总结"①；而作为批评者，文学性所包含的思想性，显然也并非是指对某种观念的印证或抵达，并不能离开具体的叙事呈现去谈论思想。甚而，越是表现出思想建构意向的文本——尤其当代文本，对其叙事伦理的细致考察越不可或缺。在谈到"写什么"和"怎么写"的问题时，石一枫说："我觉得'怎么写'的问题没什么可聊的，这是一个作家的基本素养，这个问题解决了就得思考'写什么'。而我觉得最重要的问题是'为什么写'。一个好作家从来不是因为技术好而伟大。"②在这里，"怎么写"、"写什么"和"为什么写"依次被置于价值序列由低到高的不同等级。然而从叙事伦理的角度，并不能轻易进行这样的价值区隔。所谓叙事伦理，所要探究的正是创作主体在叙事时所秉持的姿态、立场、道德价值判断，以及艺术理念与美学诉求，是对"怎样进行叙事"和"为什么如此叙事"的阐释评价。热拉尔·热奈特对"叙事"概念作了深入的考辨，他认为"叙事"概念应包含三重含义，建议用故事（historire）表示叙述内容，用叙事（recount）表示叙述话语或叙述文字，用叙述（narration）表示叙述行为或叙述动作③。叙述行为直接影响着叙述话语，从而影响着叙述内容。参照热拉尔·热奈特的阐释，石一枫对时代、社会进行总体性认识的叙事意图和用以讲述的思想理论武器，直接影响了小说的叙事形态。从具体的叙事分析入手，在叙述、故事与话语的层面仔细地辨认其如何实现对传统的回归，又如何发生变奏，正是批评者无可推卸的任务。

二、"延传变体"：故事与立场

石一枫明确地表达过继承传统的自觉："在诸多传统之中，我更希望自己

---

① 李云雷、石一枫：《"文学的总结"应是千人千面的》，引自石一枫：《小李还乡》，长江文艺出版社，2017年，第338页。
② 石一枫、杨晓帆：《石一枫的小说创作与十九世纪文学传统》，搜狐网文化频道2018年9月25日，http://www.sohu.com/a/255993878_100191010。
③ ［法］热拉尔·热奈特：《叙事话语 新叙事话语》，王文融译，中国社会科学出版社，1998年，第198、199页。

有能力去继承的,是发祥于 100 年前,被称为'新文学'的那个传统。"①20 世纪八九十年代,"新潮小说"、"新写实小说"、"新历史小说"、"新生代"写作等纷纷着力于从形式到内涵对 20 世纪文学传统进行解构。随着全球化日益凸显为中国作家的写作背景与视野,"五四"新文学传统就再也没有获得过显著的存在位置。即便从未淡出当代思想文化领域的鲁迅,也更多是被作为思想资源,而鲜有文学方式的继承。这里显然有社会历史的转型对文学的投射,有西方现代文学对"第三世界"作家的强势影响,更重要的原因恐怕还是源于当代文学内在思想性、超越性的乏力。如此,石一枫大张旗鼓地对"新文学"传统的回归态度及其创作实绩,的确预示着当下文学正在孕育、滋生着某种变化的契机。

诚如艾略特指出的,传统并不"仅限于追随前一代,或仅限于盲目地或胆怯地墨守前一代成功的方法","它不是继承得到的,如要得到它,必须用很大的劳力",必须具有一种历史的意识,"不但要理解过去的过去性,而且还要理解过去的现存性,历史的意识不但使人写作时有他自己那一代的背景,而且还要感到从荷马以来欧洲整个的文学及其本国整个的文学有一个同时的存在,组成一个同时的局面。……就是这个意识使一个作家成为传统性的"②。在石一枫的"社会问题小说"中,如果说《世间已无陈金芳》《地球之眼》《特别能战斗》《营救麦克黄》更多地聚焦于当下,其现实主义创作追求更多地呈现了茅盾所代表的社会分析方法与经济学眼光,以及老舍对底层小人物的关注及京味幽默;那么,《心灵外史》则出示了一种更为明确的历史意识的生成与自觉。所谓"既问苍生,也问鬼神"③,对"大姨妈"所代表的底层小人物命运的关注,对中国人心灵创伤与精神危机的触摸,不仅缜密地嵌入社会的肌理与时代的逻辑,还被统一于对国人精神信仰问题的批判性处理中。这无疑代表了一种

① 石一枫:《第七届鲁迅文学奖获奖感言》(获奖作品:《世间已无陈金芳》),搜狐网文化频道 2018 年 9 月 19 日,http://www.sohu.com/a/254803039_252331。
② [英]托·斯·艾略特:《传统与个人才能》,卞之琳、李赋宁等译,上海译文出版社,2012 年,第 2—3 页。
③ 王春林:《既问苍生,也问鬼神》(《收获》微信专稿),引自搜狐网文化频道 2017 年 6 月 21 日,http://www.sohu.com/a/150905775_222496。

更高的写作难度，所致敬的对象正是鲁迅，其中依稀可辨《狂人日记》《阿 Q 正传》和《祝福》的精神印痕。

从故事和话语的层面，《心灵外史》采用第一人称"我"的视角来叙述大姨妈的"中国故事"，显然与鲁迅的《祝福》有着最明显的承传与呼应。希尔斯在《论传统》中提出了"延传变体链"（chain of transmitted variants of tradition）的概念，认为传统是围绕被接受和相传的主题的一系列变体。在各种变体中，核心特征依然存在，"个人具有的特征当然存在于现时现地，但是，他们的大多数特征都是传统的最新状态"①。《心灵外史》中的大姨妈，作为厨子的女儿，与祥林嫂一样，都是置身社会最底层、饱受创痛的劳动妇女，无业、无夫、无子（丧子），有着凄苦、悲惨的命运，经由"我"的视角，她们的人间故事也都上升到信仰/灵魂的精神层面。不过，较之于祥林嫂身上浅庸平常的"前现代"的人格属性，大姨妈的形象凸显出强烈的时代感，一种独属于"当代"的精神质地。小说快要结尾的部分，由母亲的回忆和讲述揭开谜团，"文革"时期激进的革命意识形态话语被视为大姨妈陷入"盲信"危机的始作俑者，当代文学中的"伤痕"、"反思"话语构成了小说所讲述故事的前置背景。不过，比之于"伤痕""反思"小说对困境的揭示，石一枫对"社会问题"的思考，显然更着意于对时代巨变的呈现及其"历史意识"的表述。

作为一部当代中国人的"盲信史"，叙事将"文革"、"气功热"、"传销热"和近年来乡土社会中兴起的宗教团契这些最具时代特色的标志性事件，借由大姨妈的生平串联起来。作者基本上用新闻报道整合出了大姨妈的一生。对新闻报道的倚重，在近年来的文学创作中正不知不觉地生成一种有关"现实主义"叙事的方法论。石一枫曾提到过余华的《第七天》，对后者"正面强攻"现实的勇气给予赞赏②。这样的评价也适合于他自己。同样大量征用新闻报道作为小说素材，描写底层人群在阶层分化及"城市化"进程中经历的精神痛苦，正是"历史意识"的自觉，让石一枫的创作展示出更为广阔、纷繁的社会生活图

---

① ［美］希尔斯：《论传统》，傅铿、吕乐译，上海人民出版社，1991 年，第 276 页。

② 石一枫：《一年现实关切》，搜狐网文化频道 2014 年 1 月 5 日，http://business.sohu.com/20140105/n392955547.shtml。

景,表露出类似巴尔扎克"时代的书记官"式的野心。但这同时,也会让社会巨变中的"个人"的生活遭际凸显出传奇性。而传奇性与现实主义逻辑之间无疑又会构成某种程度的抵触。在创作谈中,石一枫一直苦苦思索着如何挖掘人物与时代的勾连关系,用社会历史变迁中的合理性和必然性来阐释故事的传奇性。这种反传奇的传奇性,几乎构成了石一枫"社会问题小说"潜在的叙事机制与叙述法则。

结构主义理论注重区分叙事中的故事(story,historire)与话语(discourse,discourse),故事,即内容或事件(行动、事故)的链条,外加所谓实存(人物、背景的各组件);话语,也就是表达,是内容被传达所经由的方式。"通俗地说,故事即被描述的叙事中的'是什么'(what),而话语是其中的'如何'(how)。"①《心灵外史》中,"我"与大姨妈的直接交集极为有限,除了回忆、联想、听别人转述大姨妈与大姨妈的自述话语,关于"事件"和"行动"的故事的叙述,则主要在"我"对大姨妈的跟随与寻访。气功"大师"戒备森严、荒诞不经的带功报告会,传销窝点惊心动魄、凶险怪诞的被困经历,开矿导致环境恶化、遍布着丧幡挽联的荒僻乡野的奇遇,在小说情节里占据重要的比例。"时间"的空间化呈现,使得这个关于心灵困境与精神危机的故事具有了更多的可视感与可读性,带出了强烈的时代感与直觉的冲击力。

然而,过分执着于"人物与时代的勾连关系"的危险在于,人物描写的观念化、外部化。用能够被"时代特色"阐释的行为与事件,来反推个人的精神状态,难以避免观念化的引领与单向度的放大,遮蔽、消弭个人内心的反弹与挣扎。我们看到,石一枫笔下的"典型人物"总有着"一根筋"式的执拗个性:《世间已无陈金芳》中拼命突破阶层壁垒、不顾一切也要"活出人样"的陈金芳;《地球之眼》中苦苦思索着"中国人的道德缺失问题"并以强大的个体意志与之对峙的安小男;《特别能战斗》中在和平年景中战斗不止、乐此不疲的"北京大妈"苗秀华;《营救麦克黄》中在良知拷问下勇敢承担责任的颜小莉;《借命

---

① [美] 西摩·查特曼:《故事与话语——小说和电影的叙事结构》,徐强译,中国人民大学出版社,2013 年,第5—6 页。

而生》中处于紧张关系两端的警察与逃犯跨世纪的内心坚持。《心灵外史》中，任凭时光流转、世事变迁，大姨妈的"信仰"对象随着时代巨变走马灯一样变换，但她的内心追随"信仰"的执着却是一成不变的。不能不说，这样的精神状态对于信仰与宗教精神稀缺的当代中国人来说，非但不具有典型性，甚至是特异的存在。有着"一根筋"式执拗个性的人物，在当代文学叙事（除了小说，还有 20 世纪 90 年代张艺谋等人的电影）中一度颇为兴盛。随着中心价值的解体，当代生活失去"本质"，作为文学描写对象的"苦难"失去了整体性和绝对性，个性的偏执与传奇的经历，在相当程度上构成 20 世纪 90 年代以来文学叙事的推动力。

对大姨妈这一形象中深隐的当代文学的审美变迁与精神肌理进行辨析，并非在于否认石一枫在叙事上的创造，而恰恰体现了作家如何立足于"自己在时间中的地位"，认识"自己和当代的关系"①，在此基础上的建构，才有可能将传统与个人的才能进行整合与统一。在这个过程中石一枫表露出来的叙事能力无疑是高超而富于技巧的，并不像他本人认为的，"'怎么写'的问题"靠着"一个作家的基本素养"就能解决。有论者注意到《心灵外史》对鲁迅《阿 Q 正传》的精神承接，认为"如同《阿 Q 正传》揭示了辛亥革命前后中国的社会痼疾，《心灵外史》成功地把握住了当代中国的历史变迁和现实，并努力表达一种尚不明朗的社会情感结构"②。在对石一枫小说的批评中，这样的论述颇具代表性，虽不无参照意义，却由于没有深入到小说的叙述结构与叙事伦理中，没有以小说的叙事中所呈现的各个叙事因素间的关系来考量作品，因而仅限于从题材本身具有的客观意义来解析小说的思想意义。

汪晖在对《祝福》的解读中强调"第一人称非独白性叙述"使得《祝福》呈现为双层（表层、深层）的叙述结构，认为"不是祥林嫂的悲剧，而是这一悲剧与叙述者的独特眼光和复杂心态的结合，才构成了《祝福》的基本思考"③。这

---

① ［英］托·斯·艾略特：《传统与个人才能》，卞之琳、李赋宁等译，上海译文出版社，2012 年，第 2—3 页。
② 李音：《复刻"幽灵"——从〈阿 Q 正传〉到〈心灵外史〉》，《新文学评论》2018 年第 3 期。
③ 汪晖：《反抗绝望》，河北教育出版社，2000 年，第 231 页。

样的叙述学眼光同样适用于考察石一枫的《心灵外史》。《心灵外史》中,大姨妈所置身的精神危机与命运悲剧,从始至终都未超离叙述者——同时也是推动小说情节的主要人物"我"的注视与阐释。事实上,除了最近发表的《借命而生》采用了第三人称的叙述,石一枫最具声誉的"社会问题小说"中,都有一个作为叙述者的"我",小说的叙事皆以"我"的视角,串联起故事中主体的生平和命运。这个"我"通常的身份都是受过教育的文化混混,务实但又不必为生计发愁,对他人的生活有观察的兴致。对自己的创作有着充分自我观照的石一枫承认"很多时候这个'我'其实就是我个人的折射",认为"这类人是有点智慧,有点良知,也要点脸的犬儒主义者",虽然"犬儒主义者肯定都不是什么好东西,但这样一个时代,人能意识到自己是犬儒,他就已经不错了"。在此基础上,石一枫认为:"这些犬儒主义者已经是这个时代中最开阔的人。他们虽然什么都怀疑,什么都不相信,本质上是无根的人,但他们又没有拥抱我们这个时代最赤裸裸的拜物教。"①

作为"犬儒主义者"的"我"的视角所具有的开放性,在石一枫的叙述中承担着极为重要的叙事功能。"无根"的属性,可以尽可能降低先入为主的价值预判,不时的自嘲与戏谑、"躲避崇高"的态度又让道德或信仰主题的呈现不至凌空高蹈、剑拔弩张,从而最大可能地实现与读者的通约。《心灵外史》中,当非法集资"修庙"的投机商、掮客李无耻因为住持和尚卷钱跑路而陷入走投无路的境地,被骗的"我"本欲起诉他,小说写道:

但就在那个瞬间,当我看到李无耻鼻涕先于眼泪流下来的脸,看到他像瘸了腿的狗一样的苦相时,手指却不经意地哆嗦了一下。随即,一个念头闪了出来:既然大家都是穷光蛋了,又何必逼人逼得太狠呢?纵然无耻如李无耻,毕竟也是条性命嘛。我还隐约想起,以前也曾经有人在自己走投无路的时候,却把一个"越过越好"的机会让给了我。那个举动既使我愧疚,又使我忧伤,还让

---

① 石一枫、杨晓帆:《石一枫的小说创作与十九世纪文学传统》,搜狐网文化频道 2018 年 9 月 25 日,http://www.sohu.com/a/255993878_100191010。

我感到自己虽孑然一身，却在人间有了依赖。那么，这个人是谁呢？

分别代表着"正向"精神能量的大姨妈与代表着"负向"的李无耻，经由"我"而建立起关联，并最终导向和解与救赎。"信仰"的主题与大姨妈的故事，在"我"的生活中映照出的意义，在此被引向一种发自传统的、中国人内心的良善与慈悲——这几乎是叙事中唯一得到内在肯认的价值。正是因为内心怀有的善与慈悲，大姨妈才能对自己的"盲信"作出反省："对于一个厉害的恶人，我们只有怕，但却不会信。我不愿意这么想，但我还是忍不住这么想：我信师父是不是信错了？"

值得注意的是，近年来一些 70 后作家的创作，如路内的《慈悲》、张忌的《出家》等也在试图挖掘发自传统的、民间的"水位很低的慈悲"①，通过"慈悲"所表征的中国式的复杂、混沌的意识形态建构，探讨个人与国家、个人与历史之间的关系。然而，也正如石一枫的《心灵外史》所表述的情感结构，终究还是陷于模糊未明的无根状态，正如同这些作家笔下那些灵魂模糊的人物。也许，这并不仅仅由于一代作家的思想局限，而意味着讲述当代中国故事的难度。

三、叙述结构与话语悖论

无根的状态，意味着人与人之间难以建立稳定的联系："我们能够做的，大概只有互不相顾，硬着头皮，在苍茫杂乱的世事里走一步算一步罢了。"②这正是日益原子化的当代社会的现实投影。在《世间已无陈金芳》中，"我"与陈金芳少年时代的短暂相处是以回忆的方式呈现的，成年之后的直接交集几乎每一次都要靠叙述所设置的充满戏剧化场景里的偶遇。作为"故事"要素的"事件"与"行动"，在小说的叙述里除了用于铺展富于戏剧性的偶遇和约会的场景，常常只存在于他人转述和人物自述的话语里。其中又有微妙的分工：越

---

① 柏琳：《路内：水位很低的慈悲》，腾讯文化 2016 年 1 月 23 日，http://cul. qq. com/a/20160123/009951. htm。

② 石一枫：《心灵外史》，北京出版集团，北京十月文艺出版社，2018 年，第 93 页。

是负面、浮夸的行动,就越要依赖他人的转述;而那些容易被同情、理解的部分,如善意、真情的流露或美好的憧憬,则来自"我"的直接感知。这样的叙述原则也同样适用于《心灵外史》,"我"记忆中大姨妈的淳朴温情,与母亲关于大姨妈的几次转述("文革"中告密、从事传销的亢奋),构成反差,以此来凸显大姨妈的信仰不被人理解的孤独。《世间已无陈金芳》中,小说的情节快到结尾时,"我"对陈金芳究竟为何能跨越阶层壁垒实现"发迹"、最终又为何会崩盘仍然一无所知,要靠被骗的众人的讲述才"解开了我长时间里对陈金芳的疑惑"①。原来她孤注一掷用于非法集资的钱竟是村人的拆迁补偿款,而这一切的冒险不过为了"活得有点儿人样"。如此稀薄的关联,使得叙述者"我"即便在半真半假中快要跟陈金芳发展成恋人的关系,也仍保持着随时抽离的姿态。小说的结尾,"我"看着被警察抬上担架送走的陈金芳和众人的离去,"我的灵魂仿佛出窍,越升越高,透过重重雾霾俯瞰着我出生、长大、长年混迹的城市。这座城里,我看到无数豪杰归于落寞,也看到无数作女变成怨妇。我看到美梦惊醒,也看到青春老去。人们焕发出来的能量无穷无尽,在半空中盘旋,合奏成周而复始的乐章"②。作为一个时代的"典型人物",陈金芳在小说的叙述里是被作为这个城市/时代的某种缩影,而叙述者"我"显然是将自己放置在"旁观者"或"多余人"的立场上进行这一讲述的。罗洛·梅说:"感伤是伤感地思念而不是真正地体验到它的对象。……感伤者以自己的感伤情绪作为一种荣耀,它始于主观,终于主观。关切却不同,它是对某种东西的关怀,我们在我们的体验中,被我们所关心的客观事物和客观事件牢牢抓住。在关切中,人必须通过涉入客观事实,针对某种处境——作出某种决定。正是在这一点上,关切把爱与意志结合到一起。"③别有意味的是,到了《心灵外史》和《借命而生》,石一枫终于开始试图从这种感伤、游离的叙述姿态中突围,将自己对时代的观察与叙述更多地引向"爱与意志"的维度。

与"爱与意志"有关的叙述,一个最切要的问题仍然是,如何让现实社会形

---

① 石一枫:《世间已无陈金芳》,北京出版集团、北京十月文艺出版社,2018 年,第 93 页。
② 同上,第 96 页。
③ [美] 罗洛·梅:《爱与意志》,冯川译,国际文化出版公司,1987 年,第 329 页。

态中原本可能"互不相顾"的主体之间，发生更多现实感的关联？仅仅是前文所引述的那种大姨妈对我草蛇灰线般的、在联想中发生的意义链接，显然远远不够。石一枫自认《心灵外史》"仍是不甚成熟的考虑结果"，"它大体上还应该是一部'社会问题小说'，而非高蹈的、号称奔着灵魂去的'精神写作'"，"然而毕竟牵扯到了人的精神领域，我仍然得把'谈玄'与'务实'之间的关系处理得当"①。如果说陈金芳、安小男（《地球之眼》）、苗秀华（《特别能战斗》）的故事中，富于行动力和个人意志的主体不断发出的"行动"和制造出的"事件"，通过"偶遇"的情节和他人的转述尚且可以得到较为流畅的呈现；而到了《心灵外史》中，作为一部关注当代中国人精神危机的"社会问题小说"，对于心灵与信仰的讲述，仅仅靠"我"的回忆与联想，以及转述与自述的话语呈现，显然无力抵达。于是，我们看到这一次，小说中的"我"由于资本冒险失败后的精神崩溃，而踏上了寻找大姨妈的征程。"寻找"本身并不意味着救赎，然而"我"却因此几度身陷险境，甚至差点送命。先是去传销窝点卧底，被绑架、拘禁后获救，又带着偷拍的录像一个人去报案；在大姨妈自首将被释放时，为了大姨妈今后的安置，不放心的"我"再次坐上黑车奔赴恍若鬼域的蛮荒僻野。在这一系列行动和事件中，"我"主动担当的行为表现出的英雄色彩与玩世不恭的"犬儒主义者"的身份设定之间，出现了明显的矛盾和分裂。于是，原本对一切都抱着"无所谓"态度的"我"，在关于"自我"的讲述里被设定了新的身份：精神病患者——这里再次依稀可辨迅笔下"狂人"的精神气息。

　　值得注意的是，小说设置了一个专门听"我"倾诉的精神科女医生彭佳亿。尽管她并不能提供任何有效的结论或治疗方案，"我"还需为此支付高额的费用，但她对"我"来说却渐渐变得不可或缺，因为"身为一个特别爱胡思乱想又特别爱信口开河的人，我好像活了这么大，才分清楚了'想'和'说'的区别。回忆是一个人的事情，只能让你心里的重量层层加码，而倾诉却有对象，有听众，它能够帮助你把那些重量分担出去"②。但关于"我"每次对彭佳亿的倾诉

---

① 石一枫：《关于一部"盲信史"》，《当代（长篇小说选刊）》2017 年第 5 期。
② 石一枫：《心灵外史》，北京出版集团、北京十月文艺出版社，2018 年，第 101 页。

究竟说了些什么,小说的叙述却语焉不详,或直接省略,只以她的明朗、理性甚而有几分寡淡,来反衬"我"的精神病态、内心失衡与玩世不恭。在最后的恐怖结局来临之前,叙事特别强调,一直以来"我"从没有对彭佳亿提过大姨妈。这意味着彭佳亿并没有真正走进"我"的生活,叙事也没有让她与"我"建立什么情感上的关联。"我"和"她"之间,看上去不过就是病患和医生的关系。"我"要靠着"倾诉",或者吃她为"我"开的会产生依赖性的、催眠的处方药,来缓解内心的压力,使自己免于崩溃。令人疑惑的是,作者究竟为何要设置这样一个空洞的——既没有任何"个人"特质,也不实质性地介入小说的情节,没有进入"我"的内心的人物?

小说给出了两个版本的结尾,第一个版本中,"我"在大雪之夜看到了大姨妈和她贫弱病残的教友们集体自杀前的场景,由于承受不住内心的压力,"我"拨通了彭佳亿的电话对她说,"现在我需要倾诉",和盘倒出后,流下"长大成人后的第一滴眼泪"。我们看到,如果不是彭佳亿的存在,在小说的叙述话语中其实找不到任何"我"作为精神病患者的迹象或特征——这里的"狂人",与鲁迅笔下那个大声疾呼着"要晓得将来容不得吃人的人,活在世上"的"狂人",在精神气质上显然并不具备太多相似性。靠着彭佳亿这样一个纯粹功能性角色的设置,"我"的英雄行为——冒死对大姨妈的寻找与救助——与一贯的"犬儒"态度之间身份认同上明显的裂痕,才勉强被缝合在一起,实现了叙事逻辑上的自洽。毕竟,少年时代短暂的温情记忆,越是被叙述者以回忆、联想的方式一次次地回望,在与社会现实境遇的对比、映照下越显得渐行渐远,可望而不可及,显然不够支持"犬儒主义者"的现实人生。如此,"我"义无反顾的英雄行为才不致落入一种纯粹的自我想象或自我美化。

这里,叙事无法绕开的一个问题是,大姨妈作为"我"记忆中唯一的亮光,她的离去以及离去前惨烈的末日景象,带给"我"的强烈的精神震颤,会将"我"引向何处?转变是必需的。彭佳亿及她所代表的那种简单明朗的理性,作为一种替代性的治疗或救赎方案,温情的微光熄灭后的一个精神缓冲地带,将"我"被冲击的灵魂拉回地面。"眼泪"所代表的情感能力,正是大姨妈留给我的最珍贵的精神遗产。那么,"我"应该为大姨妈做些什么呢?在第二个版本的结尾中，警察的审讯结束，"我"郑重地告诉读者："我的大姨妈，她叫王春娥。"这里，再次让人想起鲁迅的《祝福》。《祝福》结尾，"我"陶醉于祝福的空气，想要通过自欺从祥林嫂的死中解脱出来，但最终叙述者"我"在祝福之夜带着负罪感追述了祥林嫂无力讲述的悲剧。《心灵外史》的这个结尾也是如此。一直处于无名状态的大姨妈已经永远地沉默了，只能由精神病患者"我"讲述她经历的创痛与苦难。

赵毅衡在《当说者被说的时候》将《祝福》的叙述分为三个叙述层次：第一个层次，被称为"超叙述层"，叙述"我"在鲁镇的经历，见到祥林嫂要饭，最后听到祥林嫂死去的消息；第二个层次，被称为"主叙述层"，"我"关于祥林嫂一生的回忆与讲述；第三个层次，被称为"次叙述层"，在"我"的回忆中，他人讲述的祥林嫂与祥林嫂的自我讲述[1]。我们看到，《心灵外史》同样存在这样三个叙述层次，只不过第二层次在《心灵外史》中并不能构成"主叙述"，因为第一层次"我"的经历中，既有很多与大姨妈没有交集的生活自述，还有寻找大姨妈的征程中的种种奇遇和经历，这些叙述显然都指向对"时代"的呈现，而非大姨妈的形象塑造。所以，尽管作者着力于描写"典型人物"，但"我"的自述与无所不在的思想冲动，使小说的话语层面遍布着"思想"的话语与观念的流动。在过剩的话语流中，大姨妈的形象变得十分模糊，缺乏感人至深的力量。即便是早年她将"越过越好"的机会让给了"我"的行动，也被气功大师与报告会现场的滑稽怪诞所冲淡。此外，第三层"次叙述"，也与《祝福》非常不同。《心灵外史》在他人关于大姨妈的讲述中，"我"的父亲、母亲，甚至传销窝点无名的瘦脸男人，每个人都能滔滔不绝，叙述者还频繁在他人的转述中切入富于画面感的"跨层叙述"。大姨妈本人更是能说会道、动辄长篇大论，不仅能用写信的方式跟"我"剖析内心、讨论信仰，还能在信仰落空的哀痛中对"我"如此反省自己："我的脑子是满的，但心是空的，我必须得相信什么才能把心填满。""我是真想相信什么。真想相信。"——关于"信仰"或"盲信"的根源，除了一开始的"伤痕""反思"话语，我们其实说不出更多，或者比大姨妈本人的解释更为

---

① 赵毅衡：《当说者被说的时候》，四川出版集团，2013年，第65页。

有力的解释。大姨妈的形象显然未能脱出观念化的阴影。借助层次繁复的多层次叙述,小说叙述的话语将人物的心理动因与行为解释得清晰、确定,与读者、批评者的观念默契、共通,却无形中封闭了人物通向未知的可能。正是在此意义上,有理由认为,作为一部叙事文本,《心灵外史》所呈示和提供的叙事本身的伦理、结构与意义,事实上超过了其所提供的思想/观念的意义。

在鲁迅的《祝福》中,叙述者"我"在叙述中处处显露出作为"个人"的局限:他有着那个年代知识分子身上的犹豫彷徨,对祥林嫂灵魂有无的提问惊慌失措,最后敷衍了事;在得知祥林嫂的死讯后自我宽慰,急于摆脱责任;宣称自己只看到了表象,根本无力解释事件的真正意义,在道德水准上也并不值得恭维。正如有论者指出的,作为一个"佯装无知的叙述者",鲁迅在文本中成功地构建出了一个"读者召唤结构","会引导读者主动超越'无知者我'的智慧水平与道德水平;会引导读者在阅读过程结束之后仍然关注祥林嫂的命运,思考'祥林嫂的悲剧命运到底是谁造成的'这种问题"①。鲁迅并没有也不打算为读者提供现成的观点或正确的知识,而是试图召唤读者主动思考,产生共鸣——对于审美创作,也许这才是最重要的。还须看到,鲁迅并没有把他人简单地视为写作素材。事实上,鲁迅对包括自己在内的知识分子是否真能深刻理解现代中国人,是否具有为国人精神创伤代言的资格,一直都有着深刻的怀疑。但就是立于怀疑的基础上,他还是确信:"无穷的远方,无数的人们,都和我有关。"

石一枫对自己创作中的问题显然有着清醒的认知,他说:"写东西时候最好的状态是人物自己动,而不是你让他动,我怎么才能永远让人物自己动起来? 我写过的东西那些人物,比如陈金芳也好,安小男也好,有时候他们是自己动,有时候是我让他动的。"②有悖论意味的是,"如何让人物自己动起来"仍然是一种关于"怎么写"的叙事考量。在他的创作谈中,有关"现实主义"的思

---

① 赵新顺:《叙述层次制约下的言说边界——基于叙述学知识的〈祝福〉解读》,《鲁迅研究月刊》2013 年第 9 期。

② 《作家石一枫与其笔下的"城市新人物"》,搜狐网文化频道 2018 年 11 月 2 日,http://www.sohu.com/a/273079459_183373。

考,始终聚焦于"如何勾连人物与时代的关系"、"如何写好第三人称的'全知叙事'"①等,与他关于"怎么写"的问题最不重要的论调自相矛盾。

到了后来的《借命而生》中,石一枫开始采用第三人称的"全知叙事"。两个主体(杜湘东与许文革)之间的关系是彼此对峙的警察和逃犯,而两个逃犯(许文革与姚斌彬)之间又是互相"借命"的关系,并且一如之前小说故事里的主体特别执拗与坚定。于是,如何在主体间建立稳定关联的叙事难题,通过充满策略的叙事考量得到了圆满的解决。由此,主体间的交集,不必过分依靠"偶遇"、"转述"或主观的联想与回忆,人物得以展示出相对静默的精神状态的同时,外在的行动和事件有机会被更充分地铺展,由此又更凸显作者最为擅长的领域——人物与时代的勾连。每一次的处境改变与情节转折,都根源于实实在在的当代中国社会的历史变迁。主体间的寻找和对峙,连接起巨大的时间跨度、众多的人物和线索,展示出更加广阔的时代生活画面。只是,随着时代的凸显,行动和事件的升级,《借命而生》这个原本有着古典悲剧意味的故事里,人物与内心反而更加模糊了。在这个意义上,这仍然是一部关于当代中国个体心灵的"外史"。

不过,如孟繁华所言:"道德困境已经成为我们这个时代最大的困境。"②《借命而生》所指向的对道德伦理的建构,也如《心灵外史》对精神危机与信仰问题的关注,体现出的正是一代作家对道德重建与精神难题的积极直面。在这个过程中,石一枫表现出来的出色的结构能力与叙事才华,以及对新文学及现实主义传统的呼应与自觉,有效地丰富和拓展着当代文学的叙事与审美空间。正因为将人物塑造和社会问题的关联作为重要的叙事原则,石一枫的"社会问题小说"得以通过个人的命运,来对当代中国错综复杂的社会矛盾与精神乱象进行反思与观照,并展露出开阔的精神气象与精神视野。期待他今后的创作持续开放出更大的可能性。

---

① 《作家石一枫与其笔下的"城市新人物"》,搜狐网文化频道 2018 年 11 月 2 日,http://www.sohu.com/a/273079459_183373。

② 孟繁华:《当下中国文学的一个新方向——从石一枫的小说创作看当下文学的新变》,《文学评论》2017 年第 4 期。

论 1980 年代以来中国城市书写中审美隐喻的本土性与现代性①

张惠苑②

摘　要　1980 年代以来中国城市书写在审美想象上一直存在本土性与现代性
双线并行的书写格局。审美想象的本土性面向的是城市日常生活超
稳定性一面。审美想象的现代性面向是捆绑于消费文化中城市书写
的现代性的变异。这两种审美格局衍生出三种具有地域性特征的审
美形态：江南诗性文化、审美世俗化以及现代性异化。它们共同完
成了对中国城市书写审美性的深度质询。在唯美、世俗、审丑的三种
审美形态中，可以看到城市想象对本土性的坚守与现代性的反思。

关键词　1980 年代以来　审美隐喻　本土性　现代性

---

①　本文系国家社科基金重点项目："中国新世纪文学的日常生活诗学研究"（14AZW002）阶段性
成果。
②　张惠苑，杭州师范大学教育学院副教授，主要研究张爱玲、中国城市文学与城市文化，著有《张
爱玲年谱》。已在《新文学史料》、《中国现代文学研究丛刊》、《文艺争鸣》等刊物上发表论文
20 余篇。

从 1980 年代以来中国的城市书写一直存在着两种审美面向：面向传统与民间的城市审美的本土性与面向当下的审美现代性。第一种面向以内在隐喻形式展现在江南诗性文化的想象和以武汉书写为代表的世俗化想象当中。在呈现方式上,这两种审美隐喻都发生在城市日常生活层面。内部存在一种对照：超功利性的唯美倾向与面向现实的生存美学。但是这种相反相成的对城市日常生活的书写方式,共同构筑了城市文化的稳定性。城市书写的江南诗性文化想象的特质是对政治的自觉边缘,在唯美情趣回归中,发掘中国城市最为稳定、本土化的文化想象资源。而武汉为代表的世俗城市的书写中,再现的是面向民间,以生存为导向审美的大众化。可能没有江南诗性文化那样具有独立、唯美的品格与姿态。但是,在喧闹、生动的生存图景中,这种眼光向下的审美姿态背后,不仅有着对生活的委曲求全与迎合,更有着在生存面前普通人的挣扎与求生的原始力的美。无论是江南诗性文化的唯美,还是世俗民间的生存美学,都可以看到中国城市文化的本土性想象资源。而在以南方城市为代表的对城市现代性后果书写,展现的是对城市现代性审丑性的批判与反思。所以在唯美、世俗、审丑——中国城市书写的三个审美形态中,可以看到中国城市书写本土性与现代性的隐喻。

一、城市书写审美隐喻的本土性

（一）江南诗性文化：城市日常生活的江南想象[①]

江南诗性文化的是中国审美文化的源头之一,早已渗透在人们的日常生活当中。如刘士林所说："与中国其他地区相比,江南文化的审美功能发育得最好;另一方面,对个体生命来说,它还最大限度地实现了伦理与审美两种机能的融合,因而,它的审美创造活动,不是反抗或超越政治伦理异化的结果,而

[①] 此章节内容,已经在本人论文《论中国城市书写中的江南诗性文化想象——以新世纪以来上海书写为中心》中详细论述,这里简要概述。详见：张惠苑：《论中国城市书写中的江南诗性文化想象——以新世纪以来上海书写为中心》,《上海文学发展报告》,中国社会科学文献出版社,2016 年。

是像春蚕吐丝一样源自这个民族与生俱来的艺术天性。"①在实际的文学创作中,古典的江南诗性文化早已呈现在我们对当下城市的书写当中。其主要通过审美化的生活想象来呈现中国美学最早源头的生命力。其次,随着城市化发展造成人们在审美上的矛盾心理,让人们对传统文化有了自觉的皈依。我们一方面享受着现代化城市生活的方便快捷,另一方面,现代化技术理性也在格式化人们的思维。钢筋水泥铸就的城市剥离了城市历史,同时也让人们对局限在现代化景观中的城市想象产生了审美疲劳。为了规避被格式化的命运,人们自觉或者潜意识里开始在传统文化中寻找一种唯美、自由的因子来稀释被抛离精神家园的乡愁,减淡现代性审美给人们带来的紧张与焦虑。因而,江南诗性文化在这种境遇中得到了复生。江南诗性文化的悠久的历史渊源和顽强的生命力,加上现代人别样的审美渴望……都造就了在城市文化上对江南诗性文化的重思。

无论是王安忆笔下的上海,陆文夫和范小青笔下的苏州,还是朱文颖的《花窗下的余娜》,池莉的《请刘师娘》,这些作品中都有意地用微观人生的书写来遮蔽政治变迁下的大历史叙事。这也正是江南诗性文化"高度重视个体审美需要的诗性智慧,发之于外则成为一种不离人间烟火的诗意日常生活方式"②的体现。这些作品中对个人审美生活的追求热情,远高于一般类似家国想象这样的大历史叙事诉求。这种弱政治,执着于微观人生的打造的文学书写,正是江南诗性文化中倾心审美和个体自由的体现。《长恨歌》故事跨越从20 世纪40—80 年代整整 40 年的时间。女主人公在这 40 年的时间里经历了改朝换代的历史剧变,"文化大革命"的逆流、改革开放的现代化转型,随便一个时间点拎出来都能让王琦瑶的人生成为一个传奇。然而,在王安忆的处理下,这些宏大的历史叙事的噱头却淹没在对王琦瑶微观人生的雕刻中。这座城市的历史也顺利地弱化在个人的人生中,并没有刻意再现波澜起伏的历史阵痛。同样,陆文夫和范小青执着于将苏州日常生活精致化,传奇化。如果

---

① 刘士林等著:《风泉清听——江南文化理论》,上海人民出版社,2010 年,第4—5 页。
② 同上,第8 页。

说,王琦瑶是上海这座城市的活化石,展现了这座城市最深处的固有本色,体现了江南文化诗性文化的坚固与柔韧。同样,作为过小日子的苏州,由于地理和人文环境决定了它远离政治风暴,自然就能孕育出以《美食家》为代表的独特的人生样态。

江南诗性文化流淌在城市想象中,除了对政治规避以外,还表现在对日常生活的审美化书写。日常生活审美化也是建立在江南一贯富庶的经济基础之上的,"富裕的江南地区不仅在经济上支持着整个国家机器的现实运转,同时它在意识形态、精神文化、审美趣味、生活时尚等方面也开始拥有'文化的领导权'"①。所以,经济上的富庶决定了江南地区在文化上的吸附力,人们对城市的想象也展现了对这种地域文化的向往。首先,人物形象:阴柔,唯美化。江南一方水土也养育了具有江南风格的人物。在江南城市文学中,人物形象都是以精细、唯美为审美标准的。从语言上看,无论是上海话、苏州话、无锡话,还是宁波话都脱不了吴侬软语的糯和软。在人物形象上,如苏州女子应是"娴静清秀,常在鬓边插几朵小而白的茉莉花;她和夫婿住在沧浪亭的爱莲居;她喜欢用麻油加些白糖拌卤腐"②;上海女人"就是水做的女人。水土湿润,气韵就调和,无论骨骼还是肌肤,都分量相称,短长相宜"③。在文学作品中时常会出现这样的江南女子的形象,甚至会无意识地用这些江南女子的样板来检讨和批评现在的女性形象。第二,城市意象:江南小桥流水人家的江南梦幻意象的铺陈。学界一直以来都力图区别江南都市文化与江南乡镇文化,但在城市文学的实际创作中,江南城市的整体形象始终脱不了小桥流水人家的温婉、典雅的整体印象。即使在1980年代以来的城市文学中对江南的文学想象,随处可见的仍旧是小桥流水人家的文学意象。如龚学敏的《苏州》中集中国古典气质的诗词语言风格与江南柔美景象一体,熔炼出了一个永远活在我们记忆中的苏州。第三,江南人家:精致、优雅之美的营造。江南诗性文化的审美认同不仅停留在人们对江南的整体想象,还渗透在每个江南人的特有的气质与

---

① 刘士林等著:《风泉清听——江南文化理论》,上海人民出版社,2010年,第13页。
② 朱文颖:《亮缎锦袍与虱子》,《美文》2003年第7期,第14页。
③ 王安忆:《发廊情话》,《王安忆短篇小说编年 卷四》,人民文学出版社,2009年,第143页。

生活细节上。比如安妮宝贝的散文《南方》中展现了江南人特有的诗情画意的生活场景，门前"河流纵横穿梭，家家户户水边栖住，打开后门，拾级而下"，人们"在水中淘米洗菜浣衣，空气中充溢水草浮游的清淡腥味，船只来往，人声鼎沸，两岸南方小城的市井生涯如水墨画卷悠扬铺陈"①。

最后，江南诗性文化还表现在从容优雅的人生态度上。毫无疑问，《长恨歌》中王琦瑶的人生尽管几经落魄和尴尬，但是她在人生的面子上始终维持着优雅。池莉的《请柳师娘》中，柳师娘的优雅是久经世故的温婉与熟稔。尽管，一进李家的门，她就已经知道了即将面对被李家退亲的尴尬局面，但是她仍旧从容地接受和享用了李家精心准备的宴席和烟榻。这种从容背后的心智是领了对方的歉意。临出门，李家要将"退婚"事实摆出的时候，柳师娘轻言细语即时打住，最终保住了两家的颜面。同时也意味深长地摆明退婚之于柳家无甚损失，但是之于李家却是一步错棋。整个请柳师娘的家宴，虽为退婚而设，却未言退婚一字。这既源自李家用心良苦的诚意安排，更来自柳师娘从容淡定气度。这正是一种优雅文化中积蓄出来的个人魅力的体现。

（二）生存美学："以人为本"的审美世俗化

波德里亚所说，消费的发生地点是日常生活②。根据这种观点，从日常生活中所孕育的世俗性考察一座城市，可以看到消费时代在这座城市刻下的最为真实的印记。这里我们理解的世俗化，不是指文学创作的庸俗和媚俗化，甚至低俗化，而是指在具体生活中人们对自己生存欲望的基本要求和合理表达，

---

① 安妮宝贝：《南方》，《收获》2007年4月，第96页。
② 鲍德里亚说："借此机会，我们可以给消费地点下个定义：它就是日常生活。后者是不仅是日常行为举止的总和。平庸和重复的一面是一种诠释体系。日常性是整个一个生产力在超经验的、独立的、抽象的范畴（政治的、社会的、文化的）以及在'个人'的、内在的、封闭的和抽象的范畴里产生分离。工作、娱乐、家庭、关系：个体重新组织这些时，采用对合的方式，并站在世界与历史的这一边，把严密体系的基础放在封闭的私生活、个人的形式自由、对环境占有所产生的安全感以及缺乏了解之上了。从整体的客观角度来看，日常性是可怜的、剩余的，但是在使'内用的'世界完全自治与重释而所做的努力中，它却是起着决定作用的、令人安慰的。个人日常生活的范围与大众交流之间深刻的有机联系就在于此。"[法]让·鲍德里亚：《消费社会》，刘成富、全志钢译，南京大学出版社，2008年，第11—12页。

在审美风尚上更加以人为本。具体来说,应是以"世俗民众的现实需求为基准来建构其人文关怀的价值体系,重建对历史民众的发展具有价值引导意义的人文价值观,一方面,它充分地认识到需求之于历史民众发展的意义,另一方面它又必须认识到历史的发展绝非对世俗需求的简单满足,而是在历史的必然需求的维度上寻求价值系统的重构,这一价值的系统结构以历史(民众)发展的必然需求为基础"①。

作为植根于日常生活的文化倾向,世俗性是城市最为真实的底色和常态。但正如陈丹燕所形容的上海人对自己腌臜世俗一面的隐晦一样:大多数城市都乐于呈现自己向着大街霓虹闪烁,专门接受别人目光的考验的一面;而悄悄隐藏自己的另一面,这一面就像上海藏在弄堂里后门的风景②。可是文学中的武汉不同,用武汉话来说,武汉是"敞——的"③城市,啥都亮在台面上。它有一股子决心和狠劲儿,就是要把这种生活底色和常态变成城市表征和符号。狂欢化的世俗呈现是这座城市审美世俗性的重要特征。之所以这座城市能将民间生活的常态升华为一种生存寓言,就在于它通过狂欢化的文学方式,将武汉城市景观展现在自由开放的广场当中,在世俗的狂欢中人们自觉与不自觉地脱冕,从而看清生活的本相,认同生存的法则。

1. 广场效应的审美空间

合上武汉文学的文本,脑海里涌动的最痛快淋漓、印象深刻的就是这座城市的喧哗与热闹。作家们为武汉打造了太多具有符号性的广场形式,营造了太多的广场效果,让这座城市的真相在广场的公共空间里展露无遗。如果说上海文学在弄堂和高档公寓中讲究的是私人空间的私语性,那么武汉则在自由开放的广场中,将私人生活公开化。一般而言,要领略武汉人最简单的快乐就去吉庆街。要看武汉人真实的生活,你只要在武汉人家门口一站,不一会儿

---

① 舒也:《文化转型:世俗化与文学的媚俗》,《社会科学家》2009 年 6 期,第 27 页。
② 陈丹燕:《上海的风花雪月》,作家出版社,2008 年,第 4 页。
③ 敞:武汉话读音为 Ca,三声。作为方言,本意是"张开"、"打开"、"没遮拦"、"没限制"。详见朱建国:《不是"岔的"是"敞的"》,《楚天都市报副刊》2001 年 10 月 10 日。这个词也可表现武汉城市的一种性格,如《她的城》中女主人公蜜姐所说:"敞——的! 这就是城市的大气派,许多城市都是没有这份气派。"(池莉:《她的城》,江苏文艺出版社,2011 年,第 78 页)

你就能捕捉到十分典型的武汉人的生活现场。这是个不大会遮掩的城市,人世间的喜怒哀乐,总会很自然地通过狂欢化的展示变得一览无余。

作为一个时空体的存在,广场是变幻不拘的。在武汉文学中我们可以看到几个典型的具有广场符号性质的空间存在,吉庆街就是其中之一。在池莉的《生活秀》、邱华栋的《吉庆街小记》、孙雁群的《吉庆街的夜晚》等作品中都提及这条街。这个历史上就是"贩夫走卒,荟萃城乡热闹的地方"①,如今成了武汉市民文化的符号,一个世俗生活与文化的大秀场。这里世俗占据主流,高雅统统退场。来这儿的人就是为了感染这里的人间烟火气、凡人味。这里的世俗气息表现在它给人们带来的自由与解放。在吉庆街人们可以花很少的钱买到最大化的快乐。正像池莉所说的,在吉庆街花钱就是为了一个"随便",在吉庆街吃什么喝什么都不重要,最重要的就是一种感觉,这里就"是一个大自由,是一个大解放,是一个大杂烩,一个大混乱,一个可以睁眼睛做梦的长夜,一个大家心照不宣表演的生活秀"②。人们在这儿能找到生活最单纯、简单的快乐。其次,汉口的花楼街也是一个敞开来展现武汉世俗风情的城市空间。《不谈爱情》中这样叙述花楼街:"武汉人谁都知道汉口有一条花楼街。……无论春夏秋冬,晴天雨天,花楼街始终弥漫着一种破落的气氛,流露出一种不知羞耻的风骚劲儿。"③小说中有三次庄建非去花楼街场景。作为知识分子家庭出身的庄建非,从被这个世俗的时空场域的浓浓人情味深深吸引,到被这个场域中世俗人间的丑陋所震撼。在这个狂欢的广场中,成功地上演了世俗生活如何战胜所谓高雅生活的骄傲与自尊的好戏。

2. 私人生活的狂欢化

如果说吉庆街和花楼街仅仅只是以广场时空体的性质为展现武汉的生存寓言提供一个场景,那么在武汉文学中,还有一种狂欢化的城市演绎,那就是私人生活的狂欢化。武汉文学中总有·个特定的狂欢化的公共情境,激化所

---

① 池莉:《生活秀》,江苏文艺出版社,2006 年,第 16 页。
② 同上,第 22 页。
③ 池莉:《不谈爱情》,《池莉经典文集——烦恼人生》,北京十月文艺出版社,2010 年,第 69—70 页。

有的矛盾。在矛盾的激发与宣泄中,私人生活彻底公共化。所有生活的烦恼和矛盾都从私人空间转移到公共空间,私人矛盾蔓延为公共矛盾,最终为这座城市的世俗性增添了最为有力的铁证。如果有公众的参与,那么这种私人的情感很快以集体狂欢的形式,被这个城市普通市民共用的情绪同化,直至最后消解。

武汉文学中精彩的狂欢化的生活场景处处可见。如《小姐你早》中妻子戚润物在大街上对出轨丈夫王自力的长达6页文字的开骂;《太阳出世》中赵胜天结婚当天在长江大桥上以一颗门牙为代价上演的一场婚前恶架;方方的《风景》中七哥父母每天在家里进行了连平均七分钟一趟的火车都没能压住他们喉咙的吵闹;更不要说《出门寻死》中的何汉晴在晴川桥上表演的跳河秀,《托尔斯泰的围巾》中上演的集体装修的狂欢闹剧等。武汉——这座城市的生存寓言就在于,在这个城市每一次上演的狂欢化的生活秀中,世俗人生都在集体的宣泄中得到了洗礼,让我们对城市的生活有了一次更深刻的认识,被禁锢的情绪也得到一种宣泄和解脱。私人生活的公开狂欢化的意义之一就是还原每一个生活的个体。你发现在生活的天平上,退去外在的光环回到生存本身,人人都是平等的,都要接受世俗的拷问。

武汉文学通过将私人生活做狂欢化处理,让我们看到了这座城市演绎城市世俗真相的种种方式。无论是对这个城市世俗性的还原本相、展示无奈还是甄别美丑,这种狂欢化的城市书写方式突破了以往城市自我塑造时的自我掩饰或粉饰的伎俩,而将沉淀在城市最深层的本色呈现在文学的视野中,让我们看到了这座城市最为真切的世俗人心。

3. 世俗的心态:苦难的承受与消解

池莉、方方等作家对城市的世俗性进行狂欢化表现。从中看到这座城市世俗心态——坚韧的承受与消解苦难的内心。倘若拿北京和上海的文学形象与之做比较,那就可以看出,北京的城市之心是大气的,就像《那五》中早年福大爷家的排场,有着虚张声势的前兆和隐疾;而上海的城市之心带着西方想象的娇媚与动人,但是芯子里总能看到花哨外表包裹下的自娱自乐的虚荣。相比较而言,武汉的城市心态在审美性上更真实、厚重。因为它是在城市最为普遍的市民阶层中提炼出来的,最具有代表性的真实的城市心态。这种心态中包含着直面生活的真、善、美和假、恶、丑,具备应对与消解世俗苦难的博大承受力。从这一点上说,武汉书写对世俗人生的反思和提升是比较贴近人心的。

无论是来双扬(池莉《生活秀》)、七哥一家(方方《风景》)、李宝莉(方方《万箭穿心》)还是何汉晴(方方《出门寻死》),他们的人生都在展现武汉人对生活苦难的超强承受能力。譬如池莉笔下的来双扬,她的人生面临种种难题,苦难似乎从一开始就与来双扬如影随形。《风景》中的七哥从一出生到下乡当知青之前,生活就以肉体与精神上的粗暴折磨形式劈头盖脸而来。李宝莉从搬进新房的第一天开始,生活的饿狼就对她张开了血盆大口。

文学中武汉的小市民们没有谁活得很痛快,他们最常说的话不是"活得累"、"活得烦躁",就是"崩溃"。可以说,武汉的城市文学在挑战人承受苦难的极限。令人称奇的是,在武汉的世俗生活中人在种种困难面前表现出了超强的承受能力。来双扬虽然承受着家庭内外众多的压力,但是她还是几经周旋让本来乱如麻的生活,最终运行在正常的轨道上了。《风景》中七哥像一只小狗一样,在这个充满暴力的码头工人家庭里默默无声地长大。他承受住了父亲和兄弟姐妹的家庭暴力,目睹哥哥们强奸邻家女孩给自己造成的心理阴影,以及失去儿时唯一给他温暖和关怀的善良女孩够够的情感创伤。虽然是不择手段的上位,但是七哥还是从这个充满罪恶回忆的家庭中走出去了,成了北京的大学生,娶了有背景的老婆,并且在仕途上一片光明。何汉晴虽然被没有尊严、紧巴巴的家庭生活折磨得想死的心都有,但是她还是没有死。有她在家里,热水总是按时灌到壶里,买给公公的中药总能物美价廉,小姑子的衣服也从没有被洗衣机洗坏,儿子的要求也能逐渐地得到满足。李宝莉再怎么被家庭排斥,也不妨碍她用自己的肩膀挑起一家人生活的重担。如果不问生活对他们的回馈,这些主人公在世俗生活中都经受住了生活的考验,他们的付出圆满了别人的生活。

是什么支撑这些武汉人在烦恼的人生中坚持把日子过下来？武汉人对苦难的超强承受能力首先应该与武汉特有的达观、坚韧的人文特性相关。罗威廉在对汉口的研究中发现武汉人不仅有商业冒险精神,而且"当面对生活中的不幸以及生命和财富面临危险时,汉口人相当平静的接受之。……'这些人陷入窘境:他们的房屋被冲毁,生计被切断,他们拥挤在一起,面临着瘟疫的威胁,处于饥饿的门槛,都表现出一种平和、安宁甚至是满足的心态'"①。这种平和、安宁、满足的心态实际上就是指武汉城市的人文品格中蕴含着的达观与质朴。正如池莉所说:"我们普通人身上蕴藏着巨大的坚韧的生活力量。用'我们不可能主宰生活中的一切,但将竭尽全力去做'的信条来面对烦恼,是一种达观而质朴的生活观。"②这样让武汉人在面对生活的种种遭际时,能够表现出足够的洒脱,"他们一面奋斗,一面把面子、生死这些神圣的东西看得很穿——'汉口街上常能见到那种最不知忧愁的一类人……'对什么都无所谓,什么事都能想得开。怄气永远都怄不长。随和得仿佛没主张"③。

其次,就是武汉人特有的世俗生活哲学:眼光向下的生活态度以及对等的生活原则。所谓眼光向下,就是在俗世生存,没有太多的时间和空间容你对未来去辨析和憧憬,反而能让日子过得踏实,看清楚现实的本质之所在。这种目光向下的实用哲学,会让人们用比较实际的眼光将是非、善恶相对化。所以七哥会说:"生命如同树叶,所有的生长都是为了死亡。殊路却是同归。……谁是好人谁是坏人直到死都是无法判清的。"④武汉人对生活的运转法则一直遵循的是对等的生活原则。生活再千头万绪,只要在等号两边运用世俗的价值标准加减乘除一翻,一切矛盾都可以解决,任何情绪都可以消解。比如《生活秀》中来双扬在解决家里祖传房产的问题上,就成功地运用了这个运算公式,最终达成了三赢。现实摆着三个矛盾:来双扬拿不到祖传房产的房产证、房产科长的花痴儿子找不到老婆、久久饭店的九妹一心想做城里人而不得。来双扬断了九妹对吸毒的来双久的念想,让她安心嫁给了房产科长的花痴儿子,自己顺利地从房产科长那里拿到了房产证,就这样她同时解决了三个矛盾。的确,来双

① ［美］罗威廉:《汉口:一个中国城市的冲突和社区(1796—1895)》,露西奇、罗杜芳译,中国人民大学出版社,2008 年,第 22—23 页。
② 池莉:《也算一封回信》,《中篇小说选刊》1988 年第 4 期,第 113 页。
③ 方方:《日落》,转自樊星:《当代文学与多维文化》,武汉大学出版社,2005 年,第 37 页。
④ 方方:《风景》,浙江文艺出版社,2011 年,第 114 页。

扬是在利用九妹达到自己的目的,可现实却是久久即使不吸毒也不可能娶九妹,以九妹的条件要想做武汉城里人,能嫁给房产科长有点毛病的儿子已经不错了。再自私自利的想法,只要在世俗生活中经过对等原则推算一下,就会变得合情合理。在世俗逻辑中的运算法则和金钱逻辑下的运算法则是不一样的,前者建立在人与人之间的道义平等的基础上的,而后者则是赤裸裸的利益关系。总之,在热闹、粗糙的世俗生活当中涌动的是浓浓的人情与人性之美。

在城市本土化的审美隐喻中日常生活层面的唯美与世俗性,在历史和民间小传统层面呈现了中国城市书写"根性"的审美基因。这种审美基因能够超越现代性的强大阐释力,展现出更为丰富的文化内涵。他们赋予各个城市超稳定的文化心理,展现了作家对自己的城市根性的信仰。尽管这种根性在消费时代已经受到了冲击,但他们还是会尽力让自己的城市文学免于流于表面,而力求尽量展现其深刻立体之处。但是反观以广州、深圳为代表的南方城市,却可以看出这些城市在审美性上呈现出单向度的现代性景观。

二、城市审美隐喻的现代性

南方城市的城市文学作品不像北京和上海文学那样成熟,但是创作实绩还是可观的。突出的有张欣的《浮华背后》、《谁可相依》、《爱又如何》等,张梅的《破碎的激情》以及她的系列自传性散文,郑小琼的打工诗歌,刘西鸿的《你不可以改变我》,王小妮《一个城市的二十六个问题和回答》,戴斌的《打工词典》、盛可以的《北妹》,还有李兰妮、彭名燕、杨黎光等人的文学作品。总体来说,与其他城市书写相比,在南方城市的文学书写中展现的审美形象是被动的,稍显单薄、刻板。正如张清华所说:"'广州'也许比北京和其他城市更加稀薄……所描写的大都是职场白领的商界生存景观。这些人物也许非常接近现实中的真实,但作为经验主体却不无'空心'色彩,内涵显得不足。"①

无论是张欣笔下浮华的商业城市景象,还是以郑小琼等打工诗人为代

---

① 张清华:《城市书写:在困境中展开》,《山花》2011 年第 3 期,第 129 页。

表的底层文学所反映的城市血泪史,这些城市在文学中已经形成一种刻板印象,那就是这些城市最能展现审美特性的是其极具反思与批判性。这种定位与南方城市本身的城市文化特色有关。正如有学者对广州的评价:"广州是广东开放的标志地,是西方文化最先过境的城市之一,较少传统文化的束缚。在这个商业气息浓厚的社会中,粤人的典型形象是城市平民,他们不存太多幻想,更多关心吃穿住行、游玩享乐,信奉世俗生活的自在、自足和自娱,所谓'赚钱买 HAPPY'。"①有这样的城市文化,自然在文学中作家们会将这些城市作为对城市现代性景观进行反面审视的最佳空间。具体说,就是这些城市放纵着金钱的淫威,滋养着拜金主义的情绪,利用金钱的魔力和人的欲望,实施着消费的暴力,摧毁着人性的真、善、美,诱发着人性的假、恶、丑。在被金钱洗脑的城市中,人与城市之间唯一的纽带就是金钱,就像诗歌中描绘的:"我伸出手想接住一片树叶,然而城市却给了我几枚银币。"②城市变异成为欲望膨胀的幻影,是惩罚人类的集中营,"让一群自大的生物在他们的欲望幻影中永受煎熬。一个人占有越多的物质也必然受到更多的煎熬"③。这些被施了金钱魔咒的城市,展现的人间图景就是人在膨胀的欲望中变形、扭曲,最后走向自我毁灭。

波德利亚曾经说:"消费社会既是关切的社会也是压制的社会、既是平静的社会也是暴力的社会。"④这种如波德莱尔笔下的"恶之花"一样的城市图景,是潜藏在城市浮华表象之下、以无形暴力的形式来形塑城市的异化。这些城市剔除了城市根性的审美诉求,在变异和迎合中展现了审美的现代性变异。

首先就是物化的城市法则。从一定程度上来说,当下城市表面上的"平静的繁荣"就是建立在城市的暴力之上的。这种隐藏在平静之下的暴力是无形的,物化的城市法则在这种无形暴力中肆意施虐。对于物化的城市法则的解

---

① 郭亚明:《论张欣小说的叙述选择及其文化意味》,《学术研究》2006 年第 7 期,第 125 页。
② 波黑村:《对白》,《星星》2004 年第 12 期,第 52 页。
③ 同上。
④ ［法］让·波德利亚:《消费社会》,南京大学出版社,2001 年,第 197 页。

释,丹尼尔·贝尔的界定发人深省。他认为:"社会结构是一个具体世界,这个结构不是由人,而是由角色构成,它由确定了等级和功能之间关系的组织化图标设计而定。权威在于地位,而不在于人,社会交流(在必须互相配合的工作中)是角色之间的关系。人变成了一样东西或一个'物',这不是因为企业是非人性的,而是因为工作任务的完成必须服从于组织的目的。"[①]在以消费能力和地位为价值基准的城市中,人以使用价值的形式出现在生活中,因而人往往失去了本体性的地位。这种物化的城市法则首先表现在剥夺了人之所以为人的条件,将人异化为生产工具或符号。对于这种异化表现得最为真实、最为有力的就是 2007 年获得人民文学奖的打工诗人郑小琼。这座城市的富庶是由无数生活在底层打工者的血肉铸就的。在工业时代的搅拌机下,将分离出的肉体和灵魂与钢铁、塑料、铝块一起搅拌,这是怎样一个血肉沸腾、钢花四溅、粉尘弥漫的场景:"我的肉体像一辆巨大的火车等待出轨,它有着地质学的丰饶结构学的完美力学的美感化学的复制中没有了神学与哲学的幽远,剩下数学的图形被现代工业污染与打磨,钢铁渣样的躯体在枯萎,它需要一个政治般僵硬而保守的模型,钞票与权力不断伸出挖掘机一样机械手挖掘着她残余的汁液,她的肉体,人间的妙药……"[②]在工业生产线上的人和他们生产的产品一样没有个人身份只有编码:"他们来自河东或者河西,她站着坐着,编号,蓝色工衣/白色工帽,手指头上工位,姓名是 A234、A967、Q36……"[③]就连他们的疾病:那被各种工业灰尘塞满的肺、被机器咬断的手指和工业废水一样毫无价值地流淌在打工的河流里。消费时代将人工具化,不仅是将人变成生产线上的机器,而且还在更深层次上将人按照程序化来设置,变人的生活为物的运转。

卢卡奇曾经在总结消费社会的物化后果中说,"在资本主义社会内部,随着商品交换的发展和社会分工日趋细密,人们的职业越来越专门化,他们的生

---

① [美]丹尼尔·贝尔:《资本主义文化矛盾》,严蓓雯译,江苏人民出版社,2010 年,第 12 页。

② 郑小琼:《挣扎》,发表在"海平面诗刊"2006 年 11 月 30 日 09:33:06,网址:http://my.ziqu.com//bbs/665366/。

③ 郑小琼:《流水线》,《黄麻岭》,长征出版社,2006 年,第 110 页。

活囿于一个十分狭窄的范围,这使他们的目光很难超越周围发生的局部事件,失去了对整个社会的理解力和批判力"①。郑小琼笔下那些早已面目模糊,以编号和利润值来取代人的本体性的打工者和慕容雪村笔下早已被编排为程序的深圳白领的生活,正好印证了卢卡奇的理论。消费社会就是通过将这些人作为工具进行精细的社会分工和控制,让他们逐渐丧失对社会的理解和判断,从而彻底异化为可以用数字和金钱来等值计算的物。

其次,这种物化的城市法则的暴力性还在于,让人们在无情的生存现实和炫目的消费诱惑面前,认同以消费能力来衡量一切的金钱本位的合理性,从而毫不费力地颠覆既有的价值观。张欣、慕容雪村、郑小琼等作家作品中的主人公,在南方城市打拼、历练之后都不约而同地对自己的人生重新进行洗牌,对已有价值观进行颠覆。颠覆方法就是将一切放在以金钱作为砝码的天平上,凡是在金钱的折合下亏本的买卖,无论初衷是多么的崇高,都会被抛弃。在这个天平上曾经光彩夺目的单纯理想统统可以用金钱逻辑来解构。被物化后的人就会心甘情愿地献出自己的灵魂,当然也会麻木地接受以金钱为标准定位人的优劣,任由金钱剥夺和践踏人的自尊与自信。就像大学生陈启明(《天堂向左,深圳向右》)出卖自己的人格,娶了能让自己少奋斗几十年的丑陋、没文化的深圳郊区某村长的女儿。他认定这种自我出卖是在深圳这个地方活下去的硬道理,"在这个年代,谁把自己卖得最彻底,谁就会出人头地,否则,你就没有任何希望"②。陈启明以婚姻为代价对生活现实的理性分析,莫亿亿(《浮华背后》)在物质诱惑面前的缴械投降,都在印证着消费时代的物化法则对人的无形征服,"这种物化使活生生的历史现实机械化、僵硬化,人们对物(商品)的追求窒息了他们对现实和未来的思考。她们面对的现实不再是生动的历史过程,而是物的巨大累积……它使人丧失了创造性和行动能力,只能消极地

---

① 罗钢:《前言·探索消费的斯芬克斯之谜》,罗钢、王中忱主编:《消费文化读本》,中国社会科学出版社,2003年,第19页。
② 慕容雪村:《天堂向左,深圳向右》,万卷出版公司,2009年,第27—28页。

'静观'（contemplation）。物、事实、法则的力量压倒了人的主体性"①。

最后是情感的"物质化"解构。罗钢曾说："消费所体现的并不是简单的人与物之间的关系，而是人与人之间的社会关系。"②消费时代无形的暴力不仅在于用商品社会等价交换的原则来置换传统社会建立在伦理和道德上的社会准则，而且还在于它将这种原则执行到人与人之间的社会关系上。对情感的"物质化解构"就是其最好的明证。南方文学中，作家们所描写的都市情感都是残缺、变异的。再难以舍弃的爱情也抵挡不了金钱的光芒。为了能出国留学而抛弃自己女朋友的瑞平（张欣《浮世缘》）在面对背叛爱情的道德谴责与光明前途的诱惑时，用金钱的砝码一折合，他马上就对自己的负心行为释怀了。在此时的他看来，"爱情是一种感觉，无论多么伟大也仅能维持三五年，剩下的是感情、亲情、牵挂、依靠、合作伙伴、撒气、说话、交流、暖脚等等等等，全是泛爱，不再是那种独特的感觉。所以，重要的是把日子过好，人有能力时才能顾及到自己所爱的人，这是最简单不过的道理了"③。和实实在在能看得见的前途比起来，靠感觉来把握的爱情显得多么的微不足道，虚无缥缈。这个天平下道德可以任意践踏，善可以为恶让开道路。有钱你可以鄙视一切传统甚至可以另外创造传统，就像《天堂向左，深圳向右》中所说的："如果你有一千万，你可以创造一个传统：一夫一妻制是可鄙的。婚外情是穷人的罪恶，但对亿万富翁来说，即使不是高尚的，至少也是天经地义的。"④

当人的生存在消费时代的无形暴力下变成了赤裸裸的金钱交易，当我们曾经认定的美好情感被在金钱和欲望的放大镜下展现的是面目全非的惨象时，这个城市留给人最终的是什么？那么多的主人公已经告诉了我们答案：永久的孤独。无论是张欣，还是慕容雪村都不自觉地让他们的主人公在这些

① 罗钢：《前言·探索消费的斯芬克斯之谜》，罗钢、王中忱主编：《消费文化读本》，中国社会科学出版社，2003 年，第 17 页。

② 罗钢、王中忱主编：《消费文化读本》，中国社会科学出版社，2003 年，第 33—34 页。

③ 张欣：《浮世缘》，华夏出版社，2000 年，第 4 页。

④ 慕容雪村：《天堂向左，深圳向右》，万卷出版公司，2009 年，第 140 页。

城市以一个寂寞的身影谢幕。《天堂向左,深圳向右》中肖然这个拥有千万资产的富翁,投怀送抱的是电视台名记者、港姐等数不尽的美女,出入有别墅、豪车。可是最终他看够了,玩够了,一切都没有意思了。除了死,他想不出还有什么办法能让自己从这些物质极度丰盛下的空虚中解脱出来的办法。刘元用一个妓女就解决了自己的童贞,这也就注定以后在情感世界里他永远寂寞。项春成(张欣《对面是何人》)坐拥百亿,但是结了三次婚,离了三次婚,他的人生留给他的就是"一世繁华一日散,一杯心血两字全"的总结。所有的孤独源自人本身的变异,否定"人类生存的精神价值,把人变成了没有灵魂的,只知道追求物质生活享受的单向度的人"①。人被欲望所控制,所有的价值观被颠覆,乘虚而入的就是谎言、怀疑、欺骗。

最后,反抗的无力——城市之窘。城市的现代性的后果不仅展现人在金钱本位的时代中被动地被消费时代的价值标准改造的景象,还展现人们反抗这种城市暴力的无效,或者说这种反抗最终结果就是将人推向更绝望的深渊。在城市文学中有人对抗这种暴力,但你的清醒和觉悟会在所有的集体无意识面前变成另类,结果就是你会死得很难看。这就是消费文化最可怕的地方,就像尤奈斯库的《犀牛》的寓意暗示的,所有人都变成犀牛了,唯有你不是,早晚一天你会厌恶自己没有长出角的样子。在《对面是何人》中,男主人李希特就是一个对抗时代,结果走向绝路的人。当所有人包括自己贤惠的妻子为了生活苦苦挣扎的时候,李希特沉迷在善恶分明、行侠仗义的武侠世界。他视金钱为粪土,为老婆天天只知道挣钱而恼怒不已。殊不知在不知不觉中金钱正利用他的理想和坚持,将之玩弄于股掌之中。此外,反抗的无力还表现在为一个没有深度的城市,任何形而上的追寻都必然走向自取灭亡。詹姆逊曾说:"即社会已失去了追求深度、实施影响的可能性,它已沦为纯粹的模仿作品和肤浅的自我评论。我们只剩下一个符号游戏,这些符号除了指向消费品以外,没有

---

① 刘启春:《略论法兰克福学派的消费主义文化批判理论》,《马克思主义研究》2004 年,第246 页。

任何终极指涉对象。"①张梅的颇有寓言意味的小说《破碎的激情》正好解释了这种以追求深度为手段的反抗的无效。《爱斯基摩人》杂志可以看作是广州这座城市唯一没有被商业气息吞没的精神乌托邦。但是理想的乌托邦最终还是难以逃脱被腐蚀的命运。女神化身的米兰最终沦为男人泄欲的工具,并在沉睡与潸然落泪的怪癖中渐渐枯萎。作为精神教父的圣德似乎一直为在这座城市建立精神绿洲而孜孜以求,但是小说最后一个反讽的情景彻底颠覆了圣德的所有幻想。"'这一代人完结了',在一次讲课中,他对着下面的学生说。他的话音刚落,台下面传呼机响成一片。圣德这句包含着痛苦激愤的话就被淹没在现代传呼工具的声音中"②。学生是圣德对这座城市最后的希望,但是当他期望以自己一代人在商业社会追求理想的落败,来警示未来的一代人的时候,现实告诉他作为未来一代人——他的学生,早已在现代传呼中被召唤进了这个城市滚滚经济大潮之中了。

南方城市文学通过展现市场经济的法则中人无可逃遁的悲剧命运,昭示了消费时代繁荣背后的丑恶与无奈。它通过将人变成物,悄无声息地将你的反抗转化为更大的灾难,让人不得不认同它的淫威,心甘情愿地被由虚假需求而引发的欲望牵着走,出卖自己的尊严,献出自己的灵魂。也许广州、深圳、东莞这些南方城市本身并不是小说中所描写那样赤裸裸的金钱城市,但是这些南方城市为我们对消费时代进行深刻的理性反思提供了一个文学空间。南方城市的文学为时代敲响了警钟:我们在尽情享受物质丰盛的同时,是不是还有更重要的问题需要及时反思?物质丰富是否一定要以精神的枯竭为代价,享受的背后是不是有　双无形的手在制造和操纵着人们虚假的欲望?人类如果不知道反思和节制,欲望就是毒品,杀人于快乐之中。这也许正是这些南方城市在文学中如此片面呈现,而背后所要言说的东西却如此意味深长的奥秘所在。

---

① 转引自玛丽·道格拉斯、贝伦·伊舍伍德:《物品的用途》,罗钢、王中忱主编:《消费文化读本》,中国社会科学出版社,2003 年,第 77 页。
② 张梅:《破碎的激情》,时代文艺出版社,2001 年,第 221 页。

小　结

本论文是从审美问题出发对中国的城市书写进行深入质询。唯有以个案的城市书写为基础,看到他们背后所隐喻的城市审美性上的共同诉求,才能对中国的城市文学共通的文化特征进行深入探究。笔者选择了江南诗性文化的隐喻、以武汉书写为代表的世俗化隐喻和南方城市的现代性隐喻为对象,来完成这次深入质询,呈现出的是众多城市文学文本共通的审美形态。

这三种审美形态表现了中国城市书写的多元与错综。它们有时间性,既面向历史和传统寻求中国城市书写的"根性"的审美内核;同时面向当下对城市现代性景观展开审美批判。时间性表现出中国城市书写在审美性上具有历史性与变异性。历史性的审美隐喻不会随着时间的流逝,消失在中国的城市书写当中。相反,这种"根性"的审美往往是作家们最乐于表现的审美资源,有着广阔的文学创作空间。而城市书写的审美变异性的一面具有当下性,能够及时对当下城市文学的发生做文学的再现与反思。从创作实绩和文学接受上来看,面向城市"根性"的审美书写,更容易满足人们对城市形象的期许。而面向当下的审美反思,反而给人们带来一种"焦虑"和"匮乏"感。

同时,城市书写的审美隐喻也具有明晰的地域性:以上海为中心的江南地域的城市书写展现的是"江南诗性文化"之美,以武汉书写为代表的则展现出审美大众化,而南方城市书写则具有"审丑"性。城市审美隐喻的地域性特征,为我们展现了中国城市文学的独特性。尤其以"武汉书写"为代表,能够将一种独特的地域性人文景观打造成成熟的文学审美形象。它为我们树立了中国城市文学在地域性上开拓审美资源的样板。其实,中国还有很多城市具有独特的地域性的审美特质。我们的文学创作和研究应该更加关注这块领地。

无论是城市书写审美形态如何复杂,但指向明晰。那就是文学审美选择上对城市书写"本土性"的青睐。虽然"本土性"与"现代性"在城市书写中的渗透,表现了中国城市书写审美形态上的"根性"与"变异"并存的格局。但是仍旧可见现实城市景观与文学想象之间的反差。在文学的表现中,与中国城市书写面向当下的"疲沓"相对应的是"本土性"的审美想象丰富厚重。但是现实生活中的城市景象则相反,城市展现的是日新月异的物欲繁荣,人沉湎其中无从反思。而城市的现代性正抹去和遮蔽城市的历史、民间存在的痕迹。所以从审美层面上反观这种文学想象与现实的落差,愈发体现了文学想象的超越性与审美倾向。从中我们可以看到中国城市文学,在回望历史与民间中如何坚守中国城市的本土性。

新世纪上海城市文学的突围与可能

李 芸 朱 军①

摘 要 1990 年代,随着上海浦东的开发和开放,兴起了以"上海摩登"为核心叙事的"上海热"与"上海梦",产生了一批具有较大影响的城市文学作品。进入新世纪以来,"摩登叙事"虽然还发挥着重要的影响,但一方面人们对"摩登"(Modern)也即"现代"的理解日益深化,不仅把"现代"看作是中西方碰撞带来的"异质性因素",也力图从"长时段"的视野中发掘"现代"的"本土性资源";不仅意识到对"现代"的乐观想象有其必然的限度,也敢于直面"现代"的诸种负面后果;另一方面则是新世纪中国经济的持续发展,逐渐改变了上海在"全球化"过程中的位置。

关键词 新世纪 上海 城市文学 摩登

从 20 世纪 90 年代中期开始,上海的重新崛起再次使其获得了关注,"上海摩登"重新成为一个热门话题,也使得文学作品中的"上海书写"异常繁盛。在上海这样一个纷繁复杂包罗万象的城市,各种怀有不同思想、观念,有着不同经历和追求的人都在此获得独有的生存体验,并以此为基础形成了对上海的记忆、想象和期盼——他们将这些感受付诸文字的过程,就是用文字书写上海的过程。"上海书写"一方面是上海城市形象的形成和改变过程,另一方面又是对上海历史的再解读。

---

① 李芸,华东师范大学文学博士,主要从事中国现当代文学研究。朱军,上海师范大学中文系副教授、教育部基地都市文化研究中心研究员,主要从事中国现当代文学和都市文化研究。

一、走出"摩登叙事"的可能

1990 年代以来,围绕城市现代性的研究逐渐成为城市文学研究的主流,其落脚点往往是城市现代化的运转法则,特别关注与城市相关的物化、市场化、商品化和身体化对人们的生活和观念的影响。循"现代性想象"出发,上海城市文学批评首先着眼于构筑由上海城市文学引发的关于中国社会、中国文学的现代性问题。有论者指出,90 年代的上海题材文学,"为读者提供的是一个精确的关于上海的公共想象,而不是个体性的对上海、对时代和世界的体验","当一个作家的写作涉及上海时,他对上海的历史和现状很有可能并没有达到历史领域或现实调查所追求的那种熟悉程度,但他完全有理由从某种制度性想象直接契入,而构筑他们关于上海的想象性叙事。比如,现在流行的一些概念,像'三四十年代的摩登上海'、'国际大都市'、'旧常生活'、'欲望'、'时尚'、'消费文化'、'白领'、'小资'、'中西文化交往'、'高速发展'等",①这构成了上海题材文学或"文学上海"的制度性因素。

从"上海摩登"热开始,以"新上海"为背景题材的文学,大多堕入一种时尚的制造品。它们承续了对上海怀旧所制造出的上海想象谱系,表述对未来中国全球性想象的图景,如"上海摩登"、"国际大都市"、"欲望"、"消费文化"、"白领"、"小资"、"时尚"等,并以城市外在物质场景与个体消费经验的核心式描述呈现出来,不仅高度弥合了上海城市文化自身的差异性,也弥合了上海与欧美城市的异质性。新感觉派刘呐鸥等人的城市想象性叙事正在被发扬光大,如卫慧、棉棉等人作品,也包括唐颖、殷慧芬、陈丹燕等"老作家"。

正是由于上海 20 世纪三四十年代和 90 年代共有的"市场经济"及消费文化为基础,成就了把改革开放后的上海与殖民地时代的上海直接连接在一起的流行的"上海史"的叙述模式。这种叙述模式以相似的经济模式及文化形态为准构筑起上海的"前世今生",企图给出一个有着某种历史的"整体感"的上

---

① 邵元宝:《一种新的上海文学的产生——以〈慢船去中国〉为例》,《文艺争鸣》2004 年第 6 期。

海。同时,它还试图抹平上海内部"中心-边缘"之间的差异,建构一个以淮海路为标准的上海统一体。此种文化氛围之下的文学目光只对准了灯红酒绿、琳琅满目的繁华,老上海的"十里洋场""风花雪月""金枝玉叶""红颜遗事"被涂描一新,风靡市场。在这种怀旧风中,上海的历史被极大地简化了,上海的生活也被极大地单一化了。对那些试图理解、把握上海历史、时代现状的作家来说,如何撩开上海虚幻的面纱,通过文学来书写复杂而多面的上海,是一个极大的挑战。

二、新时期"摩登热"的复归及其局限

"上海摩登"热非常典型地表明了20世纪90年代以来的中国人对现代性的渴望。对于上海的怀旧肇始于20世纪80年代后期的"张爱玲热",于是繁华精致、扑朔迷离的上海进入读者评论家的视界。随着张爱玲热的迅速升温,研究者们的深入推进,老上海魔幻迷离的面纱撩拨着人们的怀旧情怀,上海热便瞬间传遍大街小巷。随着王安忆《长恨歌》等作品的出现与走红,现代性的想象利用某种"怀旧"的方式,使得"老上海"成为"新上海"的某种生产装置,《长恨歌》本身的复杂内涵越来越在"上海摩登"的话语模式的裹挟下被碾成单一的怀旧符号。

我们对"传奇"上海书写的恢复始自80年代初,最初比较著名的有程乃珊的《蓝屋》。其后王安忆《本次列车终点》《流逝》《窗前搭起脚手架》《长恨歌》《富萍》、王晓玉《上海女性》、须兰《红檀板》、毕飞宇《上海往事》等作家对上海书写的投入,使得上海书写在80年代后期特别90年代顿然发达,而王安忆《长恨歌》的出版,则宣告了上海书写中的"摩登"一脉至此达到了顶峰。《长恨歌》写的是王琦瑶的身世,可是寄托的却是上海历史的沧桑巨变,显示出书写者对上海的认识和态度。王琦瑶的生活轨迹建立在片场、照相馆、选美、洋派公寓、留声机、唱片、弄堂房子、麻将、下午茶、舞会、红房子西餐、沙利文点心等构成"上海生活"诸种因素来来去去的轮回中的,不同时段中的组合就构成了王琦瑶不同的人生。王安忆的上海题材小说有对大城市整体性的描摹,但

更多的故事却往往发生在街道和弄堂里,描写的是城市普通市民的日常生活。这一写作特征与王安忆独特的历史观有关,在她眼中,历史是"日复一日、点点滴滴的生活的演变","小说里的日常生活,不是直露露的描摹,而是展现一种日常的状态"①。陈思和在《怀旧传奇与左翼叙事:〈长恨歌〉》中称王安忆运用都市民间的叙事方法,表现了"在革命和政治的上海之外,构成了这座城市的人生基础和更加持久的民间生活"②。罗岗的《找寻消失的记忆——对王安忆〈长恨歌〉的一种疏解》则指出,正因为王安忆要确立自我与上海这座城市的想象性关系,要找回缺失的记忆,所以要寻找城市不变的"芯",也就是城市最平凡的日常生活③。王德威的《海派作家又见传人》、徐德明的《王安忆:历史与个人之间的众生话语》、李新的《王安忆上海小说:城与人的三种意义》和李泓的《构筑城市日常生活的审美形势——论王安忆的城市小说》等都从不同角度分析王安忆所描写的上海的日常生活,以及探索上海的市民文化与王安忆笔下的都市想象之间的关系。

但对仅仅将《长恨歌》的成功归功于怀旧,显然缺少对文本的深层理解,对这种怀旧观点持质疑态度的文章也有不少。陈思和的《怀旧传奇与左翼叙事:〈长恨歌〉》则指出《长恨歌》的故事中"蕴藏了一个巨大的反讽",王安忆是通过对上海历史的精细的描摹和再现,来讽刺当时弥漫着的上海怀旧风气④。张旭东在《现代性的寓言:王安忆与上海怀旧》中指出,怀旧在《长恨歌》里给人们带来的是一种震惊的效果,它为上海制造出一种灵韵;而怀旧产生的社会条件宣告了这种灵韵在消费大众和商品的海洋里的无可挽回的消散。⑤

詹明信曾说:"怀旧,就其本质而言,是作为对于我们失去的历史性以及我

---

① 王安忆:《我眼中的历史是日常的——与王安忆谈〈长恨歌〉》,《王安忆说》,湖南文艺出版社2003 年版,第 155 页。

② 陈思和:《怀旧传奇与左翼叙事:〈长恨歌〉》,《中国现当代文学名篇十五讲》,北京大学出版社 2003 年版,第 391 页。

③ 罗岗:《找寻消失的记忆——对王安忆〈长恨歌〉的一种疏解》,《当代作家评论》1996 年第5 期。

④ 陈思和:《怀旧传奇与左翼叙事:〈长恨歌〉》,《中国现当代文学名篇十五讲》,北京大学出版社 2003 年版,第 391 页。

⑤ 张旭东:《现代性的寓言:王安忆与上海怀旧》,《中国学术》2000 年第 3 期。

们生活过正在经验的历史的可能性,积极营造出来的一个征状,是力图重现
'失落掉的欲念对象'。总之,是一种历史感匮乏的表现。"①对老上海的怀旧
潮流中,人们将怀恋的对象单一化为20世纪30年代繁华四溢的上海,在某种
程度上反映了人们对曾经有过的亚洲第一都市及"东方巴黎"之城市身份的向
往和自豪感。人们总是通过"过去"来理解"现在",想象"未来",但是人们的
怀旧是有选择性的,任何怀旧都是对现实中某种匮乏的不满,或者从历史当中
获得当下的身份认同。新世纪以来的上海书写往往呈现为一种张力。一方
面,一部分作品对老上海十里洋场的繁华进行一种建立在个人经验之上的浮
华想象,另一方面,一部分作品又从其他角度对上海的历史进行祛魅与还原。

"上海摩登"是一种文学的书写视野和批评视野。在上海这样一个纷繁复
杂包罗万象的城市,各种怀有不同思想、观念,有着不同经历和追求的知识分
子都在上海获得自己独有的生存体验,并以此为基础形成了对上海的记忆、想
象和期盼——他们将这些感受付诸文字的过程,就是用文字书写"上海摩登"
的过程。"上海摩登"一方面折射了上海城市形象的形成和改变过程,另一方
面又是对上海的"再解读"。对那些试图理解、把握上海历史、时代现状的作家
来说,如何撩开上海虚幻的摩登面纱,通过新世纪的文学创作呈现更为复杂而
多面的上海,是一个极大的挑战。

更为重要的是,如果说1990年代"上海"还处于力图加入、迅速追赶以西
方为主导的"全球化"的状态,那么新世纪以来的上海,作为"全球城市"已经
成为亚洲乃至世界"全球化"的重要力量,这不仅改写了上海与亚洲大都市如
中国香港、中国台北、新加坡之间的关系,而且也在非"西方"主导的"另类全
球化"中发挥了关键作用,形成了新的城市想象与文化谱系,同时因为上海在
"全球化"中位置的变化,也极大地影响了它在中国内部的"现代想象"中所扮
演的角色……正是这些思想与现实的变化,促成了新世纪文学的上海书写,没
有简单地停留在1990年代逐步成型的"摩登叙事"上,而是对"摩登叙事"这
一上海城市书写范式进一步有所扩展、进行反思、寻求突破。

---

① 詹明信:《晚期资本主义的文化逻辑》,三联书店1997年版,第459页。

三、新世纪上海城市书写的突围

新世纪以来,上海经济地位的不断飙升,正在成为全球新的经济引擎。到 2040 年,上海将建设成为综合性的全球城市,成为全球新的国际经济、金融、贸易、航运、科技创新中心和国际文化大都市。伴随着全球化时代都市社会的到来,新世纪的上海城市书写正在逐渐摆脱传统的"上海摩登"叙事,以全新的方式记录着城市文化与日常生活。

其一,新世纪上海的城市书写努力突破"怀旧"的摩登叙事,回归真实的历史场景,重建上海的历史叙述,试图通过人与物的兴起流传揭示历史大逻辑。其代表作包括:王小鹰的《长街行》写出"一个女人和一条小街共同成长的故事",展现出都市上海 20 世纪 50 年代至世纪末中国社会从动荡到开放半个世纪的历史。朱晓琳的《上海银楼》以丰祥和银楼几十年间的沉浮起落,写出了上海从抗战至改革开放后动荡与变迁的历史。滕肖澜的《城里的月光》在对于平凡夫妻人生命运的叙写中,展现出上海浦东 80 年代末以后十多年的历史变迁。薛舒的《残镇》以资本家常冀昌四代人从抗战到改革开放后的家族史,折射出整个 20 世纪上海浦东的变迁史。

其中以 2011 年出版的《天香》最受关注。杨庆祥《历史重建及历史叙事的困境——基于〈天香〉、〈古炉〉、〈四书〉的观察》认为,王安忆的《天香》、贾平凹的《古炉》、阎连科的《四书》从不同的侧面切入历史,以文学的形式进行历史的重建,这一长篇历史写作潮流是中国当代写作在 20 世纪 90 年代以后一种极有意义的实践,它既在历时性的层面回应着整个当代文学史中"文学"与"历史"的症候性关联,又在共时性的层面暗示了中国当下历史的断层和历史观的分化。这些作品集中体现了新世纪历史重建的困境和历史观的病象:历史被景观化、去成人化以及寓言化。在这个意义上,新世纪的历史小说写作依然停留在 90 年代的意识形态之中。[①]

---

① 杨庆祥:《历史重建及历史叙事的困境——基于〈天香〉、〈古炉〉、〈四书〉的观察》,《文艺研究》2013 年第 4 期。

王德威显然不能认同杨庆祥的观点,他认为王安忆不愿意只与韩邦庆、张爱玲呼应而已。她生长的时代让她见识上海进入共和国后的起落;另一方面,她对上海浮出"现代"地表以前的身世也有无限好奇。她近年的作品,从《富萍》到《遍地枭雄》,从《启蒙时代》到《月色撩人》,写上海外来户、小市民的浮沉经验,也写精英分子、有产阶级的啼笑因缘。这些作品未必每本都击中要害,但合而观之,不能不令人感觉一种巴尔扎克式的城市拼图已经逐渐形成。而一座伟大深邃的城市不能没有过往的传奇,《天香》意图提供海派精神的原初历史造像,由女性主导的工艺——刺绣——如何形成地方传统。从唯物写唯心,从纪实写虚构,王安忆一字一句参详创作的真谛。是在这样的劳作中,《天香》写出了女性的心灵史,在王安忆的小说谱系中有了独特意义。① 王春林进一步认为,作家固然可以对故事情节进行想象性虚构,但故事所赖以存在的社会与时代以及内中所蕴含着的人性逻辑却绝对容不得虚构。② 此中正体现了上海城市精神的源远流长。

另外,张新颖《一物之通,生机处处——王安忆〈天香〉的几个层次》《长篇小说"一粒粟子"的内与外》,从中国传统的"生生之美"入手指出,一物之兴起流转,也关乎历史的大逻辑,也感应天地"生生"之大德。《天香》不仅仅是"世情小说"层次的作品,不仅仅是"轰轰烈烈的小世界";它还有另一个层次,触着了"浩浩荡荡的大天地"。"轰轰烈烈的小世界"和"浩浩荡荡的大天地",也许本就不隔,本就相通。这两个层次融合起来,才使得《天香》生机处处,既庄严正大,又可亲可感,不止不息吧。③

其二,日常生活书写一直是上海城市文学的重要底色,新世纪上海城市书写继承并发扬了这一传统,在地理、语言和人物的三重维度上,进一步返回市井深处,具体呈现为语言、笔法、观念和地域文化上有较大创新。新世纪书写

---

① 王德威:《虚构与纪实——王安忆的〈天香〉》,《扬子江评论》2011 年第 3 期。
② 王春林:《小说写作中的纪实与虚构——从王安忆长篇小说〈天香〉说开去》,《山西师大学报》2017 年第 5 期。
③ 张新颖:《一物之通,生机处处——王安忆〈天香〉的几个层次》,《当代作家评论》2011 年第 4 期。

上海日常生活的代表作众多,其中影响较大的包括金宇澄《繁花》、夏商《东岸记事》、程小莹《女红》、王承志《同和里》等。

其中以《繁花》的日常生活书写成就最大。程德培对《繁花》中上海地域文化的叙述特色和传统叙事的继承作了论述,通过细碎的、漫不经心的叙述,还原了上海的生活地图和人情世故。① 黄平在海派叙事传统的脉络里来把握《繁花》的上海叙事,并通过对《繁花》60 年代和 90 年代的对读,指出《繁花》借古典笔法写人物,体现了"现代人、太现代的上海人,对古典时代的怀恋",认为《繁花》是"一本献给上海童年的小说,像一封成年时候寄出的信,寄给消逝的上海"②。张屏瑾《日常生活的生理研究:〈繁花〉中的上海经验》、黄平《从"传奇"到"故事"——〈繁花〉与上海叙述》、程德培《我讲你讲他讲,闲聊对聊神聊——〈繁花〉的上海叙事》等都将其纳入对上海书写的文学脉络之中,着重分析《繁花》对日常书写的独特性。张屏瑾指出"上海无疑就是研究中国现代转型中的人性和社会过程的实验场所,而就一个移民城市来说,划地为界也没有多大意义。相反,这一百多年来的现代历史,为上海叙事注入了不可替代的国族寓言意味,这也是今天,在文化、经济和政治建设备方面有所迷惘的我们,依然觉得上海经验与上海叙事是如此重要的原因。"③

《繁花》和《东岸纪事》为代表的沪语写作是近年上海城市书写最重要的艺术探索之一。陈建华《世俗的凯旋——读金宇澄〈繁花〉》总结作家利用谐音加以变通,方言暗用,反应了上海话历史的衍生。这部沪语小说的复活意味深长,不仅日常生活与世俗主体之于文学创作的重要性得到确认,也是在本土-全球境遇中方言写作的重新定位,那是超乎"时代与民族之外",是"世界性"的,实际上这也正是《繁花》的意义。④ 黄德海《城市小说的异数——关于〈繁花〉》指出,"《繁花》的作者没有在作品中流露出一点置身事外的姿态,他不疾

---

① 程德培:《我讲你讲他讲,闲聊对聊神聊——〈繁花〉的上海叙事》,《收获》2012 年秋冬卷,总第 23 期。
② 黄平:《从"传奇"到"故事"——〈繁花〉与上海叙述》,《当代作家评论》2013 年第 4 期。
③ 张屏瑾:《日常生活的生理研究——〈繁花〉中的上海经验》,《上海文化》2012 年第 6 期。
④ 陈建华:《世俗的凯旋——读金宇澄〈繁花〉》,《上海文化》2013 年第 7 期。

不徐地讲述着上海这座城市的故事,显然兴致勃勃,意犹未尽。作者无意为小说里的故事和人物设定任何目标,似乎只是随着时间的进展,散散漫漫地把自己的所见记录下来,往往在叙述中出现一样东西,一方景致,作者就跟着调转笔头,去写这样东西,这方景致津津有味地咂摸着城市的诸多细节"①。何平《爱以闲谈消永昼——〈繁花〉不是一部怎样的小说》论述俗语对既定文学"观念"和"概念"的"叛变",一个接一个小欢场,男男女女的小风月,有悲欢离合,但放置在大的时代,都散成了流年碎影,从而以别样的"消解"解读作品的独特性。② 同样夏商在小说中使用了许多方言,有的直接出现在情境对话中,有的则糅合于叙事正文中。肖涛指出,方言本属本土写作,具有少数性,流传面不广。但为浦东写史,浦东方言自然要浮出水面,用以完成对生活在其中的人的音容笑貌的塑形。这种写作,颇具文化人类学意义,记录人物在场的声音也是一种田野研究。如此一来,《东岸纪事》的价值也显现出来了。方言写作,不仅还原了时代的语境,且让小说返归其本来的杂语特质。③

夏商《东岸纪事》集中体现出地理、空间、人物、语言与日常生活的交织与拓展。陈思和指出,这部小说从空间上一下子开拓了上海,是一大突破,他描写了一个上海文化从来不关注的地方。夏商写的其实就是浦东开放的前史。夏商突破了"小资文化",聚焦无产阶级文化——写下层的城乡工人,有的是裁缝家庭,有的是机关干部。通过最底层人的反应甚至某种"流氓文化",把浦东改革开放前夕的时代氛围非常逼真地表现出来了。葛红兵认为,夏商摆脱了知识分子的语气和探索小说的语气,回到了地方语言上来。夏商的语言我不觉得是远郊的,也不觉得是浦东的,而是长三角的,是中国的,是中国地方生活的语言。第二是找到了生活。第三个就是奇观故事跟日常生活的联系。④

其三,新世纪的上海城市书写尝试走出摩登的"小叙事",重新反思"启蒙"与"革命",建构上海本土的"大叙事"。代表作包括王安忆的《启蒙时代》、

---

① 黄德海:《城市小说的异数——关于〈繁花〉》,《上海文化》2013 年第 1 期。
② 何平:《爱以闲谈消永昼——〈繁花〉不是一部怎样的小说》,《当代作家评论》2013 年第 4 期。
③ 肖涛:《东岸纪事:人格断裂,秩序终将消失于黑白世界》,《外滩画报》2017 年 7 月。
④ 《夏商〈东岸纪事〉研讨会发言纪要》,《中国政法大学学报》2015 年第 4 期。

彭瑞高的《男人呼吸》和胡廷楣的《生逢一九六六》、吴亮《朝霞》等。

王安忆谈到这一上海叙事的转向时表示:"我自以为是一个远离一切文学潮流的作家,其实却得了一切文学潮流的好处。每一次生死攸关而又荒诞不经地冲破禁区,都为我开辟了道路,(使我)能够在前人或同辈的掩护下,从容不迫地考虑我自己的问题。"①结合新世纪以来的创作来看,王安忆作品的风格的确走向理性和开阔,始终有"想写一个大的东西"的冲动。王安忆认为:"我觉得我的作品是随着自己的成长而逐渐成熟,如果说有变化,那就是逐渐长大逐渐成熟。我并没有评论家说的那样戏剧性的转变。变化都是不自觉的,也不是清醒的。"②

《启蒙时代》出版于 2006 年,讲述南下革命干部子弟与市民社会相遇的故事,它细腻地表现出革命后新的时代语境下市民社会的特点。王尧《"思想事件"的修辞——关于王安忆〈启蒙时代〉的阅读笔记》认为,《启蒙时代》正是王安忆试图走出叙事危机的尝试。从修辞、父子关系、革命者和新市民等几个方面讨论了一代人的思想成长史,将年轻学生的成长经历演绎为一场深刻影响60 年代至今中国知识分子的"思想事件"。③ 陈思和则认为,这部小说标志着王安忆已经恢复了攀登精神之塔的自信,发现民间蕴藏着巨大的生命能力和思想能力。小说中描述的启蒙历程变得繁复而且多元,立体地展示了人类精神成长的丰富性。④ 张旭东也认为,《启蒙时代》是一种心灵史的纪录。一种内心世界的出现了,比思想上的空洞和政治上的幼稚更有意义,至少是对文学更有意义。⑤

近年来,另一部引起各方关注的反思性作品是吴亮的《朝霞》。陈建华认为,《朝霞》显示了作者对于社会与历史的洞察,从中看到比暴力和专制更富青

---

① 王安忆:《面对自己》,《漂泊的语言·王安忆自选集》(散文卷),作家出版社 1996 年版,第440—441 页。

② 周新民、王安忆:《好的故事本身就是好的形式——王安忆访谈》,《小说评论》2003 年第 3 期。

③ 王尧:《"思想事件"的修辞——关于王安忆〈启蒙时代〉的阅读笔记》,《当代作家评论》2007年第 3 期。

④ 陈思和:《读〈启蒙时代〉》,《当代作家评论》2007 年第 3 期。

⑤ 王安忆、张旭东:《打开乱世的心灵空间——关于〈启蒙时代〉的对谈》,《书城》2007 年第12 期。

春的精神潜流,从中听到文明进程的坚实步履与芸芸众生的人性与思想的凯旋之声,而这一切则是以一种反思与诗性、优雅而精致的艺术手段完成的。①张闳《吴亮长篇小说〈朝霞〉及当代小说的叙事问题》指出了《朝霞》代表着当代小说叙事的转向,《朝霞》的回忆固然有时间和家园的愁绪,但来自另一个世界——书本和沉思世界——的声音又在不时地干扰和破坏这种回忆的连续性,仿佛故意要跟回忆为难似的。《朝霞》的叙事制造了一种关于记忆、交流和理解的悖论,这是一种有关"时代的废墟"的文学。②蒋原伦指出这是一种"从形象到多元意识镜像"的写作策略③,张福贵强调其属于"反阅读逻辑的'不均衡写作'"④,敬文东认为它是旨在揭示日常生活的神秘性的"可感型叙事"⑤。以《朝霞》的天光意象为切入点,吕永林指出,即使是在那个让无数个人遭受压抑、创伤甚至死亡的"革命年代",一些异常重要的"存在"仍为个人和群体所共享共通,比如人们头顶的天光,比如众人对生命燃烧的热望与奔赴,比如自我对种种他者无以拔除的爱。而在今天,这些正越来越成为一个时代总体性的缺失,因此,对它们的仔细辨识,也就成为对两个时代的重新辨识。⑥

其四,新世纪以来,"上海崛起"不仅仅承载着当代中国人的集体欲望,而是非常深刻地介入到整个亚洲乃至全球的文化构成,制造了新世纪上海城市文学空前繁荣的景象。除上文重点提及的作品外,代表作品还包括王安忆的《上种红菱下种藕》《桃之夭夭》《遍地枭雄》,王小鹰的《长街行》,王晓玉的《九九年的玫瑰》,叶辛的《上海日记》《华都》《孽债Ⅱ》,陆星儿的《痛》,周佩红的《融城别墅三楼》,彭瑞高的《男人呼吸》,史中兴的《隔世》,殷惠芬的《和陌生人跳舞》《西郊别墅》,王周生的《生死遗忘》《性别:女》,胡廷楣的《名句》,陈新豪的《红色康乃馨》《蓝色马蹄莲》,张生的《十年灯》《个别的心》,王

---

① 陈建华:《阅读"另一个世界"》,《文艺争鸣》2018 年第 2 期。
② 张闳:《吴亮长篇小说〈朝霞〉及当代小说的叙事问题》,《扬子江评论》2017 年第 5 期。
③ 蒋原伦:《从形象到多元意识镜像——关于吴亮〈朝霞〉的读解》,《扬子江评论》2017 年第 1 期。
④ 张福贵、王文静:《反阅读逻辑的"不均衡写作"》,《当代作家评论》2017 年第 4 期。
⑤ 敬文东:《可感型叙事与日常生活的神秘性》,《当代作家评论》2017 年第 4 期。
⑥ 吕永林:《罗陀斯的天光与少年——从吴亮的长篇小说〈朝霞〉而来》,《文学评论》2016 年第 5 期。

宏图的《sweetheart,谁敲错了门》《风华正茂》,叶开的《青春期》,葛红兵的《沙床》《财道》《上海地王》,潘向黎的《穿心莲》,夏商的《裸露的亡灵》《标本师之恋》《妖娆无人相告》,滕肖澜的《城里的月光》等,形成了新世纪上海城市书写丰富多彩的面貌。其中,有通过人物命运回溯社会历史,有展现都市闯入者的命运和困境,有描写都市物欲对人性的吞噬,有描写都市人的情感危机、精神困境,有回溯都市人的传奇故事,书写了新世纪的"上海摩登"。

总之,新世纪的上海城市书写与时代的脉搏同步,同时具有对历史和文化深邃的思考,展现出走出旧的"摩登叙事"的种种尝试和努力。

滕肖澜的新上海叙述研究

张喜田　武雪凡①

摘　要　自上海开埠以来,上海就成为中国文学的重镇。上海既是文学书写的对象,又成为文学创作的基地。上海故事、"上海叙述"伴随着中国近现代小说的发展而发展,也伴随着上海的国内、国际地位的变化而成为我国文学的热点与重点。进入 21 世纪,滕肖澜似乎异军突起,创作劲头一直未衰。从她的出身、经历、创作等方面来看,具有上海叙述的代表性特点。滕肖澜捕捉着寻常百姓家每个细小而不起眼的惊喜与感动。其笔下的作品通常用现实主义的写作手法以 1980 年代至今的上海为大背景,用"悲天悯人"的人文关怀以上海本地人与外来务工者以及知青两代作为主要描写对象,叙述着"小上海"都市男女间的爱恨纠葛以及"小人物们"的生存困境,以人写事,以小写大,从看似不经意的小人物的命运变化折射出上海在时代浪潮中的发展变迁。她的小说既表现了新老上海人的生活与碰撞,也体现了"上海叙述"的新世纪特色。对她的小说进行研究,能够发现一些"上海叙述"的新形态。

关键词　上海　叙述　滕肖澜　新形态

提及上海,人们会快速联想到全球著名金融中心,而在其经济的繁荣景象

① 张喜田,复旦大学博士、河南师范大学文学院教授。主要研究方向为中国现当代文学。专著有《转型期小说"人"的再发现》,论文《1980 年代改革小说中的时间政治——一种意识形态研究》、《苦难的忘却——反思 1980 年代知青小说》等 30 余篇。武雪凡,河南师范大学中国现当代文学专业在读研究生。

背后,上海也是我国历史文化古城,具有江浙吴越文化与西方传入的工业文化相融合形成上海特有的海派文化。身为文学重镇的上海也一度是我国文化中心,现代文学的集中地,在我国的文学史和文化史上具有不可撼动的重要地位。

上海成就了中国文学的一方天地,而文学也塑造了上海。在上海与文学的互动中,形成了共赢共荣。文学随上海荣衰而起伏,但上海永远是中国近代以来文学尤其小说的一个突出的话题,即上海叙述。进入 21 世纪,小说伴随着上海的飞跃而走向新的台阶,形成了新上海叙述。

一、书写上海与上海书写

自上海开埠(1843 年 11 月 17 日)以来,上海就成为我国文学的重镇。上海既是文学书写的对象,又成为文学创作的基地。上海既是实际存在的上海,又是文学叙述中塑造出的上海。现代的、传统的、移民的、侨寓的、乡愁的、漂泊的……提起上海,便是一言难尽的。

上海是本地人充满乡愁的"根",是外地人永远追逐的梦,也是外国人逐利的肥沃土壤。上海成了"说不尽的"、"永在言说"的话题城市,"上海叙述"也成为中国近代以来小说的一个母题。"上海叙述"既得益于上海的政治、经济、文化的发展,同时又塑造和强化了上海的政治、经济、文化的中心性。

追寻历史文化的脚步,在近代便有韩邦庆的《海上花列传》等小说描写上海。此时上海的崛起似乎得益于西方的入侵与中国传统文化的陨落,同时期下的沪上作家便书写出了处于半殖民地化中畸形繁荣的上海景象,更是描绘出了初尝"美酒"的人们自甘堕落与沉沦的一面,体现出这一时期的作家对于刚刚进入世界的上海还带有一定的清醒与警惕。

而到了现代,上海的文学史"差不多成了中国现代文学史的简本或精华本"①。鸳鸯蝴蝶派、海派、新感觉派、左联、茅盾、张爱玲、苏青、师陀等的创作

---

① 黄修己:《中国新文学史编纂史》,北京大学出版社 2007 年版,第 208 页。

既构成了上海（当然也是中国的）的现代文学史，也构成了上海的言说史。作家们的创作比较全面地揭示了在民族与西方、传统与现代、人性与阶级、文化与政治、地区与全国等的冲突碰撞中，上海的发展以及上海人的世情百态。作家们对于上海的爱恨情仇全部融入到了多姿多彩的文学创作当中。

"十七年文学"期间，周而复、费礼文、唐克新、万国儒、胡万春等作家描写了新中国成立后的上海生活，主要表现了上海工业化集体化过程的情况，以及上海如何为支援全国的建设所做出的重大贡献。然而，文学创作中的上海远没有现实生活中的上海那般鲜活、生动而富有活力。1949 年后的上海更是成了国人向往的圣地，但是小说中的当代上海却显得尤为干瘪，毫无魅力可言。

迈入新时期的上海再次焕发了无限的青春活力，飞速驶上了一日千里的发展轨道，同时期的"上海叙述"更是对得起这个时代。一批知青因离开上海而对他们的家乡更富有刻骨铭心的记忆和思念。如王安忆、叶辛、陈村、竹林等，成了这个时期"上海叙述"的开创者与主力军。知青眼中的上海，是既那般引人向往又带有无限遗憾的。当然，除上述作家外，还有一些知青因素不太明显的作家也在书写着上海，如程乃珊、孙甘露、唐颖等，也有一些知青因考入上海的大学而书写上海，如王小鹰等。这些 40 后、50 后的作家书写的历史跨度较大，多强调过去与现在、本地与外地的对比，表现了对于上海的复杂情感。

从建国后到新时期前期（1980 年代以前），书写上海的则大多是上海出身的作家，不像现代文学中全国各地的作家那般蜂拥而至，于上海定居生活并试图在上海寻找与实现自己的梦想的作家们，对上海进行了叙述。

到了 1990 年代后，随着大开放、浦东的开发与开放，大批外地人涌入上海，"上海叙述"也就此丰富复杂了起来。既有上海本地人的叙述，也有从外地来上海的人（包括所谓的新上海人），或者既是上海本地作家又是外地作家（如上海知青的后裔等）一同在上海叙述着上海，形成了新型的"上海叙述"。这个年代下，作家身份的地域特色较为模糊。

除王安忆、叶辛等知青一代作家以及滕肖澜等重返沪上的知青二代作家外，"新上海书写"还有其他本地作家构成，如在 1980 年代以《蓝屋》、《女儿经》成名的程乃珊仍在跳"上海探戈"、典型的"先锋派"孙甘露仍在"呼吸"着

"上海的时间"、"海上批评家"吴亮转身又观察到了上海的"朝霞"、小说界的"潜伏者"金宇澄采撷出了沪上"繁花",还有虽在1980年代已有作品问世,但到了1990年代却更为闻名的唐颖,以及70后的棉棉等人。同时期更是为"上海叙述"增添新军的还有被称为"晚生代"、"新新人类"的女作家卫慧,以及从网络走向现实继而走向银幕的安妮宝贝、80后作家周嘉宁等作家。这一时期的"上海叙述"便由以上几只"队伍"所组成,而其时代特色则主要体现在70后、80后作家的身上。他们这一代,尤其是这一代的女性作家,尽情书写出了上海的繁华景象乃至腐烂、肉香的一面。而另一批作家,却打捞起了上海昔日的风花雪月金枝玉叶,如王安忆(《长恨歌》)、金宇澄、吴亮、小白(《封锁》)。他们在历史的凭吊中感叹着令人惊叹的上海速度,带有着些许的小感伤与小感怀。

总而言之,1990年代后的"上海叙述"更多地叙写着上海的历史、传奇和明日的繁华,鲜明地突出了上海的地域性特色及身份认证,而先前则更为强调其国际性和开放性。

上海故事、"上海叙述"伴随着中国近现代小说的发展而发展,也伴随着上海的国内、国际地位的变化而成为我国文学的热点与重点。

进入21世纪,滕肖澜似乎异军突起,创作劲头一直未衰。从她的出身、经历、创作等方面来看,具有上海叙述的代表性特点。从年龄上看,属于70后;从身份上看,则是外地人与上海人的结合;从创作经历上看,又属于新世纪作家;从创作数量上看,应该是多产作家;从影响上看,又是沪上风头正劲的作家之一。她的小说既表现了新老上海人的生活与碰撞,也体现了"上海叙述"的新世纪特色。对她的小说进行研究,能够发现一些"上海叙述"的新形态。

二、滕肖澜的"小上海"叙述

滕肖澜于1976年10月生于上海,曾于浦东国际机场工作,2001年开始写作,在《人民文学》《钟山》《小说界》《青年文学》等杂志发表中短篇小说,小说多次被《小说选刊》、《小说月报》、《中篇小说选刊》、《小说精选》、《北京文学·中篇小说月报》、《作品与争鸣》等转载。作品《四人行》被选入《2005年最受关注的中篇小说》及《2005年争鸣小说精选》。2006年4月，《蓝宝石戒指》刊于纯文学旗舰杂志《人民文学》头条位置，并被五家杂志三家报纸转载，获得广泛关注。创作的中篇小说《美丽的日子》荣获2014年第六届鲁迅文学奖中篇小说奖。滕有澜至今发表中短篇小说约六十万字，可见其在新世纪上海文学中的代表地位。与20世纪三四十年代的海派文学相比，新时期海派文学的代表作家滕肖澜的笔触则更为细腻动人，捕捉着寻常百姓家每个细小而不起眼的惊喜与感动。其笔下的作品通常用现实主义的写作手法以1980年代至今的上海为大背景，用"悲天悯人"的人文关怀以上海本地人与外来务工者以及知青两代作为主要描写对象，叙述着"小上海"都市男女间的爱恨纠葛以及"小人物们"的生存困境，以人写事，以小写大，从看似不经意的小人物的命运变化折射出上海在时代浪潮中的发展变迁。

（一）"柴米油盐中渗出温情，鸡零狗碎里流露惬意"——"小上海"的美丽日子

作家自身的人生经历是其最宝贵的创作资源，滕肖澜便是如此，出生在上海的她有着得天独厚的优势："我始终觉得上海是个大宝藏，她是中国内地最兼具东西文化色彩的一座城市，她的多元性、兼容性，衍生出许许多多不同的点面，排列组合般无穷无尽、耐人寻味。上海值得写的地方，实在太多了。没有一座城市可以像上海这样，有过去，有现在，也有将来。身为上海作者，我无疑是幸福的。"①而上海作为滕肖澜的创作中心也无疑是幸运的，在她的笔下，上海不再是一个只是充满着钢筋水泥的现代化大都市，而是处处流露出温情暖意的百姓们的幸福家园。1980年代以来，中国社会快速进入市场化、商品化时代，上海便乘着改革开放的春风迅速崛起并迎来了空前宏伟繁茂的经济景象，成了令人心驰神往的国际化大都市。然而她引人注目的标志着现代化进程的高楼大厦、灯红酒绿等最为闪耀的现代化都市的一面却并没有过多地出

---

① 滕肖澜:《城里的月光·后记》,上海文艺出版社2008年版。

现在滕肖澜的文学作品当中。在她的笔下,上海不再是《子夜》中奢靡享乐、纸醉金迷那般的存在,浦东、黄浦、徐家汇等繁华地带也不过是百姓们安居乐业的场所代名词罢了,更没有人们提及上海便联想到的名门贵族、豪车美女、金碧辉煌的金融天堂以及那光怪陆离的都市生活。处在这个繁华天地下的滕肖澜却选择了描写"三楼以下"、"一丈之内"的"小上海"面貌。"老上海的感觉,像是素描,黑白色的,一笔一画却又很深刻。现在的上海,比那时斑斓得多了,当然这是表面现象,是上海给人的第一感觉。其实老百姓的日子,依旧还是黑白色的,一笔一画,一点儿也不花哨。"①

故"金融、购物、旅游"不再是滕肖澜笔下上海的关键词,取而代之的是"吃食、话语、过日子儿"。都说民以食为天,中国人在吃上最讲究,上海人更是如此。上海人那"精致的简朴,絮叨的讲究"如实地在滕肖澜的笔下展露无遗,在《美丽的日子》中,卫老太故意给初来乍到的"儿媳备选人"姚虹烧了水芹肉丝和香煎小带鱼这么两道看似普通却大有深意的菜品。洗去芹菜的污垢最是麻烦,而肉丝则必须要配合着芹菜切得如头发丝般装盘才好看。小黄鱼更是要一条条开膛破肚拿盐腌了再进行晾晒,煎的过程也极有讲究,倘若受热不均便不能外焦里嫩了,火太大卖相也会差了。这两道菜就像是老师在新学期给学生们上的第一堂思想教育课,上海人过日子的意思便全在里面了。以及《在维港看日出》里郭妮想起小时候外婆做蛋饺的过程,生好炉子拿个小锅,锅底烧热后涂上一层猪油再放上蛋液迅速转一圈,放上肉糜后筷子轻轻一挑将两头合上。"做蛋饺的过程,其实是一种平凡度日的升华,刻着岁月年轮的,香气直渗到肌理,橙黄粉嫩,油汪汪的恰到好处。"②

除了吃食为滕肖澜的小说带来了极大的烟火气外,话语也是极为重要的一个方面,呱啦松脆的上海话一下便能将书外的读者们带到了书中那充满烟火气的"小上海"。《美丽的日子》中,一心嫁到上海的姚虹面临的挑战之一就是学说上海话,这里面的学问可大了去了,掺杂着许多东西在里面,经年累月。

---

① 梁红、滕肖澜:《好小说就应该悲天悯人:与滕肖澜聊天》,《作品》2011 年第 4 期,第 61 页。
② 滕肖澜:《上海底片》,北京十月文艺出版社 2017 年版,第 51 页。

"上海人说上海话,人与话是合二为一的。"①再说说这过日子儿,向往着上海都市生活的姚虹与所有外地人一样,以为上海的日子是闪着光的,摆在橱窗里的,可慢慢体会了才发觉,却好像也是落在实处的。"上海的日子,初尝是有些苦涩的,可慢慢地,有香甜从里面一点点渗透出来。这香甜,也是要尝过苦才能觉出的。苦涩落在舌根,香甜源自心底。苦是甜的先导。没有苦,又怎会有甜呢——这道理,其实到哪儿都是一样的。"②"大上海"就这样在滕肖澜笔下的字里行间中不觉卸下了所有海上繁花般的绚烂景象,成了寻常百姓家的温暖处所"小上海"——从柴米油盐中渗出温情,鸡零狗碎里流露出惬意。

(二)"城里的月光把梦照亮"——"小人物"的生存景象

除却描写充满了人间烟火的"小上海"景象外,生存在"小上海"中的"小人物"也是滕肖澜持续创作的中心,滕肖澜自己便说道:"我偏爱写平民百姓,我希望我的写作,永远以他们为主,永不失一颗悲悯的心,去倾听、去体会。他们的喜怒哀乐,是我永远所关注的,是写作永不枯竭的源泉。"③其笔下有纠缠于爱恨情仇的都市男女,也不乏不断追寻着"城里的月光"的外来务工者以及那时刻期盼着重返上海、落叶归根的"知青两代"。

"爱情"始终是文学创作所围绕的话题,滕肖澜十分擅长"男女叙事",却称自己不太会写爱情。她说:"真正的爱情小说太难写了。每个人心中都有自己的爱情故事。……可爱情又不可能过于天方夜谭,离现实太远,那便不是爱情而是童话了。所以我通常不直接写爱情,而把着重点放在爱情背后的东西上。……爱情有目的的,是别的东西的介质。"④于是在她的笔下并不存在童话般的爱情故事,更多的是现实生活中被利益所驱使的都市男女间的情感纠葛。被称为"现代版《色戒》"的《倾国倾城》讲述了一个发生在银行里的故事。在

---

① 滕肖澜:《规则人生》,安徽文艺出版社 2015 年 1 版。

② 同上。

③ 滕肖澜:《城里的月光·后记》,上海文艺出版社 2008 年版。

④ 梁红、滕肖澜:《好小说就应该悲天悯人:与滕肖澜聊天》,《作品》2011 年第 4 期,第 61 页。

创作这篇小说时,滕肖澜曾为其间错综复杂的人物关系及小说情节做了一张关于"公开身份""真实身份""目的""手段""结局"的 EXCEL 表格,足以见得这小小职场间的密谋算计、暗潮汹涌。文中被称为"现代版王佳芝"的庞鹰为了报恩而进,却又为了爱情而出,最终成了这段职场风云中的牺牲品。与《倾国倾城》风格类似的《规则人生》也讲述了一个身处欲望都市中的男女们被利益所驱使的暗涌丛生的故事。主人公朱玫像一朵带刺儿的娇艳欲滴的玫瑰,隐藏在这张美丽皮囊下的她善于心计,周旋在复杂的异性关系中,纵观其交往的男性都有一个普遍的特征:无不对她有着各方面的帮助。小说开头看似不经意的同学聚会,实则是朱玫精心设计的一个局,谋划着通过此次聚会魅惑其老同学沈以海从而获得土地审批。老赵虽是她的老情人还和她育有一子,但她帮助老赵东山再起也终究是为了"利益"二字。小说最后,朱玫对老赵机关算尽将其账户搬了个精空后跟随看似置身这场漩涡外的邵昕离开了上海,却不曾料想这位纯情正义的警察正是沈以海的老婆罗颖派来的"援兵"。如此看来,滕肖澜笔下的"爱情"更像是一部部"黑色童话",以现实为镜,展现出了当今社会物欲横流、人们追逐享乐的丑恶嘴脸,甚至历来歌颂的纯真爱情都被利益所驱使的病态景象,表现出了滕肖澜关注当下并勇于揭露社会问题的现实主义一面。

上海当然不仅仅只是都市男女爱恨纠葛的集中地,上海还像那"城里的月光",是外来者的梦想栖息地。他们满怀着希望与憧憬步入这宫殿般的美丽大上海,为了自己最初的梦想,他们不断地对现实妥协退让,"卑躬屈膝"地在自己的梦想里艰难度日,甚至不惜失去自己的尊严也要在这浮华景象中"苟延残喘"。

《美丽的日子》中梦想着成为上海媳妇的姚虹挤破了头、费尽心机用尽手段也要嫁给上海人好圆了她的"上海梦",即便对方只是个拿着全上海最低工资还住着鸽子笼的小儿麻痹症患者,她也坚持着给介绍人塞红包好关照关照自己。文中写道:要知道这让谁去不让谁去,可是天大的"恩典"。来自上饶的姚虹提起自己的家乡便要感慨着:"不一样的,总归还是上海好。有外滩、东方明珠,还有金茂大厦——哪里也比不上上海。这'上饶'和'上海'只差一个字,怎么就差那么多呢?"①其好友杜琴在得知姚虹能成为上海媳妇时羡慕地惊呼着:"天上掉馅饼了!"而在之后姚虹假怀孕被卫老太揭穿时,她也承认了自己也是一时心切想要"飞上枝头当凤凰"。凡此种种,都从字里行间中展现出了外地人对于上海的渴望与追求。在他们的眼中,上海就像座金碧辉煌的宝殿,踏进去就踏入了另一个世界,这一步足以改变自己的人生,而置身其中的自己也仿佛披了层金子般闪耀了起来。

为了能进入并留在上海,姚虹还要心甘情愿地为未来丈夫做家务洗内裤,与未来婆婆卫老太的相处更是要时刻谨慎小心着,说话做事要拿捏分寸,可是一句话、一件事都错不得的,真可谓是"步步惊心"。同样与姚虹一般在上海举步维艰的还有《倾国倾城》中主人公庞鹰的男友黄昊,这个在上海漂泊的"小年轻"本在上海的一家小电器公司工作,可不料金融风暴骤然来袭,他所赖以生存的"稻草"竟也没了生还的余地。失业后的黄昊也曾去过人才市场找工作,可经济不景气,根本没有适合他的位置,走投无路的他便只好在朋友的劝说下去做保险从而勉强维持着生计。可本就是只身一人来到上海闯天下的他无房无车现今又没有了安稳的工作,即便是庞鹰的救命恩人崔海没有指使她去接近佟承志从而令他们生出情变,两人本就不被家人所看好的毫无物质基础的感情也终归会走向末路。姚虹至少可以做着"生不在上海就嫁到上海"的梦并且也曲折地走向了成功,但对于黄昊而言,却没有了丝毫的机会可言。身为外来者的他因为无房无车又无权无势而被女友鄙视甚至背叛还不自知,还试图挽回两人早已无法维系的感情。但是,在流彩的光海里在上海的深夜的街头,黄昊与庞鹰还是分手了,转身离去,在海上的繁华中,留下了苍凉的背影。

从这些外来者苦心经营的艰难生存景象中,也可以看到上海本地人对于这个时代不断地享受以及无尽地消费,姚虹初到上海便被卫老太一早带去做了"全方位无死角"的体检,通过第一关的姚虹在往后的日子里也并不好过,只要她胆敢有一点的小病小错便要受尽卫老太的冷眼,最后竟为了能够顺利留

---

① 滕肖澜:《规则人生》,安徽文艺出版社,2015年版。

在上海使出了假怀孕的手段。外来青年黄昊百般向上海女友低头认错、不断
示好却换来对方的一副冷脸。由此可见本地人与外地人的身份差距,而究其
问题的根源还是由于地域出身所造成的无法逆转的悲哀。《在维港看日出》中
描写了一个复杂微妙的再婚家庭,从山西来的男方带有一女罗妍,而上海本地
的女方也带有一女郭妮。身为外来者的罗妍初到上海便下了狠心要"像个上
海姑娘",而曾经对罗妍此种"东施效颦"的举措充满蔑视的郭妮在去了香港
后竟也千方百计要"像个香港儿媳",这种地域的不同是散落在生活的各个层
面当中的、嵌入内里的,就如文中所叙述的:"那种仿佛天然造就的人与人之间
的地势差别,再怎么挣扎也是徒劳。往往是,人们一边抗拒,一边默认。"①

比起外来者更是身处尴尬境地的"知青两代"也是滕肖澜持续创作的人物
类型。滕肖澜出生于知青家庭,从小到大也接触了很多的知青与知青子女,故
相比于其他上海作家更为关注"知青两代"的生存景象,其作品对于知青及其
子女回沪后不是过分自尊就是过分自卑、敏感多疑、缺乏安全感等精神现状的
刻画可谓入木三分。在《握紧你的手》中,李谦回忆起孙晓美讲述她始终不愿
拆迁的原因:"她向我说起她的父母。两个地道的上海人,老三届,在新疆插队
时相识、相恋、结婚、生女。她十岁那年回的上海。和爷爷奶奶挤在一起。房
子很小,才八九个平方,摆张桌子再摆张床,人就挪不动了。她说她爸爸以前
也是在这里长大的。十几岁离开上海,一眨眼,头发都白了。上海话都说不利
索了。再熬一阵,等退休后回来,这里就是落脚点。再小再简陋,总归是个窝。
她说新疆的房子很大,抵这里十倍都不止。但她父母心心念念的,便是这
里。"②孙晓美说道:"这套房子,有我的回忆,也有我爸爸的。在新疆的时候,
我们一家三口想到它,就会马上忘掉不开心的事情,就会笑。它不止是一套房
子。对我们来说,它就是一切。落叶归根。它就是我们的根。"③她喃喃自语
着:"在新疆的时候,说起'上海',就是这样——闪着光的。"④《上海底片》中王

---

① 滕肖澜:《上海底片》,北京十月文艺出版社,2017 年版,第 51 页。
② 滕肖澜:《握紧你的手》,《长江文艺》2012 年第 9 期。
③ 同上。
④ 同上。

曼华也表达了"上海"在她父母这代人的心中早已不仅仅是"家园"了，而是座闪着金光的宫殿，因为离得远，便尤其觉得贵重，竟像是凡人与天堂的距离！如此夸张的表述足以见得知青两代一心重返家园、落叶归根的迫切心情以及那无处安放却又异常厚重的情感寄托。

后知青小说《去日留声》对于返城知青的描写则更为细腻，文中的文老师在被安排去安徽插队之前，一直是上海某所重点高中的尖子生，理想学校是哈尔滨工业大学，可人生总不会事事遂心，现实和文老师开了个天大的玩笑，他最终只沦为了一届普通学员，并被安排在安徽某军工厂里烧大炉，这一烧就是十年。而文老师的女儿重返家园的道路也并不一帆风顺，以全校第一的会考成绩考进上海一所中专的她只为能够顺利分在上海工作，谁知毕业前学校忽然宣布外地生一律回原籍。慌乱之下，文老师只能将女儿过继给了没有子嗣的二舅，让女儿顺理成章地留在了上海。而这件事，也成了文老师毕生的痛，痛彻骨髓的痛。而后当文老师的儿子也考入了上海的大学后，本就心心念念调回上海的文老师更是越发地迫切了："'一家人争取在上海团聚'——看似平淡的一句，却是包含了太多东西。像饱蘸着墨汁的笔，初时不觉得，落在纸上便是千言万语。"①想必这其中的滋味，定是要经历过的人才可能体会。于是这段上山下乡十年大炉、吃苦受罪的经历便成了文老师的"通行证"，可以随心所欲、肆无忌惮地让人不痛快，好像所有的责任都要归于这段境遇。在此表现出了知青一代虽然达成心愿重返家园却又始终无法弥补的情感缺失。文中滕肖澜也揭露了大部分知青回沪后的状况：拿着外地的退休工资，上海无业无产，只能到子女家"落脚"。而"落脚点"和"家"的意味则完全不同，里面透着说不尽的辛酸与无奈。

那么对于知青子女而言，上海又是一种怎样的存在呢？《城里的月光》中的王晓溪就是典型的知青二代，父母都是上海人，母亲陈娟在"文化大革命"时去了云南，与同在云南插队的父亲王有康相遇。王晓溪从小就十分争气，在书桌前面贴满了一墙的"我要回上海"，立志考进上海的大学，将来能让父母都过

---

① 滕肖澜：《规则人生》，安徽文艺出版社，2015年版。

上好日子。而初入上海的她却又处处不适应,时刻小心谨慎着:"都是一张张陌生的脸,虽然是关切的,却好像离自己那么远。"王晓溪在那一瞬间想到了爸爸妈妈,"不知怎的,被一种莫名的情绪充斥着,突然间,眼泪夺眶而出。无声无息,流满了整张脸"①。《去日留声》中曾描写到父母都是知青或者父母一方是知青的孩子总会或多或少有些共同点,这使得他们在人群中能够很轻易地被辨认出来。他们的额头上大多贴着"孤僻""敏感""要强""低调""自卑""极端"等标签。文中还描述了一个非常优秀的知青子女,十六岁时按政策回的上海,毕业后大家都以为她会展开一段多姿多彩的人生,谁知一年工夫不到,她便匆匆嫁给了一个条件并不优渥的小科长,文中这样评价道:"我猜这女生骨子里还是不自信的,因为她父母的关系,她可能会觉得人生充满变数,而且负面的情况占多数。所以她做了这么个四平八稳的选择。虽然避免了最后'捡芝麻丢西瓜'的悲剧,但这样做,多少是有些矫枉过正了。"②我想作者在描写这些知青子女时一定是用再次揭露自己的伤疤来以一种切肤之痛进行创作的,足以体现出她"悲天悯人"的人文关怀。滕肖澜虽出生在上海,但户籍却在江西,十岁时离开上海,十五岁时才重返家园,从小听着父母诸如"不好好学习就留在江西乡下,一辈子做江西老表"等"督促"的话语长大,从而对于知青子女们的心理能够感同身受。她说道:"'上海'——这个词对我来说太凝重,让我诚惶诚恐,爱不释手却又感慨万分。在我眼中,它不只是一个大都市,剔除表面的华丽,它其实是一种信念、一个象征。"③

上海,在老上海人心中,是根,是自豪,是优越;在新上海人心中,是资源,是崇拜,是机遇……

三、现实主义与人文关怀

身为一名70后作家,滕肖澜用自己近20年来的写作道路证明了当代女

---

① 滕肖澜:《城里的月光》,上海文艺出版社2008年版。
② 滕肖澜:《规则人生》,安徽文艺出版社,2015年版。
③ 孟燕坤:《新上海女人》,上海人民出版社,2003年版,第55页。

性作家的潜力与实力。她经受住了大浪淘沙的考验，在文学的浪潮中脱颖而出。而现实主义与人文关怀则是使得其小说出淤泥而不染的"两大法宝"。

滕肖澜的现实主义写作手法可以说是分毫不留余地地，把当下社会中所存在的人心被利益所蒙蔽初心不再、人们的物质生活愈发充盈但感情生活却日渐消亡、即便是亲情爱情也无所依附等诸多现实问题赤裸裸地呈示在读者面前。

《倾国倾城》中当年奋不顾身救下小女孩儿庞鹰的解放军崔海多年后却为了自己能够升官发财而不择手段，竟指使庞鹰与其职场上的劲敌佟承志拍摄不雅视频来企图绊倒对方，不论成功与否，用自己曾不惜舍命救下的女孩儿的清白来满足一己私欲，可以使出如此卑劣手段的崔海早已不再是当年那个英勇热心的解放军战士，前后变化可谓判若两人，令人唏嘘不已。这样的变化在《规则人生》中也有所体现。文中沈以海在职场中"修炼"成专门走后门吃回扣、大肆贪污受贿的"老油条"后竟感慨道"以前太天真，现在脚踏实地了"。一句话便一针见血地讽刺了在这个物欲横流的年代里欲望之下人们的"变异"，崔海和沈以海只是当今物质社会里被欲望所吞噬的代表，当无数的"崔海""沈以海"都在竞相追逐着看似是衡量一个人最重要的标准——钱与权时，却在不经意间丢失了当年的那份纯与真。

在这无穷无尽的欲望驱使下，姐妹间不再情深，夫妻间不再坦诚相待，就连世间最伟大无私、不求回报的父爱和母爱也像是掺了假似的。《规则人生》描写了一对孤儿姐妹朱慧和朱玫，原本该惺惺相惜的两姐妹却连对待世间唯一的亲人也在揣度算计着，看似姐姐朱慧达成心愿收养了妹妹朱玫的儿子叮叮，实则都在朱玫的计划当中。姐姐挖空心思也想把妹妹从叮叮身边支开，朱慧为了避免朱玫与叮叮频繁见面而给朱玫物色的相亲对象一准儿是外地的，只要朱玫一靠近叮叮，朱慧便在旁边跟着，防贼似的。而妹妹热心帮姐夫拿治疗不育的药材也是另有打算的。俗话说打碎骨头有筋连着，可随着岁月的流逝，这姐妹间的筋却越来越松软越来越脆弱。母亲甚至可以将孩子当作自己的工具。《规则人生》中朱玫为骗取老情人、孩子父亲老赵的银行账户密码挖空了心思，竟与自己的姐姐策划了儿子叮叮被人绑架的"年度大戏"。而老赵也不再是那个配得上"父爱如山"的父亲形象,得知自己的亲生儿子被仇人绑架,叮叮的生命随时会遭到威胁时,文中这样描写道:"'叮叮是我儿子,我怎么可能不管他!'老赵的口气敷衍得都有些过头了。"①银行卡里的余额倒更像是和老赵血脉相连的亲生儿子,而自己的骨肉至亲不过是那可有可无的"东西"罢了。母亲不再像母亲,父亲也不再是父亲,在滕肖澜带有强烈批判意识的现实主义笔触下,世间所有的感情都不再牢靠,甚至是吹弹可破的。现实社会的黑暗面以及人性的复杂、贪婪就这样被她扒皮拆骨地、血淋淋地描摹了出来,令人痛心却又发人深省。

滕肖澜曾说:"好小说应该是悲天悯人的。当然,作者本身并没有能力改变什么,但至少,应该有一点责任感,把目光放长远,关注弱势群体,关注广大老百姓,用笔勾勒出一个现实生活。"②其作品也真正做到了在缓缓叙事中潺潺流露出对于社会底层人物、边缘人物的关怀。《我的宝贝儿》描述了一个傻女儿海宝贝和她的老父亲海老头的生存之艰。海老头多年来一直在银行做着保安的工作,薪水虽不高,但省吃俭用的海老头勒紧了裤腰带也咬着牙为女儿的后半辈子存下了五万块钱的积蓄,这笔钱或许对于别人无关痛痒,但对于海老头而言却是他和他那傻女儿的命根子,是在这本就苦不堪言的人世间赖以生存的希望。海老头不炒股,但有个股票户头,五万块钱全搁在了里面,原因是证券公司为了吸引顾客出了一条规定:只要存满五万元整,就可以在每个工作日中午领一份盒饭,虽并不新鲜。六十来岁的海老头拖着三十来岁的海宝贝生活本就不易,更是令海老头对这证券公司里的五万块钱时刻关注着、小心供奉着。然而突如其来的股市人热令市民们疯狂地下海炒股,起初海老头不论他人如何劝说都不为所动,只要自己每天看到查询的五万元数额便能感到心安,为的只是女儿下半生的安稳。可渐渐地,看到他人大发一笔横财就能换来女儿下半辈子的生活保障,海老头终于坐不住了,一股脑儿将命根子全买了股票去,谁曾想一夜之间,牛市成了熊市,海宝贝就此失去了生活的保障,海老

---

①　滕肖澜:《规则人生》,安徽文艺出版社,2015年版。
②　滕肖澜:《十朵玫瑰·后记》,上海文艺出版社2006年版,第387页。

头接受不了现实的重创而变得同女儿般痴傻了起来,整日沉迷于模拟炒股游戏而对他的海宝贝不管不顾,丧失了正常生活的能力。故事的结尾,海老头的老相好高秀梅放弃了自己的追求者以及未来的新生活,决定亲自照顾海老头和海宝贝。滕肖澜将小人物们的生存困境在其笔下如实展现了出来,却还是用温暖关怀的笔触收尾,流露出了对于小人物的脉脉温情。她看似冷峻无情、单刀直入的现实主义写法下,却流淌着作者内心无法割舍的、悲天悯人的人文关怀。

追溯海派文学,以张爱玲为代表的20世纪三四十年代的海派文学更多讲述的是在那个特殊时代下带有传奇色彩的老上海中所发生的传奇故事,以王安忆为代表的1990年代的上海文学则以怀旧为主线,而新世纪后的上海书写转向了对上海人生活状态以及精神面貌的关注。滕肖澜便凭借着自己多年的积累和沉淀以及她那宝藏般的人生经验拓宽了海派文学的新道路,以充满人间烟火气的"小上海"为背景,以"小人物"的日常生活为中心,以他们在现实生活中挣扎无奈的生存困境为主线,用她那带有人文关怀的现实主义笔触描绘着新时代下的上海百态。滕肖澜的上海书写就如自己所评价的那般:"理想的小说,用简单的话概括便是———看的时候吸引人,看完后又如醇纯的美酒,回味无穷。"①

---

① 滕肖澜:《十朵玫瑰·后记》,上海文艺出版社 2006 年版,第 387 页。

双城记： 唐颖小说的城市书写

胡 笛①

摘 要 唐颖的双城系列小说是新世纪书写上海的重要文本。《阿飞街女生》的纽约和上海、《初夜》的美国中西部小城和上海、《另一座城》中新加坡和上海,自然构成一种双城叙述视角,而小说人物也在这样的时空距离下回望人生。双城之间的景观、空间和情绪气氛等充当了城市镜像的媒介,并逐渐浮现人物完整的生命历程和城市的发展轨迹。唐颖小说凭借着独特的双城视角、细腻敏感的心理描摹以及丰富的日常生活细节,为一代人和一座城市留下了她独特的城市书写。

关键词 双城记 城市镜像 城市书写

一、双城叙述视角：时空距离下的生命回望

双城系列三部曲《阿飞街女生》《初夜》《另一座城》是唐颖新世纪第一个十年间完成的三部长篇小说,也是书写上海的重要文本。唐颖小说已经逐渐呈现出鲜明的个人风格,带有她独特的生命体验。她的城市书写既不是传统的乡村与城市的对比,也不是京派与海派的对比,而是纽约、新加坡等全球化都市和上海之间的对比视域。唐颖在一篇对谈《关于中西》中提到正是这种双城的时空距离给予她更多的创作冲动,"现实层面,也就是美国经历,如同催化剂,它刺激起沉淀在记忆中的'文革'故事,当时给我创作冲动的正是这两个时空的交融,也就是说,我几乎时时在受到另一种文化的冲击,心情一直处于激

---

① 胡笛,上海市作家协会研究室,华东师范大学现当代文学专业博士。研究方向为20世纪中国文学。

荡中","同时……我不断遇见过去的故人,'文革'结束后的这么多年我们已不再提起的往事,却在异国不断被搅起,这对我来说非常刺激,非常震撼"。①

《阿飞街女生》中五个女生除了戴珍妮留在上海,其余都奋斗在世界的各个角落,米真真在短暂的赴美交流过程中发起一场阿飞街女生在纽约的重聚,并以自己擅长的纪录片形式为这个群体留下见证,而阿飞街黑暗的"文革"往事也随着这次聚会浮出水面。《初夜》中蝶来与蝶妹在上海弄堂渡过了自己的青春期,蝶来的感情生活曲折起伏,她与阿三慌乱潦草的初夜导致两人不断弥补又不断产生新的伤害,她与海参之间的感情又横亘着革命暴力留下的阴影,这一代人的生理成长与心理成长所受到压抑和创伤,成年之后仍然清晰可见。《另一座城》中从新加坡来到上海的夫妻龙和阿宝却在此地分道扬镳,龙在上海重新接受了自己同性恋的事实,苦苦寻求婚变真相的阿宝从最初为挽救婚姻留在上海,到最后以一个独立女性的身份重新融入这座属于她母亲故乡的城市。

双城对比视角的产生首先暗含一个"离去"的主题,唐颖从第一篇小说开始就涉及离去的主题,之后的《美国来的妻子》《红颜》、双城三部曲、近两年的《上东城晚宴》《家肴》等,小说中的主角或配角都有各自离去的缘由。究其原因,整个中国80年代出国潮的大背景下,经历了极权时代的人们有着对于西方自由世界和丰富物质资源的向往,当然也有部分人是因为理想主义的失落。然而离去之后的生活正如作者在《另一座城·跋》中所说的:"当我在异国,在另一座城回望自己的城市,感受的并非仅仅是物理上的距离,同时也是生命回望。我正是在彼岸城市,在他乡文化冲击下,获得崭新的视角去眺望自己的城市。故城街区是遥远的过往,是年少岁月的场景,是你曾经渴望逃离的地方,所有的故事都从这里出发。"②小说中的人物也在世界各地迁徙的过程中不断回溯故城和往事。唐颖双城叙述视角的背后是透过时空距离的反躬自省,或在追溯中重返黑暗年代的暴力现场,检视人物各自的伤痕,为同代人寻求一种

---

① 程永新、唐颖:《对谈录》,《阿飞街女生》,云南人民出版社2003年版,第414页。
② 唐颖:《另一座城·跋》,浙江文艺出版社2017年版,第355页。

城市历史中的定位;或在自然境遇中探究一座城市对于不同个体的生命意义,不论是质变还是蜕变。

离去者在彼岸城市频频回首,而来到上海的"他者"又在上海这座城市找到了自己的故乡模式,城市与城市之间在时空交错中互为镜像。借用法国地理学家菲利普·潘什梅尔对城市的观点,"城市既是一个景观、一片经济空间、一种人口密度;也是一个生活中心和劳动中心;更具体地说,也可能是一种气氛、一种特征或者一个灵魂"①。正是这些城市景观、城市空间、情绪气氛等充当了城市镜像的媒介,而双城系列小说多处呈现出了这些镜像反映的可能。

二、城市镜像媒介：景观、空间、气氛

小说中最直观的便是城市景观的互为镜像。《阿飞街女生》中米真真夜晚驾车行驶在街面宽阔的美国皇后区,两旁店铺都是平房,"朦胧中有点像回到70年代的淮海路东端,从百仙桥回来,两旁是小铺子矮房子,布店鞋店比较集中,白天很拥挤,入夜后,店门都拉下卷帘门,白天的拥挤变成一街的宽阔"。城市景观有相似的静谧也会有类似的颓唐,布鲁克林街道颓唐的景观又让她想起70年代那条阿飞街,"革命风暴刚刚过去,到处是毁坏的痕迹,破碎的窗玻璃,露出砖块的墙壁,飞了一地的纸片,上面是墨汁淋漓惊心动魄的词语……马路上人影稀少,人们不敢出门除非迫不得已,那一股萧瑟和破败很像这一片废弃的工厂区"。② 紧接着米真真又想起正是在这条阿飞街上,最美丽的女生郁芳被强暴,而整条街道无一人伸出援手。

另一层面,上海的城市景观也成为一些他者的故乡镜像。《另一座城》中夫妻两人第一次来到上海,面对坐落在思南路近皋兰路角上具有南洋风情的餐馆,龙产生了对于童年记忆中故乡新加坡的乡愁,而妻子阿宝认为这个幽静神秘的街区与母亲描摹的上海弄堂热腾腾的市井气大相径庭。而后龙在这座

---

① 〔法〕菲利普·潘什梅尔:《法国》(下),漆竹生译,上海译文出版社1980年版,第183页。
② 唐颖:《阿飞街女生》,云南人民出版社2003年版,第118页、第335页。

现代都市暗自释放了自己同性恋的天性，措手不及的阿宝留在上海寻找真相，在外滩"阿宝是通过母亲感受这座城市的市民对外滩的感情，一种远远超乎于建筑的感情"，然而"徜徉在外滩，却是被它与芝加哥密歇根大道的相似而震惊，在某个片刻，她甚至恍然觉得自己正站立在芝加哥的街头"。① 成长于美国中西部的阿宝所能感受到的上海既有全球化城市的现代性也有历史的纵深感。

城市空间的互为镜像主要在于空间意识层面。城市的发展变迁改变的不仅是城市的外貌，还有其内部的空间位置。市中心不仅仅是单纯的地理意义，也成为财富权力和政治地位的象征。正如亨利·列斐弗尔所说："空间一向是被各种历史的、自然的元素模塑铸造，但这个过程是一个政治过程。空间是政治的，是意识形态的，它是一种充斥着各种意识形态的产物。"②

唐颖在《故乡即他乡》一文中提到自己在城郊不同居住空间的感受，她成长的街区是与淮海路相邻的旧上海的法租界，马路很窄、房子很低，且两边种满法国梧桐，婚后她的家安在城市的边缘，没有梧桐树、尘土飞扬，沿途新起的高楼让她感觉是没完没了的工地。这种城郊的空间意识也投射在她笔下众多的小说人物身上，同样婚后搬离市中心的米真真却吊诡地在美国纽约的公寓找到了上海市中心老弄堂家的感觉，"公寓西窗的木质窗框被夕阳照亮在白墙上，枝丫点缀在窗框的剪影上，窗外是对面公寓楼的褐色砖墙和人行道上的绿色树叶，终于又回到了城里，更像是回到了上海老弄堂的家"，"没想到，却是在纽约找回住在城市的感觉"。③ 在其近作《上东城晚宴中》中，居住空间成了人物身份地位的直接象征。于连作为成功人士，居住在上东城的豪宅，高远因为事业瓶颈从曼哈顿搬往皇后区的中下层区域，而里约穿梭在两者不同的空间，时刻感受着成功者和失意者之间的鸿沟，更深切地明白了自己的处境和出路。

城市空间除了个体的居住空间，还有城市的公共空间。德波拉·史蒂文森的《城市与城市文化》一书中曾描绘曼哈顿在阶级基础上形成的显而易见的

---

① 唐颖：《另一座城》，浙江文艺出版社 2017 年版，第 179 页。
② ［法］亨利·列斐伏尔：《空间与政治》，李春译，上海人民出版社 2015 年版，第 37 页。
③ 唐颖：《阿飞街女生》，云南人民出版社 2003 年版，第 21 页。

空间划分,"总体的情形,特别是在曼哈顿,是居住空间日益为成为城市新贵阶层极其所需的购物设施所占据;为不断增多的包含各种各样次级经济体的移民社区所占据;为不断增多的贫穷的流动人口所占据。这些生活在城市里的废弃区域的人们,一部分最终会被卷入不断扩大的、中产阶级对退化的城市区域进行复建与升级的进程中而流离失所,或者,另外一种可能是,会被安置到不断扩张的移民社区中去"①。《阿飞街女生》中萧永红住在阿飞街尾与直马路相交的拐角上,在一次大规模的市政拆迁建设中,她家的旧址上很快便竖立起一栋著名的购物大厦,地下室成了地铁站。"那时阿飞街所有面街的一楼人家都变成了店铺,转角造起了高楼,车辆川流不息,大卡车野蛮地嘶鸣。就像海明威描述的那样,原来是树林的地方只剩下残桩、枯干的树梢、树枝。你回不去了,他的童年之乡不复存在,而他又不属于任何地方。"②随着一轮轮的城市改造和拆迁,城市居民们也正是在自己城市变迁中成了异乡人,而这其中因为种种缘由离开的人,又能否将彼岸城市变为新的故乡,我们不得而知。

城市情绪气氛的互为镜像则更为琐碎抽象,城市拥有种种气氛,比如瞬间性、急迫感、神秘感、机遇感、刺激性等,而恐惧感应该也是非常重要的一种,尤其对于城市新移民而言。米真真赴美交流,新移民"国际中心"义务教员德瑞问及大家来美国的感受,只有米真真的答案让他满意,"纽约是个令人激动的城市,但有时令人恐惧"。而真实发生在美国街头的暴力罪恶事件,又让米真真常常想起70年代的上海,当她听到夜晚的门铃声,"有种感觉正从遥远的地方迫近,在最乱的那些夜晚,锣鼓喧天的夜晚开始沉寂,大游行也在解散。街灯被打碎的大街,黑暗便在那时异乎寻常地黑起来,你突然才发现,夜色黑得像污秽的河里涨起来的水,黑水把城市淹没了。"③而这污秽的黑色正是乱世的象征,没有秩序和规则的阿飞街让她们这一代人伴随着恐惧感成长。

---

① [澳] 德波拉·史蒂文森:《城市与城市文化》,李东航译,北京大学出版社2015年版,第122页。
② 唐颖:《阿飞街女生》,云南人民出版社2003年版,第40页。
③ 同上,第81页。

三、镜像内外：一代人或一座城的记录

随着城市镜像不断闪现，小说中片段式出现的那些人物命运和城市历史像一块块拼图般逐渐完整，人物隔着时空的距离回望和反省自己的人生，检视自己的伤痕，也检讨自己给他人的伤害。《阿飞街女生》中郁芳在混乱失序的年代被强暴，但那一晚阿飞街无人伸出援手，她们的袖手旁观也让她们在日后漫长的岁月中为此忍受良心的煎熬，而最具有时代象征精神的珍妮哥哥，因理想溃败且无法适应新时代而选择死亡，也成为她们心中的遗憾。《初夜》中在学校操场海参奕落蝶来喊口号的声音，却引来工宣队长当众给他一记响亮的耳光，而此时惊恐的蝶来迎来了自己的初潮，后悔内疚感伴随着生理现象的隐秘羞耻感，青春期的爱慕与自尊夹杂着时代的伤痕。而蝶来和阿三初夜的挫败感包含了社会道德观念的束缚、时代气氛的紧张以及青年男女性知识的匮乏等诸多因素，也导致她之后不断弥补纠错实际又对他人产生更多的情感伤害，在婚前与阿三完成她真正意义的初夜而导致悔婚，另一段婚姻尚未结束又在日本成田机场和阿三再度重逢纠缠。《另一座城》中龙和阿宝从新加坡来到上海，面对龙在上海的"质变"，阿宝从婚变中挣扎蜕变为一个上海的独立女性，也从生命传承意义上感受到母亲的故乡上海。这些人物身上的不可承受的生命之重，似乎只有通过重返历史现场，才能与她们的人生达成和解。唐颖表达过类似的观点，"过往是我最富于情感的部分，或者说，我需要通过过往来确认某种存在，通过过往产生反省后悔憧憬，让情绪互相碰撞，保持情感的活力。……过往的意义是在记忆中获得，也许写作本身就是一种记忆和缔怀。"①

除却这些人物钝痛背后的历史事件，这一代人的物质和精神追求都是小说涵盖的内容。《初夜》中"一九六六年开始了另一个时代，似乎革命史先通过颜色展示出来，到处是红，红旗红袖章红标语，书的红封套，这是大的红，是革命时代的底色；之外的红都是小红，小红是亵渎，口红的红，脂粉的红，女人

---

① 程永新、唐颖：《对谈录》，《阿飞街女生》，云南人民出版社2003年版，第400页。

衣服上的红。"①尽管蝶来妈妈大量销毁了家里这些"亵渎"的小红，两个女儿仍然找出了残损的唇膏和鲜艳的衣服来自我装扮，邻居徐爱丽更是教会了蝶来对女性身体曲线的审美，而这一切都是不为时代所接受的。蝶来穿着徐爱丽制作的胸罩和妈妈的条子衬衣却被同学嘲笑出风头不正派，班主任也告诫她正是因为穿着不够朴素所以才会落选班干部。《阿飞街女生》中酷爱普希金诗歌的珍妮哥哥在家里带领女孩们朗诵《叶普盖尼·奥涅金》，革命时代的诗意启蒙成为这群女孩毕生难忘的瞬间，"窗外是暴力，一个血红的世界：红旗红字标语人们身上的血，喧嚣着锣鼓声口号声谩骂声鞭挞声。她们纤尘未染的嗓音天籁一般萦绕在珍妮家破旧的洋房里，萦绕在她们自己心头，令她们热泪盈眶"②。而之后众人离开上海奔赴世界各地，无论是《阿飞街女生》中的活跃在纽约时尚圈的林木所代表的城市物质主义，还是住在美国废弃工厂区的画家浩森所代表的人文艺术追求，双城系列小说忠实记录了这一代人对物质和精神的追求的变迁史。

城市的历史在这些鲜活的人物记忆中留存，它既是无数重大事件的都市传奇，又是芸芸众生的贴肤可感的日常。双城三部曲中借由不同人物之口表达了对于上海这座城市的感受，她们可以一起菲薄自己的城市，厌恶它的过往历史，困惑于它当下的面目全非，让她们成为自己城市的异乡人，然而一旦在异国，她们却无意识地表达着对上海的渴望，寻求一种个体或群体在城市历史中的定位。

---

① 唐颖：《初夜》，上海文艺出版社 2007 年版，第 15 页。
② 唐颖：《阿飞街女生》，云南人民出版社 2003 年版，第 279 页。

在荆棘与光焰中赤身穿行
——评王宏图新著《迷阳》及其他

王　进①

摘　要　《迷阳》具有精粹的现代小说艺术和迷宫般叙事,打开了都市文学创作新思维。它书里有书,多样中西经典文本交织,将城市与人的关系拓展为一个未有的内面世界,从而逼近了上海这座现代都市的核心。在此,父与子的冲突演化为文化衰亡图景,以至都市的喧哗与骚动中可听到一个受伤的文明在其中痛苦辗转、再生与复活。无疑,一座从未有的城市——所多玛城在上海城市文学地图的出现,已足证明教授作家王宏图的独特贡献。

关键词　欲望书写　意识流　内面世界　中西夹缝　知识分子

　　自 2001 年的中短篇集《玫瑰婚典》后,王宏图每约 4 年推出一部长篇小说,已逾百万字数。虽然当代文坛不乏以教授而转入创作者,以至一度引发"教授小说"②争议,但如此长久坚持且情绪饱满的却少见。事实上,他的创作主题、内容、人物,甚至文体、语言风格,也基本保持在某一频次;除了技艺日精,没有显著起伏或转变。新近出版的长篇小说《迷阳》已引来评语:"十多年以来……始终在处理着城市叙事与欲望书写的问题。"③然而,当欲望书写已然退潮,一度前卫如卫慧的作家亦转向"禅"思④,这位中西文化涉猎甚深广的比

---

①　王进,上海社会科学院文学研究所助理研究员。
②　郜元宝:《教授小说〈风华正茂〉》,《文汇读书周报》2009 年 9 月 14 日。
③　张怡微:《欲海泅渡与家族沉思——读王宏图长篇小说〈迷阳〉》,《文汇读书周报》2018 年 8 月 24 日。
④　卫慧:《我的禅》,上海文艺出版社,2004 年。

较文学"教授作家"创作所显示的某种阴沉、执着以至决绝,自非"欲望"可概括。相反,此曾与"消费主义"紧密关联的时代文化符号,恰可能由此撕裂,显露坚硬内核,一如《迷阳》末章"图穷匕首见"①。

这执着已意味着一种近于"世界观"的思想支持。新世纪初,与第一部长篇小说同时面世的学术著作《都市叙事与欲望书写》②,即可见王宏图对于所处时代变动的敏感和理论思考,并凸显其转事创作的契机和堪称世纪转折的"欲望"大潮历史节点。而这正使得这位自认处于时代夹缝、"多余"的"我们这一代人"③的60后作家,显示一种特别的迟滞、踟蹰姿态,即使相较陈染、林白、韩东等曾经"在边缘"叙事④的"晚生代"作家群亦然。以至近年,才有批评家阐释他城市文学创作的独特意义,并以为对其评论、关注"很不充分"⑤。

事实上,除了一般人未必熟识的许多西方文学文本经纬,评论的困难还来自其创作从质料到形式的混沌、驳杂,笔画浓烈却并无主脑,只能称之"'巴洛克'式"⑥风格的难以定位。而"欲望"成为如此普遍性的下坠力量,不仅控制了几乎所有小说人物,而且他们的挣扎只能显明这坠落。难解的是,一种精神的纯粹,以至一个内面世界恰恰由此生长、展开。这纯粹正构成了王宏图小说的品质,并表明其迄今的创作之为不断复写,如印象派的长卷油画之未完,确有思想的支撑。多数人一读之下即能感受的作家持续、强烈的痛苦⑦,就是一证。

而所谓时代的夹缝,在王宏图就益发显示为处境性的了。在批评家眼中,那种来自80年代"现代主义"意义追求的精神气质,使其创作在今日后现代的

---

① 王宏图:《迷阳》,北京十月文艺出版社,2018年,第372页。注:以下出于该著的引文页码,皆括号标注于正文;每一语句内的同页者,仅最后标注一次。

② 王宏图:《都市叙事与欲望书写》,广西师范大学出版社,2005年。

③ 王宏图:《关于我们这一代人》,《上海文学》1997年第11期。

④ 吴义勤:《在边缘处叙事——90年代新生代作家论》,《钟山》1998年第1期。

⑤ 陈晓明:《城市里的"断魂人"——略论王宏图的城市书写》,《当代作家评论》2016年第2期。

⑥ 王宏图:《暗夜里的狂想(代后记)》,《Sweetheart,谁敲错了门?》,东方出版中心,2006年,第201页。

⑦ 参见王宏图:《Sweetheart,谁敲错了门?》封底荐语,由陈思和、李敬泽、李洱、葛红兵、周嘉宁等撰写。

城市文学中尤其显出时代的困惑。① 正因此,那超乎"欲望"之上的内面世界形成,就是其作品意义定位、解读的关键。无疑,其思想的基本底色,有浓重的虚无主义,这不稀奇。当"身体"被挟入 20 世纪末的"消费主义"文化大潮,它已成为所有欲望书写必定、很快抵达的岸线。事实上,正是面对这一大众性的社会文化思潮,更多作家都转向了思想文化的保守,中国式"活着"经验的书写因而尤为可观。如此,王宏图将这虚无主义贯彻到底,直至其写作本身的意义都面临危机,却可能再开一重天,就显出不凡。其小说从叙事到结构都是散漫的,人物更是处于阴郁、失重状态。而这正是因为代表小说传统的中国生活"世情"逻辑,首先被拆分、抽离了。一个内面世界由此展开。

当然,直至《迷阳》,这一切才格外清晰起来。除了叙事更为简洁、洗练,具有超越"庸常"的更"直接的冲击力"②,其所常用的"光焰"、"火焰",亦成为行文节奏式的高频词,而整部作品也更具形式感。因此可标志作家创作的一个阶段。

—

《迷阳》几乎是第一部长篇《Sweetheart,谁敲错了门?》的复写。主人公都留学、受过良好教育,出身于富贵、教养犹存的资本家世家,甚至年龄都未增长:35 岁。出场时皆正困苦于婚姻内外的情感纠葛,事业则处于严重的摇荡、转折点上。显然,只有物质、精神余裕皆丰沛如此,才具备这上海为中心的多国城市"漫游"者资格,以致两部小说皆以主人公从海外空乘归来为开篇。正是随着他往来西东的游历、飞行轨迹,一个处于"资本"势力之下,以家族内部"遗产"纷争为主线,兼察社会和世道人心剧变所展开的欲望都市情景得以呈现。在此,主人公亦都曾跌入色情场所,体验到至深羞耻。而这个富贵之家的最终颓败,甚至出现凶杀,皆出于家族穷亲或仆佣因觊觎其庞大财富而意外引

---

① 陈晓明:《城市里的"断魂人"——略论王宏图的城市书写》,《当代作家评论》2016 年第 2 期。
② 同上。

入的社会外部动因所予一击,则可谓"欲望"对上海这座"像一头无法控制的怪兽"①的超级都市的全面支配。

独特在于,这一切故事情节的推动、展开几乎都是在蓬勃、瑰丽的意识流中完成的,从而使得这一仍有着典型中国"世情"的铺叙可能翻转为一个内面世界的拓展。这正是时隔十多年后的《迷阳》之为复写所要完成的。在此,作家以学院、商场为主要关注的社会生活视野显著收缩,尤其相比针对高校教授、近乎社会批判的第二部长篇《风华正茂》②。家族故事枝节亦多有删削,并使得围绕"遗产"的纷争鲜明转向父子冲突,以至主人公季希翔最终走向了"弑父"。而与之产生婚外情感纠葛并构成其精神寻求意向的女性也精练为二,形成正-副、明-暗、超越-世俗、创造-复制的叙事张力。不寻常在于,那位既是资本社会、欲望都市的产儿,更有超然灵性、绝世美丽的辰樱,以父亲继而儿子的情人身份深刻介入了这场父子冲突。对于她的身体与情感争夺不仅使父子成为情敌,而且已涉及乱伦,所谓"夫妻不像夫妻,父子不像父子"(p. 103)。显然,《迷阳》决意要将一个沉潜已久,紧张、尖锐的道德视景全然托出。

这不仅是关乎小说人物、或家族命运——作为作家以往作品的一次深度复写,其结局早已注定,而且是整座城市的。故当季希翔携波德莱尔诗集《恶之花》出场,从午夜机场降落,再次海外归来,"又回到上海来了"(p. 5),已近于一场针对这座欲望之都的全力搅动,甚至复仇。他熟稔它的每次呼吸、颤动、气息转换,足以使"身体"与之共振,以至由此生发的意识——也只有意识,成了他的武器。此刻,刚坐上出租,他就看见雾霾连续侵蚀下的整座城市褪下了"繁华艳丽的外衣",呈露"废墟荒芜颓败的真容……太古洪荒年代的冷漠与死寂"(p. 3)。这一繁华表象背后的荒原与本相,时从"漫游"者眼中倏然豁显而并不令其"震惊",是为王宏图欲望书写的虚无主义底色所在。这里更是

---

① 王宏图:《暗夜里的狂想(代后记)》,《Sweetheart,谁敲错了门?》,东方出版中心,2006年,第201页。
② 王宏图:《风华正茂》,上海文艺出版社,2009年。

直截了当,开篇揭底,以至小说叙事本身面临无所依凭的危险。然而,如此边缘正是意识、精神的勃兴之地。雾霾的刺激迅速勾连起季希翔刚经历的悉尼印象,如此新鲜、透明、阳光,以致两极对照,"在他脆薄的脑海中引发了抑郁的震颤,危险的光焰在跳荡,午夜时分太阳在浩渺的冰山上方红彤彤地升起……衍生出一股股狂躁的漩涡"(p.3)。而拯救他这精神"苦刑"的,则是随后飘来的"一股香味"(p.3),由淡到深,将其他气味"剔除得干干净净"(p.4)。犹如普鲁斯特的小玛德兰点心,这气味迅即引导他的记忆回返悉尼。在那里,他与辰樱的"替代品"(p.9)、上海女孩子熙暧昧相恋。然而,一旦意识到此刻正赶回家,为六十五岁父亲"祝寿",他又跌入"抑郁的狂潮",车窗外的空气霎时凝成一道"幕墙,扑闪起严峻、沉重的光焰"(p.5)。

正是随着季希翔这一几乎及物即离,纷乱、强烈的感觉、印象、幻梦、记忆及意识活动展开,处于"导火索",随时能引发一场"骇人的爆炸"的辰樱形象,从"忘川底部"跃出,向他发出"野猫叫春般的召唤"(p.6),是谓小说第一章:"春夜芬芳"(p.1)。而基本人物、关系和故事前情就在如此大起大落、极度紧张的意识活动中得到交代,并在他到家之前的这一路车程中完成。饶有意味,这位高空而来的"漫游"者还不忘向隐身于这座都市的"老式弄堂院落"(p.5)投去无情一瞥:"岁月将它们无情地切割、粘连、翻转……并在市民平实庸常的甜腻腻气息上方镀上一层高雅脱俗的镶边,好似偶一为之纵夜狂欢并没有使战战兢兢循规蹈矩严丝合缝的日常生活破绽百出,反而……愈加稳固,难以摇撼。"(p.6)

这不仅宣示另一种上海书写,而且恰要揭破它之为传统坚固。所谓"世情"逻辑的拆离,也至《迷阳》才清晰可见。其动力并不仅来自主人公可能脱离生计的富贵出身,而是一个西方文学及其思想文化谱系的深刻楔入。从开篇的波德莱尔《恶之花》始,它们大量浮上文本表层,并多以格言、诗节形式参与或衬托主人公时有纷繁、诡异幻象、梦境的意识流与精神活动。斯宾诺莎、西塞罗、贺拉斯、拉罗什富科、帕斯卡尔、艾米莉·狄金森、莱蒙托夫、阿拉贡、尼采、莱布尼兹、莱奥帕迪等一一前来。这无疑会产生叙事上的疏离,从而引出一个更纯粹的意识世界。日记、书信、手记作为《迷阳》醒目的文体标记,或谓"旨在创造一种综合性的文本"①,却更与此有关。而当"邓南遮《死的胜利》、兰佩杜萨《豹》的意语原版书"(p.49)随着季希翔回忆病榻上弥留之际的母亲而打开,这一父亲不在场、显然指征家族内部早已衰亡的濒死场景,被映衬得如此灰暗、寂寥,直抵生命本质:"生命的气息正大面积地从她身上流失……昔日光彩夺目的脸蛋在癌细胞的咬啮啃蚀下变得干瘪枯瘦,仿佛手指一碰触那脆薄的表皮,它们刹那间便会哗啦啦脱落下来化为一抹抹尘土。"(p.49—50)关键是,这一存在图景是从混乱、嘈杂、恶臭游走,正犹"风暴的中心"(p.50),使临终者无以安息的医院日常情境中破出的。故而特别能拆解因模糊、笼统而强大,实则荒凉的"世情"逻辑。正是紧接母亲之死的回忆,在这封倾吐强烈爱情却无法发出的书信里,由"梵蒂冈圣彼得大教堂"米开朗基罗的雕塑《圣母怜子》,升华出了辰樱"允诺了无条件的爱"(p.50)的"圣母"形象。

无疑,这样的意识世界是极其主观的构造。然而,当它来自季希翔这样一位青年时即横扫过"法语和意大利语的经典作品"(p.43),曾留学罗马大学专攻"中世纪和文艺复兴时期的意大利文学",以"但丁作品与中世纪晚期知识构型的转换"(p.33)为博士论题,足以为其供职大学"领军人才"(p.34)、"拉丁文化研究"、"西方古典学"(p.35)专家的外国文学教授,如此意识活动也未必不就是他的日常、自然、现实。他可不是持美国克莱登大学博士文凭的方鸿渐,虽然出场就已是辞去教职、浪迹天涯,游历了意大利、希腊、法国、瑞士、美国、澳大利亚等国的城市"漫游"者。重要的是,这样的知识储备加以富贵出身,已先天成了"世情"逻辑拆解,直至更广泛社会现实视野的遮挡。在他不堪忍受大学校园种种,终于挂冠而去的外界动因中,即有同事们对于这位"富二代"教授"学问"的怀疑,以及由此而生世界不"公平"的嫉恨(p.34),而这显然遭到了他的嘲讽。更有甚者,当好友、老同学瞿明在他面前发表愤世嫉俗的长篇议论,批评社会"贫富两极分化"、即将"崩溃",以至指责他身为"权贵阶

---

① 《王宏图谈〈迷阳〉:和时间在大街小巷漫游,感受都市生活粗粝激烈的脉动》,《文汇报》2018年7月17日。

层"、"既得利益者"的"麻木"(p.141)时,他以沉入美食带来"舌尖上即时而肤浅的快感"(p.142)做了隔离和回答。此时,辞职后的他已以"逍遥天下游"丛书的策划、编写涉入文化资本市场,成为这时代中心"饕餮盛宴"的"游手好闲者"(p.134)。

而只有来自他心中代表美与爱,以至"烙上了禁忌印记"(p.103)的女神辰樱的讥刺,才能显示这位学富五车的"漫游"者何竟处处受到"现实教育"并节节败退。金钱、知识,甚至家庭无不富足、美满,你还有"什么了不得的苦恼?""我就是觉得活着真没意思!"(p.102)"你真有那么不幸吗?""没有爱!"(p.103)显然,"爱"在这座欲望之都是没有位置的,而这却是能瞬息洞见世界虚无本相的季希翔所意识到的真正重要的问题,因此有对辰樱的女神向往和强烈欲求。它处于如此重大的情节线上,以致将这位"漫游"者的城市边缘位置推到某个境地。在此,"父亲"成了他无法逾越、拆离的最后的"世情"逻辑维系。也只有到《迷阳》,"父亲"作为王宏图以往创作中始终坚硬的存在,才得到了正面聚焦。其气息之威严、广大,呼应着作家创作灵感瞬息涌现的画面:"一个攥着大把金钱、衰老的父亲,一个富有叛逆性情、无所事事、在都市里闲逛的儿子,中间站立着美艳的女人,于是一幕幕冲突由此生发。"①

二

背负太多现代痛苦与意义的父子冲突,从高度西方文化图式中显现,这多少出乎当代文学的想象。它凸显了这位有着古典文学家学渊源的教授作家的更深处境:文化的夹缝。王宏图的四部长篇皆因缘或创作于客旅他乡,尤其担任德国孔子学院院长期间②,因而具有文化的孤寂与沉思色彩。切身的全球

① 《王宏图谈〈迷阳〉:和时间在大街小巷漫游,感受都市生活粗粝激烈的脉动》,《文汇报》2018年7月17日。
② 第一部《Sweetheart,谁敲错了门?》创作于日本访学期间(参见该著后记),后三部皆与其德国汉堡大学孔子学院工作经历相关(分别参见其著作《不独在异乡》、散文《王宏图谈〈迷阳〉:和时间在大街小巷漫游,感受都市生活粗粝激烈的脉动》)。

化体验,固可带来更清醒的现代性批判,但文化的衰亡才当是作家痛切所在。其旅德生活日记题名《不独在异乡》①,就或指意乡愁的断绝,其中且有对以"衰亡的中国传统文化"为"精神支柱"②的海外学者特别观察。事实上,第三部以德国城市生活为背景的长篇《别了,日耳曼尼亚》已对之进行了讽刺性描述。③

这是只有如此广阔且深入交通的国际城市地平线,才可能产生的思想逆行。文化的衰亡正构成了王宏图欲望书写的虚无主义所在。它在使得笔下主人公的"漫游"愈益边缘、难以言说的同时,也散发真正古典的感伤气质,所谓"断魂人"④,以至文体的"以赋为小说"⑤。然而,这更应是夹缝中文明"受伤"⑥的印证。《迷阳》开篇,妻子琳珊被诱拐于佛罗伦萨——"罗马这座永恒之城"一位同名于"18世纪大名鼎鼎的花花公子卡萨诺瓦"的"帅哥"(p. 29),就并非闲笔。这不仅成为他们婚姻死亡的因由,而且随着季希翔尖锐的意识世界展开,恰揭示了这场按资本世界规则"强强联手,一旦分手切割财产如割肉般疼痛"(p. 30)的婚姻中,否则无法觉察的虚伪。但这并不导向资本社会批判,而是人性幽暗、生存本相,直至文化无意识:"看,把两个人钉在永恒的刑柱上,让他们无休止地做着道德表演"就所谓"白头偕老"(p. 32)。而这样的层层剖析并将之引入一个变形、诡谲的意识世界,正是经由一个西方文学及其思想文化谱系的浮升和荡涤。无疑,随着"世情"、现实事相的纷然脱落,这一切都将指向"父亲"。一如婚姻,季希翔的个人生命、家族,以至他眼中整个城市,无不渗透父亲季云林的意志、笼罩在其阴影下。

故此,这是一个拥有商业王国、代表了"财富、权力"及世上"最为美好最强有力的东西"的"巨人"(p. 40)父亲形象。他足以形成儿子的压迫和"诅

① 王宏图:《不独在异乡——一个孔子学院院长的日记》,上海文艺出版社,2011年。
② 同上,第58页。
③ 王宏图:《别了,日耳曼尼亚》,上海文艺出版社,2014年,第155—160页。
④ 陈晓明:《城市里的"断魂人"——略论王宏图的城市书写》,《当代作家评论》2016年第2期。
⑤ 郑兴:《"忧郁者"与"以赋为小说"——评王宏图〈别了,日耳曼尼亚〉》,《上海文学发展报告(2015)》,社会科学文献出版社,2015年。
⑥ 陈晓明:《城市里的"断魂人"——略论王宏图的城市书写》,《当代作家评论》2016年第2期。

咒",以至季希翔怀疑基因在自己"大面积出错、倒置、流失、缩小"(p. 42)。而这"父亲"与其说是一个衰败的文化象征,不如说更为纯粹、经"浮士德"精神灌注过的灵魂,或意志。庞大资本的运作在将他带往这座欲望之都王位的同时,也赋予他不断追逐、进取,足以匹配资本主义上升期的精神活力,是谓"老树繁花"(p. 54)、"一头贪婪的狼"(p. 67)。小说中,他从一个宛如幽暗时间隧道走出、突然转入一段生命的华丽、复又与死亡相遇的梦境出场,伴以"时光的阴沟"、"阵阵光焰的暴风骤雨"、"身体最深处的花蕊"(p. 55)等语词勾画的极致场景,即已显示其灵魂之力不可小觑。这正是令人惊异的,他具有不亚于儿子季希翔的意识、精神活动强度。在思想自己对于年轻的辰樱"那近乎疯魔的痴情",不惜与因此必然削减其财富继承份额的儿女为敌而决意娶她时,他探究到自己内心的动因:"性感的魔力。"(p. 67)然而,这里他所自省的感觉、意识描摹分不清到底是灵魂还是肉体在绽放:"在幽暗的私密空间里,仿佛有一股妖邪放肆的强光照射过来……他的下腹部咯咯爆裂开来,枯槁的器官尽情地舒展开来……将他久已荒废的肉身拯救出来,一步步引入凝神屏息的陶醉。"(p. 68)

显然,这是一个内面世界高度知识分子化,以至其精神能量可与疯狂资本竞跑的"父亲"。而这恰得自于作家思想的虚无主义之彻底与文化衰亡的洞察,因此引来一个西方文学及其思想文化谱系的进入。至这样的"父亲"出现,它已成为小说的叙事构建性力量。在此,如果说知识、权力、财富的追求代表了浮士德精神追求的近代文明展开①,恰使得"欲望"之为生命的勃勃生机,那么其中的"知识"一项,显然赋予了"漫游",也几乎就是叙述者的季希翔。这使得父-子伦理被进一步拆解,也更被逼近拷问的边缘。正是这位巨人父亲所构成的持续压迫,自小"不成器"(p. 42)的儿子跌撞进入了"拉丁文化的海洋"(p. 43),成为博览群书的西学博士。而这一对于知识的欲望,以至智性的贪婪,亦就此注定了是一条备受挫折、"诅咒"的道路,后来愤然辞去教职不过是其社会现实的延伸。如果这里构成了文化的深刻批判,

---

① 参见王宏图:《〈浮士德〉中的人生哲学》,《名作欣赏》2016年第1期。

那么正在此时的季希翔于"一事无成"（p. 42）的不断生命懊悔中，成了彻底的"漫游"，更是"沉沦"者。唯其是真博士，"沉沦的速度比预想的要快上一百倍，一千倍"（p. 38）。他售卖自己的知识给资本市场，编写"逍遥天下游"丛书，即可谓与魔鬼订约，自此走出了书斋。而当他以"自毁的冲动"，告别"繁杂琐碎的拉丁语"、"僵尸样的古纸堆"，走向真实世界，却反而陷入了"令人窒息的无聊"（p. 317）。

无疑，没什么比儿子"沉沦"更能构成"父亲"最深刻的"诅咒"了。而这一特别经过浮士德精神拆解的父-子伦理，必被推升至一场灵魂的争战，辰樱则将成为"永恒的女性，领我们飞升"的象征。但显然，当二者关系的展开与角力交集于这样一位女性形象，已意味着这是不可能完成的"爱情"叙事。其制约首先来自经过了20世纪末意义大解构的城市文学基本格局。而辰樱这位"西北来的野姑娘"（p. 67）以资本时代所给予的机会流入富豪家族，不免被"欲望"挟持的年轻美丽女性被升华至此，也是作家以往小说未有的。更重要的是，在虚无主义的欲望书写中，爱情注定幻灭。然而，关键也恰在将此虚无主义贯彻到底，才能拓展真正向上升华的叙事空间。而《迷阳》正是借助浮士德博士形象的投射，使得"漫游"者以其"知识"的超量负荷获得了极速向下"沉沦"的可能。

这意味着由"漫游"而"沉沦"，以至抵临虚无的深渊，恰恰基于一种知识与思想的能力；所带来的视景，远超出"世情"可容纳的小幅道德放纵及囿于"消费主义"的欲望狂欢。它表现为小说叙述进入了更深的意识、潜意识领域，并在向内面世界的掘进中获得了显然由但丁《炼狱》衬托的叙事精神自由。而在如此彻底的沉沦与救赎所构成复杂的精神意向交织、运行中，"欲望"、"身体"必然成为灵魂的最后战场。因此，"身体"之必朽性与人的濒死场景在《迷阳》屡屡得到高强放大和勾勒、呈现，以至其极端"欲望探索"已近于"日常生活方式的恫吓与批判"①。而这一切，无疑都将指向"父亲"——一个表征文化

---

① 张怡微：《欲海泅渡与家族沉思——读王宏图长篇小说〈迷阳〉》，《文汇读书周报》2018年8月24日。

衰亡的巨大肉身与灵魂。

自然,这里没有"寻根"的余地,反而时时闪现"复仇"精神。经由"漫游"的往来纵横与"沉沦"之上下运动所积聚的意识、精神能量,围绕辰樱的争夺,竟在这都市的苍穹激起了父-子之间刻毒的相互诅咒、意志较量的涡流。"真是一个老混蛋,老色鬼,老不要脸的!"(p. 44)"什么父慈子孝,长幼有序"(p. 45),"有的只是虚情假意,敷衍,推诿,直到凶相毕露,彻底的无情无义,一连串恶念头……"(p. 215)"现在是年纪越大越胆大……越没有底线越无耻!还装模作样地来祝什么寿……无耻的人!"(p. 216)"她从来就没对你忠实过……除了钱,你剩下的还有什么?你这个浑身上下腥臭污秽不堪的糟老头!"(p. 311)"爸爸,我要告诉你,你快死了!"(p. 310)这些都出于儿子季希翔,从假借写信暗中咒骂,到寿宴上的公开指责、撕下人皆以为道貌的"脸",直至父亲患上胰腺癌症仍不停绝,以至"死"的诅咒,一次比一次激烈,足以形成"雷雨"。"祝寿"作为贯穿全书的主干情节因此遭到意义颠覆,而这恰恰引来父亲季云林至死不收的反击。"孩子们:如果你们不知天高地厚……过来吧!他就是要她……不管对手是谁!"(p. 69)"就是要做给那帮不肖子孙看看,他还没进棺材呢!"(p. 254)"这帮不孝不义的白痴……只想着钱——钱——钱!"(p. 184)甚至当"不经意间察觉儿子垂涎辰樱美色",他也能跨越道德戒线:"到了这把年纪,还在和儿子较劲,争抢女人",并"使出角斗士的蛮力,奋力向猎物扑去。"(p. 182)

这些话剧般的戏剧张力中,但见"复仇"有如长剑,穿越所有拦阻,直指仇敌。然而,当一切几乎都完成于意识、思想世界,恰表明这是一个没有行动能力的人。他只能是"沉沦"者。亦唯如此,才能搅动时间与生命的尘土及人性幽暗,让历史的真意升腾。问题在于这是一次与衰亡的文化共"沉沦",因此可能遭遇一种整体性的叙事困境,正凸显文化的夹缝。在此,西方文学及其思想文化谱系如此深入小说叙事经纬,以致"知识"的负荷已不可遏止地向西学博士季希翔以外所有重要人物流溢、浸淫。如同父亲季云林,他们不仅获得了深度自我意识,更有超常敏锐、丰富的感觉,生命攫取的强烈欲望。而这已然违逆当代文学一般的人物形象序列感以至小说规则,也因此使得《迷阳》的叙述视角难以转换、流于某种单一。但这里重要的是,他们已围绕"父亲"形成了一个文化衰亡的图景,更确切地说,意识、感觉系统,并因高度知识分子化而深细入微、丰富驳杂。

季云林的"白痴"弟弟云亭,可谓其中第一位说明性人物。他因幼年脑炎致残,半生幽居室内,活在昏昧不明的境地。然而,当他"用天文望远镜凝望苍穹……翻阅《说文解字》《尔雅》《康熙字典》",却能一时"遗忘了自身的存在,有朝一日终将朽烂、化为尘土灰烬的肉身如老旧的蛇皮哗啦啦蜕落在地面上,灵魂轻盈地飞翔……宇宙中"(p. 63)。如今,这种关于"天文与古文字"(p. 62)的终生热情与奇异智慧,正使用于家中年轻仆佣丽丽身体的探索:"幽深的乳沟,粗硕的大腿,山丘般隆突而起的臀部,她不停地展示给他新的未知宝藏。"(p. 118)显然,这是又一次荒废肉身的重新激活。"电流滋滋上下流淌,爆蹿出一串串炫目的火花",敲击他那收有"千奇百怪的星象、文字图案"的"百宝箱"(p. 116),终于"激惹起他体内冬眠了半个世纪的情欲"(p. 117)。它是生命意识的复苏,也是罪过的抬头。随着他走出室内,追寻心已被表哥拐走的丽丽而迷失街头,"文革"的"抄家"记忆恰由这个隔绝于世界与时代、从未长大的父辈人物头脑中闪出。它飘散在这座欲望都市,并指向现今"高高在上"(p. 121)、试将他的存在"一笔抹去"(p. 122)的哥哥:"像欧洲的哥特式教堂,又像金光灿灿的舍利塔。"(p. 121)

在此,记忆揭开了时间与历史的涂层,得以一窥罪恶的蛇行。而当已然死亡囚徒的季云林,近身面对青春洋溢、正给他喂食的丽丽而突感一个"废人"的深重"羞愧"(p. 239),试图强力"染指"她时,后者"一个巴掌"(p. 240),几乎宣布这位"标准的蒙古人种"(p. 115)的城市外来者将成为这家族的终极复仇者。至此,连季云林也感觉这座屋子已"鬼影幢幢"(p. 236),须赶紧"离开上海"(p. 241)。尤其,屋内还有一位九十多岁、半身偏瘫,却有着"民国晚期"的华贵记忆,以至在"头脑中嘤嘤震响、回旋了几十个春秋"(p. 61)的祖辈人物——林氏兄弟的母亲。垂死之年,她的"哀号"一次次在这屋里响起:"强悍,力透纸背。"(p. 185)

三

若此,这个"父亲"中心的文化衰亡及命运,才应是作家王宏图百万字数欲望书写所要逼近的,亦其视为"我的生命之城"①、"创作的真正源泉"②的"上海"魂灵之所系。唯其同时是"世情"逻辑及社会现实视野的拆解、遮挡,它剖入了城市与人物的灵魂核心、内面世界,因此也超越一般的家族与历史、新历史叙事。当然,也就失去了惯常的理性支持,进入一个主观、感性、迷乱,以至时间弯曲的地带。至《迷阳》,重要人物都不同程度分担了"漫游"的叙述者功能,以至这些担负高强度感性生命及思想活动的人物本身亦失去了日常形态。"上海"因此显露一种少有的软塌、粘腻质感。它潜藏黑洞,缺乏坚实的历史地平线,故时时令"漫游"者产生强烈"呕吐"、"恶心"。而无论从叙述功能承担,还是父-子冲突之为文化衰亡内在图景的演绎,充分表现此一"上海"的,是小说另一个重要人物——川乐。他是更多继承了父亲血脉正宗的季希翔姐姐晓菁的儿子,正读中学,处于学校体制,尤其母亲意志的强力管制下。因此,从知识修养的西学路数到生存处境,他都几乎是舅舅的再生和延续,另一方面则与"白痴"的叔公有着奇异的亲近和相通。

如果这可能寓意文化夹缝的更深处境,那么少年川乐的"漫游",以致令人惊惧的深度"沉沦",就将文化的衰亡气息由家族内部携往了都市街区,并沿循纵横马路、蜿蜒巷道飘散。此时,这位能在内心出演王尔德《莎乐美》,钢琴演奏巴赫、贝多芬,曾被老师训导"为什么老是盯着那些阴暗的东西……将一切亲情都看得那么可怕"(p.275)的中学生,已逃离所有管制——尤其是从母亲"紧紧掐着他脖子的锋利爪子"下"脱轨"(p.106)了,开始都市的游荡、历险。事实是被引诱,坠入不可见的城市黑洞,失去童贞,直至引来给家族致命一击的祸患。最先是小吃广场,来自一个"老男人"的性袭击:"短裤下方表皮粗糙

---

① 王宏图:《不独在异乡——一个孔子学院院长的日记》,上海文艺出版社,2011年,第133页。
② 同上,第36页。

的膝盖碰触过来,如一头怪兽探伸出了钳状的脚爪,湿腻腻的","弹性十足的手指直逼他的腹肌沟……"(p. 126)而当街遇丽丽和她男友张大豹及其表哥任洪虎,并成为其猎物:"这回真能钓到大鱼了!"(p. 287)则这个家族内部亦趋近瓦解的"骤变"(p. 255)点了。自寿宴变成丑闻,又经历了祖母的葬礼,父亲患癌,季希翔的"复仇"已然赢得了与辰樱的第一次幽会,从而使得父-子冲突临近最后争战。当此时,丽丽正引川乐进入"另一个天地——它们像一段段恶心的盲肠""埋藏在……街市的深处",他将"一窥其狰狞的真容"(p. 282)。然而,地面渐渐"裂开了窟窿"、"深渊"(p. 289),他不觉坠入其间,而"童年的伊甸园大门将在身后砰然关上"(p. 330)。此后的川乐,只能不停地回忆、重寻那家曾由丽丽表哥们带入的夜总会。在那里,"一束束激光光焰……燃成漫山遍野的大火,惊心动魄",一个名曰佳婧的女人亲手为他撕开了世界的"真实面目",将其"稚嫩的身体从巨大的囚衣中解放出来"。这是"魔法的世界"(p. 331),感官的盛宴,川乐"如牧羊犬般探出暗红的舌头,沉落到了生平未曾体味的快感的潮水中"(p. 332)。

在此,这由一个个女性接引、巡游"深渊"各处的"沉沦"过程,或许最能显示小说叙事上《炼狱》的思想衬托。它无疑提升了欲望书写的品质,并带来真正的穿透力,以至这样深度的体验、内省发生在这个少年身上,并不令人惊异,相反,引发一种至深的悲剧感。当川乐内心萌生"罪孽感",发现自己是"这么一个下流坯"时,一股"罕有的甜蜜感"(p. 329)亦同时流溢心间。就像面对这一切的被引诱、捕猎,"从一开始他就没打算违拗反抗"(p. 327)。这不是一般的人性探索,更非现实反抗,而是精神、生命本身的被深刻剥夺。它来自文化的衰亡、人的存在失去庇护,以致这位少年早早"游逛在地平线另一头"(p. 273):仅一天,"川乐的眼睛便变得雪亮无比。什么都逃不过他的目光,包括女人最隐秘的部位……毫不留情地将她们剥个精光"(p. 333)。由是,世界本相如此赤裸在他眼前:"窗外绵延着无边无垠的黑夜,那死板平直的睡容让人联想起史前的蛮荒年代,沼泽荒原中散落着众多动植物的尸骸,铁硬死寂、粗粝壮实的岩石漠然蹲伏在一边,亘古长存,等待着这些生命的残渣化为和它一样的无机物。"(p. 335)此刻,他正从派出所出来,坐在父亲接他回家的车里——与舅舅季希翔陷落于路边理发店性交易的相同结局,不仅从此"将一直带着耻辱的印记",而且成为亲人可时时敲打你的"把柄"(p.171)。事实上,父亲向他劈来的巴掌已侵入川乐"沉沦"过程回忆、重叙的意识活动。

然而,真正的悲剧却在于,川乐将重复上一代季希翔,甚至再上一代季云亭的"一事无成"。在没有足够精神能力却窥见过世界的虚无本相之后,那是生命尚未开始即丧失了意义,这才成为精神、生命的深刻剥夺。而若将此置于文化悲剧处境,那么在此,唯其借助"知识"的天梯窥见过"光焰",这样的"沉沦"才是真正沉沦——如此彻底,以致"欲望"成了牺牲、祭奠。它超越了世俗道德,成为救赎的开端。正是在川乐"沉沦"到底,季希翔的"复仇"也到达一个关键点。在倾泻"天堂般的光焰"(p.290)的香格里拉,这位西学博士的"漫游"已临近内心充足、涌动的"那一刻":"我真想高声大叫,真美——你再停留一下!"(p.300)此时,辰樱的爱仍不可得,久已分居的妻子琳珊"又背叛了我"(p.297),澳大利亚新识的子熙则重回身边,给他带来了这样一个"替代品的蜜月"(p.290)。无论如何,在抢夺辰樱作为父-子冲突的灵魂争战中,这已赋予"厌世者"(p.302)季希翔足够力量,向"父亲"发出"死"的激烈诅咒。

饶有意味,同时诅咒的则是"你们女人"的"眼泪汪汪"与"毒辣"的心,并以妻子最初的背叛为引:"正是她把我推上了这条自损自毁的不归路","我实在是后悔……重新接纳她……背负上了难以卸下的十字架。"(p.318)这一复数的女性,或许正道出了《迷阳》爱情叙事的伦理困境。显然,处于焦点位置的辰樱形象是较弱的,缺乏足以与父-子伦理对等的内面世界深度拓展,故而季希翔这些"女人"的诅咒并未得到真正回应,只能相信:"美能拯救世界,而你能拯救我。"(p.320)这表明经以《浮士德》《炼狱》等西方经典文本的衬托,两性伦理的解析到底是作为父-子的附庸存在,从而使得辰樱的女神形象尤其不胜重负。然而重要的是,二者已产生如此深刻交集,以致恰恰是弱势,难以产生精神连接的两性伦理决意要冲击、颠覆后者,以完成最终"复仇"。

事实上,沿循整个向下"沉沦"轨迹,季希翔身旁已形成一个失贞、受玷污、"妓女"性质的女性群体,足以作为"父亲"意志范围的巨大阴影存在。虽未必无辜,但与这座欲望之都的王——"父亲"无疑紧密相关。从妻子琳珊,甚至姐

在荆棘与光焰中赤身穿行

姐晓菁的出轨,到子熙成为"替代品"、丽丽身为仆佣而受轻侮,以至女神辰樱早年"被人包养"(p.265),莫不如此,遑论那些色情从业者。不消说,不肖之子季希翔从开始就陷在"父亲"的罪中,而与之争夺辰樱的不伦,更可能催生一个忏悔者。唯此,他能洞穿父亲季云林的疯狂之爱带有根本的捕猎性质:辰樱只能是"老头子"的"殉葬品"(p.235)。确然,在后者眼里,她就是待宰的"羔羊"(p.182);当死亡临近,他更是无法遏止恶念:"猛扑上去……逮住她,扼死她,关键是不能让她在云林死后还在阳光下自由欢畅地呼吸……让她鲜活的青春成为他灵台前最精美的祭品。"(p.245)

这是只有处于灵魂争战状态的父-子冲突才能放大、捕捉的内面世界声音。而随着这位"父亲"罪性的剥露,如下女体的废弃就确然成了"恶之花"象征:

> 棕色的长沙发上横陈着好几个女人白花花的身体……奶头松垂,皮肤上缀满了暗红色的瘀青,仿佛经过了一场激烈的扭打……力图细细辨认她们的面目、身份,只看见肢体盘缠绞合成一团乱麻,好几个脖子上凸现出粗厚的血印。不久,我发现她们的肚腹竟然豁裂开来,五脏六腑历历在目。一股浓烈的动物的腥膻味……(p.152)

这是令季希翔"恶心"、惊悸的梦境。它作为"父亲"中心的另一道文化衰亡景象,成为辰樱朝向女神升华所不能承受之重。处于"圣母"的神圣位格下,则尤其凸显从母亲到祖母死亡场景勾勒的母系衰竭。

故此,深入推动小说救赎叙事的,是"沉沦",直至"忏悔"的"漫游"者。当少年川乐亦落入这个家族以至整个城市罪与罚的辩证一环,而外来者丽丽竟充当了现实的行动与复仇者,则从父子到两性伦理就处于一张罪性张结的大网。这是真正的"雷雨"时分,生存还是死亡,正如季氏父子时时自问的,追迫着每个人的决断与命运。川乐被父亲领回当夜,丽丽便与表哥们里应外合,入室盗窃。黑暗中的声响激发了另样的正意和错觉,包围了濒死的季云林:儿女及他们的情人甚至老仆都串通起来,正在盗取遗嘱房产证股权证,在他即将迎娶辰樱之前——他们"真动手了"(p. 354)。此刻,他面临的是:这场因抢夺辰樱而投入的"豪赌",已使"儿辈孙辈一同成了不共戴天的仇敌"(p. 351)。而他的最后一张牌:"混帐东西! ……一分钱都不留给他们!"(p. 349)都可能打不出:当值此世,除了自己"两个不孝不义的杂种"(p. 350),他的庞大财富无人会真正继承,只能迅速被私吞、挥霍。无疑,致命一击来自儿子季希翔在他婚礼前一天抢走了辰樱——在生死大限前,他的"救命稻草"(p. 351),那如"天鹅之歌"(p. 353、61)、仿佛自己母亲倒影的美神。

四

"所有的后路都被堵死,没有破局的捷径"(p. 359)、"命运的鼓声"响起,"接近了某个临界点,一切都将蜕变"(p. 368)。对于季希翔,父亲的婚礼不仅是抢夺辰樱、实施"复仇"的最后时刻,而且考验这位根本是以知识、沉思为引导的"漫游"者的行动、决断力。此刻,他已处于"重度谵妄症的病人"(p. 360)的自我怀疑,以至丽丽及表哥们的"打劫"行径之为"敢于行动"(p. 359)竟成为一支强劲助力。当然,真正的推动,恰恰来自这位主人公,更是叙述者已完成一个意识、精神以至观念世界的流动:"灵魂已成为各种不同思绪搏击的战场,虚无主义与虔敬,愤世嫉俗与平和温存,禁欲与纵欲,直至肢体的静与动……交汇聚集在他头脑中,冲撞、互掐、翻滚、纠缠。"(p. 360)故而至此一跃,犹如"死火"[1],已是飞越意识、潜意识的梦境-现实、思想-行动的深渊,连系整部小说的救赎叙事关键。不仅由此完成"复仇",更是瞥见至美、圣爱降临,从魔鬼赎回他灵魂的"那一刻"到来。

然而,当小说人物以至叙事本身之命运皆系于此,这已注定是跛脚一跃。在季希翔终于带领辰樱私奔,经海南而至地中海,游历于欧亚交界有着古罗马、拜占庭、奥斯曼历史文化层积的土耳其时,他看来踏上了与垂死的父亲曾带辰樱往上海郊外求问江湖医师、途经"大雄宝殿"(p. 247),却只能看见收窄

---

[1] 鲁迅:《死火》,《鲁迅全集》第二卷,人民文学出版社,2005 年,第 200 页。

的死路,以至想要"扼死她"为祭的相反方向。然而,在这古代女神映像、幽灵闪回之地,作为一切之关键的辰樱形象,却摇曳于"《维纳斯的诞生》中妖的女神"(p. 373)与"邪恶之神美杜莎倒置的头像"(p. 391)之间,根本无法确证其女神神性。而这竟来自对于"父亲"的罪孽感。在此,它深深攫住了这两个悖逆、乱伦之子,以至于在从意识到肉体无孔不入的咬啮中,二人渐生嫌隙,怀疑、懊悔,无法合而为一。西学博士季希翔更是露出某种文化原形,忧惧"遗产真被老头子全盘剥夺",可能转眼之间"沦为贫民"。而在这"从明丽的天空坠落到污浊的大地"(p. 378)的一路下滑中,真正令人惊异的是这样"凶杀"的收场。它来自辰樱之眼:"他的目光怪异迷离,饱含置人于死地的凶光。"他真的在实施"复仇":"他走近了,一步紧似一步……还没等她回头,希翔的大手就紧紧地扼住了她的喉咙"(p. 392),由此陷入"一场动物求生的殊死搏斗,野蛮,原始。"(p. 393)

可以说,这双伸出"扼死她"的手,就是父亲的手。它出于父-子伦理的原有罪性,无法自制、约束。事实上,如此恶念早已潜伏、游历于他此前的意识流动中,利爪则在他与辰樱的第一次幽会已然出鞘。而至此跨越深渊的跛脚一跃,则使得父子冲突的伦理重负最终滑落至两性,由此将女性群体的玷污、损害及母系的衰竭暴露至这样一个程度:不仅毁灭小说人物,而且叙事本身的意义。然而,对于整个"父亲"中心的文化衰亡之揭示,也就"图穷匕首见":没有"爱",从来没有。

这结局,对于一部近三十万字的长篇小说,显示的是一种罕有的自毁性极端叙述。正犹季希翔清楚意识自己所写下的,是"一长串支离破碎的语词自顾自地在幽森无边的空间中滑翔、滚动,直至化为乌有"的"绝望中的自白"(p. 40)。它相应于电脑、手机屏上旋生旋灭、随同百万数量级的比特流涌出却不确定其意义归宿的文字所带来的现实无力感,以致这位"漫游"者积留了如许载有隐秘诅咒和渴望的日记、无人接收的信件、不知"奇思异想"还是"谵言妄语"(p. 26)的手记等。如果这已隐喻了叙述者的写作处境,那么其之极端以至于自毁,也就是极其谦卑、自守、诚实。这样的叙述才可能带动人物、情节一再后退、向下运动,直至退无可退、坠落到底。在此,唯其季希翔已无法产生更深的"忏悔",无以洗净父-子伦理中的自身,那谓之"爱"的意义反而从荒原涌现。那是"黑暗中潜伏着莫名的光源",是出于"绚烂之极的荒凉",它"令人心悸"(p.403),却从来如此、在那里。也只有至此"曲终人不见"(p.394),才有真正"天堂的光焰"倾下。小说最终,父与子分处病床的生死两极,在最深刻的相互诅咒中,接近了"爱"和最大可能的"宽恕"。辰樱则在二人意念的最后交集中离场,留下"圣母"(p.405)的印象并一瞬投射于琳珊。而此刻,川乐仍游逛在随时可能"沉沦"之地。

无疑,这于一无所有之后"爱"的降临,恰来自季希翔跛脚一跃的"那一刻"前,被不断延宕的意义回旋,是"漫游"一瞥之间的"光焰"汇聚,并以作家百万字数的长卷复写为支持。"爱是世上最大的稀缺品"①,——虽然微弱,却如此纯粹、真实,足以标志《迷阳》之为欲望书写对于虚无主义的彻底穿透,以致改写了20世纪90年代以来"欲望"的涵义。在此,文化的衰亡得到了深刻检省,并因此引来一个"拉丁文化"谱系的楔入和光照。这里至少可见,《浮士德》何以解除了"消费主义"之于"身体"的意义繁殖和捆绑,《炼狱》以至《神曲》怎样引导沉沦与救赎的极致精神运动。欲望书写由此转入一个灵魂争战的内面世界,并充分显示"漫游"者主人公的知识分子特性。透过其头脑、心灵、意识、感觉的全面悸颤,最终可见汉语与一个拉丁语系的交相激荡,犹如文化的博命,才竟形成了这样"巴洛克风格"的语言:"繁缛"、"挥霍、不留一分空白"(p.85),让人联想"往昔的辉煌璀璨,以及无从逃避的没落、颓败与朽烂"(p.85—86)。唯此砥砺,语言方可力透纸背,尖锐刺破世界表象,尤其意识形态,直指生命与世界的虚无本相。而"父亲"苍老的身体,亦与历来作为欲望书写聚焦的女体,一同处在了如此"刀刮一般刮过"②的语言审视下:

在幽暗的光线下……皱瘪的皮肤上散缀着的大大小小的老年斑:深浅不一的光泽,体态各异的线条、纹路,它们蕴含着形形色色的喜怒哀乐……那一股

---

① 朱自奋:《王宏图:爱是世上最大的稀缺品》,《文汇读书周报》2014年6月6日。
② 陈晓明:《城市里的"断魂人"——略论王宏图的城市书写》,《当代作家评论》2016年第2期。

股深褐的色素是青春燃烧过后的余烬,它们积淀沉埋下来,经过了长年累月的熔炼,精灵一般孵化出了新的色调:庄重,从容,以及无可逆转的衰颓(p. 182)。

而作为文化衰亡的表征,这样的审视恰意味着末世论意义的决断到来。"父亲"巨大阴影下的女性玷污、损害及母系衰竭,不仅使得季希翔最终的跛脚一跃,成了未完成,可以不断重写、再生的一刻,而且召唤着一位足以与西学博士季希翔相称的女性"沉沦"、"忏悔"者;或如繁漪,她将成为这家族的"雷雨"中心。在此,浮士德精神中"知识"欲望的投射,显然在女性人物形象上遭遇了整体性阻拦,以致影响了其内面世界的掘进。而这有待作家王宏图的长卷复写,更有待历史的生成。事实上,今日知识全开对于中国心灵、思维、精神构成的深刻影响,尚未得到真正探索。而季希翔的纯粹知识分子形象,已是先行。

《迷阳》是关于家族的故事、上海的故事,也是中国故事。但它首先是上海的故事。其全面绽放的感觉、意识、精神世界,正是"这座超级都市"(p. 72)喧哗与骚动的真正记录和同步呼应。那是"无所不在、如晚期癌细胞飞速疯长的喧嚣的潮汐……迅猛吞食、咀嚼、消化、排泄等一连串新陈代谢……连梦境中都充斥着轮胎摩擦地面的嘎吱声,铺天盖地、从各个角落蹿蹦出来的五光十色的喧嚷"(p. 72)。也只有打开这个内面世界,才能听到一个受伤、衰亡的文明在其中痛苦辗转、再生与复活。因为"这就是上海,每时每刻发生着不为人知的奇迹"(p. 126)。而这位陷入时代和文化双重夹缝的教授作家,以他百万字数的都市长卷复写,终于逼近了它的核心。

至《迷阳》,一座从未有过的城市——所多玛城,显然已从上海文学地图上呼之欲出。事实上,其书里有书,已具有启示意味,正体现了作家跨时代而来的"末日意识"。① 它与小说系出《庄子·人间世》的题记形成另一重文化的呼应:"迷阳"者,"荆棘"也,谓当今乃天下无道,荆棘满地之世。如此荆棘之地,已与根本出于非人间的"爱"构成了另样的时空。而恰恰是其"沉沦"的古典

---

① 王宏图:《文明末日劫难前的颤栗——中西文学末日意识比较》,《探索与争鸣》1991年第1期。

感伤、"雷雨"的话剧氛围、"围城"知识分子的沉思品质等,表明这位教授作家确然走在了百年中国文学与"古希腊罗马文化与基督教文化为根基的欧美文化"①重新对接途中。因此,这座面临"核冬天"、"大灾变"(p. 355),甚至多有异象的所多玛城出现,已使得这位近乎孤军的作家创作与新世纪来日趋文化保守、本土经验、现实主义的当代文学及文化思潮形成了深刻对话,理应得到理论的更多关注和重视。

---

① 王宏图:《寻求新的文学感知方式——面对临界点上的新世纪文学》,《探索与争鸣》2011 年第 2 期。

巴金故居是什么

周立民①

摘　要　本文通过实例来考察一个文化名人故居在城市文化发展中承担的角色和发挥的功能。巴金故居是什么？其中蕴含着故居经营者的自我定位,也有公众的文化期待。作者认为:文化名人故居应当在充分尊重历史的基础上,考虑到当代人的欣赏习惯,使这个故居既古典又现代,用生机勃勃的活力照亮历史遗存。具体而言,本文认为巴金故居是一个人文空间,一个文化平台,也是一个无限延展的文化符号,它的功能和作用是多层次的而非单一的。

关键词　巴金故居　人文空间　文化平台　文化符号

　　巴金故居是什么,或者套用一句被文青们用熟了的话:当我们谈论巴金故居,我们在谈论什么？这里除了有对故居的定位,又有对故居的期待。

　　2011年年底才开放的故居,在全国的名人故居中尚属年轻的面孔,然而,它却又因完整地保存巴金先生一家的生活原貌和连续八十年的史料收藏不中断而显得历史氛围充足,满面沧桑。作为巴金故居的工作人员,要综合各方面的因素,特别是要在充分尊重历史的基础上,考虑到当代人的欣赏习惯,使这个故居既古典又现代,用生机勃勃的活力照亮历史遗存。由此,谈到巴金故居是什么,我会回答:它是一个人文空间,它是一个文化平台,它也是一个无限延展的文化符号……

---

① 周立民,巴金故居常务副馆长、巴金研究会常务副会长。主要研究方向为现当代文学研究和散文随笔写作,有《巴金画传》等著作多种。

一、它是一个人文空间

位于武康路 113 号的巴金故居,是巴金先生从 1955 年至 2005 年生活了半个世纪的家。"家"是这个空间的文化灵魂,也是它向公众展示的主题。在这里,参观者可以看到巴金先生写作、生活环境的原貌,一桌一椅都有来历,一草一木皆关情。它们要么出现在巴金先生的笔下,早为读者熟悉;要么第一次展现在公众面前,等待着您去发掘背后的故事。在这些实体的陈展背后,还有众多珍贵的文献资料,印证和支撑着大量的生活细节和历史场景。包括花园里的重要草木,它们都和不同时期的巴金及其一家人的生活有关,与他们一同走过历史的风雨……这些得天独厚的历史遗存,使得巴金故居在同类故居中拥有相当的优势。

在这里,您能触摸到真实的巴金的灵魂,会看到他是一位伟人,又是一位普通人。他衣食住行跟普通人没有什么区别,有些家具,还显得那么陈旧。然而,他又是一位了不起的人,参观者进入故居,首先就会被无处不在的书和书架所震撼。再仔细看,这些书,内容丰富,种类繁多,涉及语种就有二十多种,无不为巴金先生的勤奋博学而震撼。故居在陈列设计上始终注重"家"的氛围的营造,这里总有鲜花,仿佛主人刚刚外出。甚至家里传统的养猫的习惯也保留下来,故居现在的那只叫二咪的猫已经成为很多人来追逐的网红。总之,这个空间,与每一位参观者相隔并不遥远,它如同巴金先生的性格:朴实无华;也践行巴金先生的名言:"把心交给读者。"

上海的近代历史文化名人故居资源十分丰富,但是,能够向公众开放的名人故居并不多,能够全方位还原名人生活和创作全部细节的故居更少。在并不多的故居中,巴金先生作为"五四"新文学拥有读者最多的作家之一,其公众影响力、几代读者对其的敬仰和热忱,更是其他名人难以比拟的。随着武康路知名度的提高,巴金故居的影响力和"热度"也越来越大,因此,在短短时间内它成为沪上重要的历史文化空间,为中外参观者所欢迎。今年 9 月,在由上海市委宣传部主持推出的上海文化品牌短视频中,巴金故居是唯一入选的名人故居。自 2011 年 12 月 1 日开放以来,至今年 11 月 7 日,巴金共接待参观者

1 074 648 人次。今年"十一"长假,10 月 2 日、3 日、4 日三天,分别接待 5 344、5 860、5 656 人次,再次刷新接待记录,从中不难看出公众对它的认可和热爱。

不妨随意挑几条参观者的留言,直接听一听他们的心声:

从《小狗包弟》到之后一系列书籍,从《收获》到《家》,从高中时期开始一直接触着巴金先生的作品,其中不乏有许多感动与触动,很开心上海之行最后一天来到了巴金先生的旧居,谢谢成长路上有您相伴。

一位来自湖南的读者任冰凌

2018.8.28.

从走进梧桐大道的蝉鸣声的那一刻起,八月的炎热似已减去了八分。远远地就看见这栋棕黄色的小楼,蒙上了历史沉甸甸的尘埃,巴金先生的故居给人以心灵平静的力量,那一架已装满各类书籍的书架,好像是对那段铭心历史无声的回音。

麦子 2018.8.2

亲爱的巴金爷爷,中国文学史上一课耀眼的星星,来这里之前,我时常在想,写出那么多伟大作品的作家该是怎样的呢?从重庆到上海,跨越了空间,在这里,似乎有一种魔法可以超越时间,感受到您的气息,能用这种方式与您见面,人生之幸事,实为!

——来自重庆的一位书迷

文人之自由,无需张扬,文人之气度,无需赞赏,巴金先生故居之旅,让我对这位伟人的气质和魅力有了切实的深刻的感受。

拜读巴老作品,有思想的升华;拜访巴老故居,有心灵的涤荡。

感谢巴金故居的工作人员们无私的付出,让我们对伟人有了更具象、更直接的熏陶。

君如　2018 年 6 月 13 日

读者留言是最真诚的评价,也显示巴金故居作为海上一个重要文化空间的特殊魅力。

二、它是一个文化平台

巴金故居整个占地面积不过 1 400 平米,主楼面积不足 700 平米,空间非常有限,且故居之外没有展馆或纪念馆等辅助设施,这在同类故居中也是不多见的。然而,故居的发展不应为这外在环境所限制,它要利用自己的馆藏、优势资源和影响力发挥文化平台的作用。这个平台的打造,要开门办故居,将各种社会资源和力量吸引进来,壮大故居;同时,也将自己的好东西送出去,扩展故居,为社会共享。这样,故居就不是枯守在家、等人来参观的一座老房子,而是与社会、公众和时代密切相关的文化平台,发挥着超出本身空间的更大作用。

近年来,巴金故居在文化活动的策划、设计和举办上花费了相当功夫,每一场活动都是经过仔细论证、反复推演并广泛征求意见,在此基础上才正式推出。其目的就是要将巴金先生留下的珍贵遗产送到公众中间,把巴金故居打造成一个传播文化的大平台。

以展览为例,巴金故居展览在规划中就考虑到不同层次的需求。年度大展,是集中力量展示珍贵馆藏的,学术性与大众性充分结合。专题展则是针对公众需求而设计的,特别是巡展,充分考虑受众面和接受程度。如走进高校的巡展,以"青春是美丽的"为主题;走进社区的巡展,以"向老百姓讲述巴金的故事"为主题;而外城市巡展则充分考虑到与当地文化界的互动。深圳巡展,展示巴金与当地读者通信,寻找通信的读者。在台北和东京的展览,分别以巴金与他的台湾朋友、巴金与日本作家为主体。这样的展览设计,接地气,互动性强,同时又让观众看到巴金故居独一无二的馆藏。

在文化平台的打造中,汇聚资源很重要,它决定了平台的广度和深度。但是,所有的资源都是沉默不语的,都是安静地待在玻璃橱窗内的,因此,要让它们"说话",让它们熠熠生辉,让它们成为公众的亲切的朋友,这更重要。所以,有时候,并不在于你拿出多少国家一级文物,多少"国宝",而在于如何运用、整合这些资源让它们发挥作用,运用好了,可能很普通的一支笔一张纸一本书也能产生"国宝"般的作用。在这之中,关键要与公众形成对话,而不是自说自话;要与时代形成同步,而不是止步不前;要平等交流,而不是高高在上。只有这样,公众才会有积极的呼应,而他们的呼应又是引导这个文化平台前进和发展的重要动力。巴金故居开放七年来,我们用实践突破了人们最初的一个预想:参观故居的都是老年人吧?——恰恰相反,我们的参观主体是中青年人,很大一部分是年轻的夫妇带着他们的孩子一起来参观。我们在故居之外组织的各类活动,包括学术演讲会,也是这样的,中青年人一直是活跃的参与主体。这从另外一方面证明了这个理念的正确,证明了这个文化平台的活力。

以具体活动为例,我们注意到近年来"朗读者"大受关注,朗诵活动不仅在名家,在普通公众和青少年中间都非常热门,便精心组织几场朗诵会和相关活动,迅速在公众中引起强烈反响。朗诵会的策划也是考虑到与社会和公众的关切相互呼应。2015 年,是抗日战争胜利七十周年,全社会都沉浸在不忘历史、呼唤和平的氛围中。我们从自身出发,在契合纪念抗战的大主题下,又要突出自身的特点。我们认为巴金等一代作家,在抗战中以笔为枪鼓舞士气,激发斗志,铸就文化长城,这是促成抗战胜利的伟大力量。而他们留下的诗文,慷慨激昂,正气回荡,在今天仍然是激励国人的宝贵财富,于是决定举办中国作家抗战诗文朗诵会,并把日期定在对于上海这座城市有着特殊意义的"八·一三"当天。朗读者,则是知名艺术家、著名作家,还有通过网络招募和选拔而来的普通读者。在朗诵会筹备的过程中即开始启动宣传,朗诵会中还为观众配备一本朗读原文的手册,让那些带着历史风云的文字在朗诵会结束后可以带回家再品味。这样的朗诵会,一经推出,现场效果极好;通过网络传播,整体影响力也特别大。以同样的方式,我们还举办了"生活是多么芬芳——现代作家诗文朗读会",朗读的是以亲情、爱情、乡情等为主题的美文,以情感人,直诉心间;举办过青少年《随想录》朗读比赛,以巴金的名著为朗读对象,让青少年在朗读中感受经典的魅力。今年巴金先生的生日那天,还将与上影剧团的艺术家合作,举办"今天是您的生日——巴金萧珊诗文朗诵会",通过光影技术让经典之声回荡在上海的城市上空。这些活动,消息一经发布,就为媒体和公众广泛关注,到最后形成剧场一票难求的局面。

文化平台的构建,巴金故居是中心、是大本营,但是,我们从来不是固守一地,而是以巴金故居为中心积极向外辐射,建立不同层次的落地点,使之立体化。图书馆、书店、学校、机关、党建基地、社区文化中心等单位和场所,我们都建立联系,根据不同需求提供不同文化项目。同时,很多重要的公众活动空间也积极培育和占领。2017 年,利用徐家汇地铁文化长廊,把"巴金与书"的展览办进地铁中,历时半年,产生了意想不到的影响。2018 年,徐汇区改造老电话亭,我们又主动申请,将淮海路一家电话亭改成巴金亭,让在城市街道匆匆走过的人们停下来,欣赏一下经典文学作品,感受精神魅力。这些落地点的打造,加之持续的、系列化的内容提供,让巴金故居走出一隅,变成一个阔大的平台,拥有广阔的空间。

三、它是一个无限延展的文化符号

巴金先生是一位享誉中外的作家,也是一位受人敬仰的世纪老人。他给我们留下的,不仅有可见的物质财富,还有无尽的精神遗产。从这个意义上讲,巴金,是一个具体的人,也是代表着某种文化高度的文化符号。我们有幸能在他的故居里沐浴着他的光辉而工作,不能让故居仅仅是一座房子和"不动产",而要让它能够形成广泛传播、具有极大的感染力的精神符号,由它把巴金先生和那一辈人的道德风范、精神能量体现出来。这也是我们工作所追求的重要目标。

这一目标的实现,同样需要多方面的努力,但是有一点至关重要却往往被人忽略,那就是要传播巴金精神,首先得知巴金、懂巴金,也就是需要学术研究的支持。很多人认为故居、博物馆,不是大学、研究院,搞好展陈、参观、展览就行了,研究,那是专家学者的事情。其实不然,如果没有扎实的学术研究的支持,展陈、活动等是做不好的,做不到位、做不充分的。基于这样的认识,巴金故居联手巴金研究会和社会各界学术力量,在有限的资金的支持下,一直把学术研究放在极为重要的地位上。根据学术内容不同,巴金故居、巴金研究会联合推出巴金研究丛书、巴金研究集刊和内刊《点滴》,让学术专著、论文、史料等都有推出的平台,每年都有新书推出。这些研究还扩展到巴金的同时代人和相关课题上,相关文献资料都在整理编辑和陆续推出中。两三年一届的国际研讨会、每年都有的专题研讨会也保证了巴金故居在学术信息和学术成果的掌握上一直处于领先位置。在这样的基础上,我们才能把一件展品不仅说清楚,还能说好。我们才能根据公众的需要,调动各种馆藏资源,才能将巴金的精神遗产打造成鲜明的符号,有标识度,也能由简入深让这个符号产生能量。

文化符号的传播,需要借助适当的载体,也需要精心策划和运作。对此,我们是通过新媒体为抓手,以此联接线下的实体活动,线上线下互为一体,无限放大和传播,这样,它的受众就不仅是现场的参与者,而是全球对此感兴趣的读者,由此实现故居作为文化符号其效能"无限大"的目的。

通过巴金故居微信公众号,我们重点打造"亲近经典:中国现当代作家作品赏读"平台。这一方向和定位,缘于巴金先生就是现当代作家中一员和杰出代表,还缘于目前社会上养生、国学等公众号甚多,专业地推广中国现当代作品的平台寥寥无几,我们有责任把"五四"以来的新文学作品推广到公众中去。自然,读者的需求也是重要的考量标准,鲁迅、巴金、曹禺、沈从文等这一代作家的作品在中小学课本中占有大量篇幅,老师讲课、学生读书、家长辅导都需要有所借助和知道,在这样的背景下,我们才选择这样的方向和目标。经过精心准备,逐年努力,这个平台的作用已经初步彰显出来。它在梳理馆藏资源、进行研究阐释、收集现当代作家作品信息等工作的基础上,带领公众走近作家、品味经典。微信平台也围绕这个中心实现与各共建单位、合作方的信息沟通,组织策划各种学术活动和公众普及活动,实现巴金故居与社会公众之间的联系、交流和互动,成为一座有效沟通的文化桥梁。

在日常信息推送的基础上,微信平台根据公众的期待、社会的热点和重要的纪念日等不断推出系列微信专题。包括巴金作品推介系列、现代作家作品推介系列、"《随想录》创作出版三十周年"纪念系列、"憩园讲坛"系列等。在寒暑假,我们还专门为青少年设置专题推送,围绕的仍然是现当代经典作品的赏读,而且还特别请张新颖、殷健灵这样在青少年中有影响的作家、学者"坐台"微信平台,为青少年开列阅读书目,辅导读书,回答青少年读书中提出的问题,受到青少年和家长的热切欢迎。这些专题不仅有微信推送,还有线下的实体活动,两者相互配合,取得预期效果。当活动都结束,在微信上还有总结、回顾和反馈,全程关注,让公众参与程度更高,而且打破地域和时间的限制,让不能到现场的更多观众分享到文化成果。以推广现当代名家名篇为主的憩园讲坛,自2016年创立,邀请陈思和、坂井洋史等中外学者举办22场讲座,围绕讲座推出专题微信近百篇。

在微信平台的打造过程中,我们特别注重打造有巴金故居自身特色又有公众参与度的项目。博物馆体验课适时推出,它让公众通过对博物馆的全面体验和深度参与,再通过自己动手完成一个课题的开发,寓教于乐,达到了单纯参观所体验不到的效果。微信平台的参与,又使这些及时"直播"出去,这对扩大故居影响力起到了单纯的宣传推广所难以达到的效果。2017年,巴金故居打造的是猫博士阅读体验课,通过故居的具体展品的欣赏,扩展到巴金作品的阅读,以至青少年写作的展开上;2018年推出的是雕刻时光巴金故居版画体验课,把故居或巴金先生的作品,变成可观可感的版画作品,在这一过程中,有观察、体验,又有分析、思考,还有手工的参与。这些课程的内容都取材于巴金故居或巴金作品,通过课程设计深化了参观体验。它们又突破了传统课程灌输式教育的局限,强调参与、体验,在轻松愉快的心情中接纳新的知识和不同的审美教育。对于博物馆而言,收获的是公众对于博物馆的了解、亲近和相互呼应的感情和亲密度。网络的升发,又让更多的观众通过这些特殊的设计"走进"故居,实现故居资源的最大化。

2016年1月1日至2018年10月31日,"巴金故居"微信公众号共发表图文865条,阅读量491 735人次,分享转发量141 486人次,粉丝数由2016年4 687位增长至2018年的11 024位。其中2018年度(截至10月31日)发表图文213条,阅读量55 270人次,点赞数1 261次,分享转发量4 439人次,粉丝数比2017年底增加2 000余人。微信公众号产生的优质内容,在巴金故居的微博、网站、多媒体室、电子屏等多终端进行共享、展示、互动。巴金故居开设的"巴金故居志愿者"官方微博,两年间发布图文共 2 697 条,阅读量 738 289 人次。其中 2018 年发表图文 209 条,阅读量 435 950 人次。电子留言簿"我在巴金故居"微博,已有超过 1 000 名游客在此留言,官方网站巴金文学馆,集信息发布、文献数据库、参观导览、读者互动交流等多项内容为一体,搭载 3D 视觉导览系统,足不出户网游故居……所有这一切,都会将巴金的精神,巴金故居的办馆理念,乃至上海的城市精神魅力传播出去,生根发芽,再开花结果。

巴金故居是什么,或许不止这样简单的回答。或许,在简单的理念中存在着无限的可能。我们不会止步于此,我们一定在实践中不断努力,继续探索。